古代歷史文化研究輯刊

七 編

王明蓀 主編

第19冊

無政府主義與辛亥革命

洪德先 著

國家圖書館出版品預行編目資料

無政府主義與辛亥革命／洪德先 著 ── 初版 ── 新北市：花木
蘭文化出版社，2012〔民 101〕
目 2+176 面；19×26 公分
（古代歷史文化研究輯刊 七編：第 19 冊）
ISBN：978-986-254-829-5（精裝）
1. 無政府主義　2. 辛亥革命
618　　　　　　　　　　　　　　　　101002894

ISBN-978-986-254-829-5

9 789862 548295

古代歷史文化研究輯刊
七　編　第十九冊　　　　　　　ISBN：978-986-254-829-5

無政府主義與辛亥革命

作　　　者	洪德先
主　　　編	王明蓀
總 編 輯	杜潔祥
出　　　版	花木蘭文化出版社
發 行 所	花木蘭文化出版社
發 行 人	高小娟
聯絡地址	新北市永和區中正路五九五號七樓
	電話：02-2923-1455 ／傳眞：02-2923-1452
網　　　址	http://www.huamulan.tw 信箱 sut81518@gmail.com
印　　　刷	普羅文化出版廣告事業
初　　　版	2012 年 3 月
定　　　價	七編 24 冊（精裝）新台幣 38,000 元

無政府主義與辛亥革命

洪德先　著

作者簡介

洪德先，1955 年生，東海大學歷史系學士、台灣師範大學歷史研究所碩士、博士。碩士論文為《辛亥革命時期的無政府主義運動》，博士論文為《民國初期的無政府主義運動（1912-1931）》。曾任勤益工商專科學校講師、銘傳大學講師、副教授。曾授中國通史、中國現代史、台灣開發史、台灣近代史、世界通史等課程。於中國現代史、台灣開發史領域，著有論文多篇。

提　要

　　《無政府主義與辛亥革命》是由碩士論文《辛亥革命時期的無政府主義運動》修改而成。近代中國在西方勢力衝擊下，傳統體制無力抗拒，面臨整體結構必須全面性變革之境。其間歷經器物、制度層改革的兩次嘗試，但皆無法有效挽回困局，革命遂因應而生。在救亡圖存的急迫心理催促下，民族情懷固是革命產生的原動力。但是，西力衝擊卻是近代中國變動的主導力量，故西方事物、學理及文化也就深深地吸引國人目光。當時盛行於歐美的社會主義思潮，也伴隨著歐美勢力流向東方，於十九世紀後期，日本為東方首先受到影響的國家。至於中國，部分的西方傳教士或商人，曾經由報刊點滴介紹，但影響不大。二十世紀初，一方面因中國社會不斷遭受挫折而引發激進思潮孕生；另一方面則是出國留學人數激增，致使流行於歐美、日本的社會主義也聚集國人之注目。無政府主義可謂是多樣的社會主義中最為浪漫、激進的一派，因此分別吸引旅居歐洲、日本的留學生與革命黨人，陸續成立組織，發行刊物鼓吹之。由於鼓吹者的環境及個人背景等因素，以致所倡導的無政府主義內容亦有所不同，並且該思想、主張生成於西方社會，傳入中國後也會因中國主、客觀需求而產生變化，這些都是本文要處理的重點，也可從此面向的探討，詮釋近代中國吸取學習外來事物的特質。又因無政府主義基本精神是反對國家、政府及民族主義，因此若倡導無政府主義勢必會與革命主流民族主義派爆發衝突，此一結果對革命會產生什麼影響及革命陣營又如何化解分合，對此部分的探討，也可提供我們從另一角度觀察辛亥革命。本文附錄收入〈劉師復與中國無政府主義運動〉及〈五四運動前後的無政府主義運動〉二文，可作為本書之延伸閱讀。

目

次

第一章 緒 論

　　近代中國歷史的特徵，可以兩句話涵括之，第一爲適逢千年未有之變局；其次爲中國的「世界化」。〔註1〕因逢千年未有之變局，中國歷史的演變從此步入另一境界，且呈現出一幅前所未有的景象。同時在大變局的催迫下，國人在思想模式及價值倫理上，往往會掙脫出傳統名教的束縛，甚而對傳統採取否定、敵視的態度。〔註2〕

　　因爲東西文化的淵源不同，孕育成長的過程有別，因而呈現的徵貌特質也就不一。〔註3〕所以當國人對傳統的信心崩潰，西方思想理念又挾其雷霆萬鈞優勢進入中國之際，傳統獨尊一隅「天朝式」的思想，再也難以主宰中

〔註1〕 郭湛波，《近代中國思想史》，（香港，龍門書店，西元 1967 年），頁 2。

〔註2〕 高慕軻（Michael Gasster）認爲從 1895 年至 1905 年的十年間，中國人率直地肯定西方的現代化。至於傳統中國的制度、價值觀、信仰、風俗習慣，則輕率地被人們棄置。參見 Michael Gasster, *Chinese Intellectuals and the Revolution of 1911*,（University of Washington Press, 1969）. p.xix, 林毓生稱此思想取向爲「反傳統的民族主義」（inconoclastic nationalism），是「近代與現代中國的一個主流」，其孳生滋長的主要原因是「爲了民族的存在與發展，而對中國傳統的反抗與抨擊」。參見林毓生，〈史華慈（Benjamin I. Schwartz）、林毓生對話錄——一些關於中國近代化和現代思想、文化與政治的感想〉，收入氏著，《思想與人物》，（台北，聯經出版社，民國 72 年），頁 442。

〔註3〕 中西文化在學與思之間有很大的不同，因此發展出的文化形態亦有異。余英時認爲：「西方人自始便走上思辨的道路，故邏輯與知識論特別發達，長於抽象而系統的思考。中國人則比較實際而具體，不甚重視人爲思想系統的建構……」，參見余英時，〈意識形態與中國現代思想史〉，刊載《中國時報》，〈人間副刊〉，民國 71 年 8 月 11 日。

國人的思維。從此，思想「世界化」成了不可規避的趨勢。〔註4〕

近代中國面臨的外在變局接續不斷。十九世紀中葉以後，外力入侵日烈，變亂洊至，社會蠢動。如光緒6年（西元1880年）中俄交涉訂立伊犂條約。光緒10年（西元1884年）中法戰爭割去安南。光緒14年（西元1888年）中英交涉，導致西藏危急。光緒20年（西元1894年）甲午之役，割去台灣、澎湖。接二連三的風暴，「把空氣振盪得異常劇烈，於是思想界根本動搖起來……政治的劇變釀成思想的劇變，又因思想的劇變釀成政治的劇變，前波後浪，輾轉推盪。」〔註5〕人們的內在心靈隨著西方思想觀念的輸入，以及外在變局的刺激，逐步由漸變產生了全面性的「質變」。內外相爍之下，歷史變動亦隨之活潑、躍動而又多樣。因而有人認為「從西元1896年至1911年是中國現代史上最值得討論的時期。不僅由於推翻了專制王朝，同時亦是傳統價值及權威式微的時代。」〔註6〕因此，在這個激烈的轉型時代，以「衝決網羅」一辭描繪，是再恰當不過了。

當西方砲艦東來，伴隨而生的是國人的挫敗與羞辱。傳統體制下的清廷，無力抗拒，徬徨失措，國家命運搖搖欲墜。又因為清廷對於現實困局應付無力，導致滿清的統治權威「因外力壓迫而下墜，知識份子在心思的運用上，無形中得到某種程度的精神解放。」〔註7〕知識份子以「某種程度的精神解放」面對外力的挑戰，遂衍生出兩種較為積極進步的反應。一方面是部份官僚及知識份子基於傳統名教的薰陶，面對變局，油然而生以天下為己任之鴻志。處此變動的關鍵時刻，他們深深地覺得中國亦需要「變」。但是當時此種「變」的內在本質及外在行動，卻是溫和的、部份的及為了應付外力入侵而被動的求變。因此他們的關注目光多投射於現實應用的「器物層次」；即所謂「師夷之長技以制夷」。這批倡導者的出身多為傳統式的人物，他們是因為種種因緣而導致幡然轉變。至於促成轉變的原因很複雜，有的是與外

〔註4〕十九世紀末葉，已有人提出全盤西化的主張，如樊錐主張：「一革從前，搜索無剩，唯泰西者是效。」易鼐主張：「一切制度悉從泰西」。（二者主張，俱見《湘報類纂》，甲篇卷上），轉錄自王爾敏，〈晚清政治思潮之動向〉，收入氏著，《中國近代思想史論》，（台北，華世出版社，民國64年），頁179。

〔註5〕梁啟超，《中國近三百年學術史》，（台北，中華書局，民國64年），頁28。

〔註6〕郝延平，〈由守舊到革新〉，收入《大陸雜誌叢書》，第一輯，第七冊，（台北，大陸雜誌社，民國55年），頁164～165。

〔註7〕徐復觀，〈五十年來的中國學術文化〉，收入氏著，《中國思想史論集》，（台北，學生書局，民國70年），頁251。

人接觸後，眼界思想轉變開通；有的是與外人作戰或練兵過程中體認出西洋器物的功能優勢；亦有的是親身目睹西方社會的進步，遂幡然轉變。諸因滙合，從而展開近代史上的「自強運動」。〔註 8〕

這次改革運動囿於領導者的識度及現實環境的扞格，諸般政策往往流於表相、形式，不僅未能臻國家於富強之境，甚至於連國家的基本權益亦無力維護。經甲午挫敗，有志之士不得不籌謀轉變，以爲因應。幾經反省後，最直接的反應，即是康梁諸人領導的「公車上書」，主張變法維新，倡導制度改革，因而乃有變法維新運動的崛起。〔註 9〕但是維新僅百日，百日之後保守分子不甘被壓制而全力反撲，結果維新運動燼於一旦。同時在保守情緒的高漲下，發生「義和團事件」及「八國聯軍」的摧殘，國家似乎無路可走，茫然之際，革命運動乃因應時局而崛起、壯大。〔註 10〕

辛亥革命是現代中國的起點；〔註 11〕辛亥革命時期也是中國新舊時代更替的一個關鍵時刻。因此，清末民初，「革命理念」遂成爲時代的「主導理念」（Leading Ideas）。〔註 12〕革命內涵的體認，尤可爲多樣而又複雜的晚清思想，梳理出一條脈絡，進而掌握其變遷大勢。

近代中國的革命運動，就地理分佈而言，大致可劃分爲國內及國外兩大部份。但是就革命理論及組織行動而言，二者實可合而爲一。藍欽（Mary B. Rankin）認爲：「瞭解辛亥革命，必須瞭解中國本土各區域的革命活動的有關模式，而不祇是瞭解那些流寓海外的職業革命家。」〔註 13〕見解固然鞭辟入

〔註 8〕 Y. C. Wang, *Chinese Intellectuals and the West*,（University of North Carolina Press, 1966），p.51。

〔註 9〕 李劍農，《中國近百年政治史》，（台北，台灣商務印書館，民國 64 年），上冊，頁 176～182。

〔註 10〕 中國國民黨第一次全國代表大會宣言中有云：「……中國之革命發軔於甲午之役，盛於庚子，而成於辛亥。」中國國民黨中央黨史委員會藏（以下簡稱黨史會）。汪榮祖亦認爲：「變法與革命之思想本質有異，但革命家多受變法家之啓發。」參見汪榮祖，〈晚清變法析論〉，收入氏著，《晚清變法思想論叢》，（台北，聯經出版社，民國 72 年），頁 58。

〔註 11〕 張玉法，《中國現代史》，（台北，東華書局，民國 68 年），上冊，頁 2。

〔註 12〕 每一時代均存有一「主導理念」（Leading ideas），此一理念掌握著時代的動向。因此，「主導理念」的澄清，是直探時代精髓之鑰。就晚清政治思想走向而言，「革命」遂成爲時代的「主導理念」。統御在此理念下，人們的思維及行爲，皆難逃離其範疇。「主導理念」概念的闡釋，可參見余英時，《歷史與思想》，（台北，聯經出版社，民國 66 年），頁 11。

〔註 13〕 Mary Backus Rankin, *Early Chinese Revolutionaries: Radical Intellectuals in*

裡，但是綜觀革命大潮流的動向，海外革命志士在思想理念的啓迪及行動組織的奔走上，實有其不可否認的主導地位。

　　流寓海外的革命志士中，留學生佔很大比例。留學生身處異域，負笈他邦，投入一個迥異於中國的社會，浸淫於西方的文化、教育、思想和體制內。平日所接觸的是西方社會，思想上面臨的是西方的學術理念。尤其近代的西方文化更是一個內容極爲豐富的文化，非一般人所僅注意的以「工具理性」爲手段，而用以控制自然與社會爲目的之如此單純。至於國人所肩負的傳統中國文化，亦決非一種沒有生命的、被動的、靜態的結構。檢視傳統文化，其最大特徵可謂是「複雜性」和「發展性」。因此，當二者交會後所產生的衝擊力，「化合」成新的觀念和思潮，〔註 14〕均爲過去傳統知識分子未曾有過的經驗。再加上近代傳統知識經過現實挑戰後所顯示的無力及拙於應付時代的需求，導致清末思想界成爲一個較爲空虛的時期，益發促使「知識分子向外界尋求答案的內驅力」。〔註 15〕「內驅力」的催促及現實環境的刺激，「化合」後所萌生的新觀念及新思潮，成爲推動思想變動的一股巨大的力量。從此，思想界爲之一變。這股思想變動的大勢及特質，梁啓超很早即觀察到，根據梁氏描述，戊戌政變後中國的「亡命客及留學生徒增的結果……『外來思想之吸收』一時之元氣極旺盛。」〔註 16〕當時思想內涵雖然「恒駁而不純；但在殽亂粗糙之中，自有一種元氣淋漓之象；此啓蒙期之特色也。」〔註 17〕

　　由於思想界的百花齊放，遂構成辛亥革命時期政治思潮的蓬勃發展。除了革命與立憲二派的競爭外，革命陣營裡亦因（一）雖以倒滿爲共同目標，而倒滿後之目標則不盡相同；（二）黨人來自不同地區，難免有地域之見；〔註

　　　　Shanghai and Chekiang 1902～1911,（Harvard University Press, 1971），p.ii。
〔註14〕舒新城，《中國留學史》，（台北，中國出版社，民國 62 年），頁 212。張灝，〈晚清思想發展試論－幾個基本論點的提出與檢討〉，收入《近代史研究所集刊》（以下簡稱《近史所集刊》），第七集，頁 476。
〔註15〕王爾敏，〈清末對於新思想擷取之因〉，收入氏著，《晚清政治思想史論》，（台北，台灣學生書局，民國 58 年），頁 173。
〔註16〕同註 15，頁 4。
〔註17〕梁啓超，《清代學術概論》，（台北，台灣商務印書館，民國 66 年），頁 4。
〔註18〕萊特（Mary C. Wright）女士認爲民族主義在中國革命裡，不僅意味著反抗帝國主義的侵凌，還代表著民族主義的情緒超越過地方主義的干擾。參見：Mary C. Wright, "*Introduction*", Mary C. Wright ed., *China in Revolution: The First Phase 1900～1913.*（Yale University Press, 1968），p.18～19，此種思想傾向，可以陳天華於〈猛回頭〉、〈警世鐘〉等文中，一再地籲請國人破除省界的地

18） （三）革命進行方式有以聯絡會黨爲主，有以聯絡新軍爲主，有以聯絡學界爲主，各不相同；（四）革命志士中有暴烈者、有迂緩者，或事暗殺、起事或事文學宣傳，不一而足。〔註19〕因此，革命陣營包含著各種類型的團體，各自奮鬥。及至時機成熟，乃混融而一，共棄前嫌，同心倒滿。

清末政治思潮，主要可分爲兩大系統：一爲康梁所代表的君主立憲運動；另一爲孫中山所領導的民族革命運動。〔註20〕二者於理論內涵及行動主張上，迥然有異。但是二者始念之出發，卻皆是統御在「救亡圖存」的危機意識下所衍生的民族關懷之情。因此，民族主義的興起及國家主權的訴求，成爲清末關懷國事者勇往奮進的一股驅力。〔註21〕

晚清瀰漫於時代裡的「主導理念」是革命，革命理念所蘊藏的內涵爲民族意識的高漲及國家主權觀念的覺醒。因此，無論是贊同革命抑或反對革命，其思辨範疇均環繞著「革命」主題運作。以此推衍，可知晚清的人們，於思想及行動上若與民族主義情緒及國家觀念有所衝突者，勢必難以立足時代巨潮中，遑論產生作用，進而蔚爲氣候。

但是以清末整體革命運動發展而言，革命陣營裡固然以孫中山先生所領導的革命團體爲革命運動的主流，但是眾所週知的是清季革命運動乃是由許多團體推動而成的。〔註22〕於形形色色的團體中，卻產生一支標榜無政府主

域偏見，團結自強以抵禦外侮，最具代表性。上述二文收入張玉法編，《晚清革命文學》，（台北，經世書局，民國70年），頁141～173。
雖然有心人再三鼓吹破除地域偏見，但是地域觀念卻一直存於辛亥革命時期革命陣營裡，甚至於導致革命陣營的分裂。可以於辛亥革命時期的後期，同盟會與光復會二者間的分離聚合爲例，雖然二會分裂對立原因頗複雜，但地域因素亦爲其中之關鍵，最能說明此一現象。參見張玉法，《清季的革命團體》，（台北，中央研究院近代史研究所，民國64年），頁463～491。
〔註19〕張玉法，《清季的革命團體》，頁5。
〔註20〕孟雲橋，〈五十年來的政治思潮〉，收入《五十年來的中國》，（台北，黨史會，民國65年），頁260。
〔註21〕從晚清革命報刊中，一再地引用太平天國翼王石達開的：「忍令上國衣冠淪於夷狄，相率中原豪傑還我河山」詩文，得以證之革命黨人懷抱著濃烈的民族情懷。見〈革命之原因〉，收入《黃帝魂》，（台北，黨史會，民國57年），頁124。
〔註22〕清末的革命運動是否有主流？於學界一直是個引人爭議的論題，以高慕軻（Michael Gasster）爲代表的一派學者，率直地論定辛亥革命運動並無主流。但是審視革命運動的進行以及革命組織的運作，尤其是1906年以後同盟會在孫中山領導下所扮演的角色，足以說明革命運動是有主流的。但是後人萬萬不可因爲主流的存在，而忽略了其他團體的存在價值及影響。陸丹林嘗批評一般研究辛亥革命者的缺失，有些部分甚有見地，他主張應把「各革命團

義的組織，而將中國革命運動與流行於當世的一股激進政治思潮與運動結合在一起，致使中國革命與世界脈動產生共鳴。

　　無政府思想一直若隱若現地存在於人類歷史上，其因固可追溯及人類長久以來對烏托邦理想之境的蘄盼。但是近代盛行於歐美的無政府主義運動，卻是西方社會於工業革命及法國大革命後所崛起的一股新興的政治哲學及社會運動，因此亦可視爲近代社會主義運動之一支。韋伯（Max Weber）認爲近代除了西方歐美社會外，其他地區未曾產生合理的勞動環境及組織，因此也就未能產生合理的社會主義運動。〔註23〕但是二十世紀初期的中國，僅處於近代工業發展的萌芽期，工廠數量稀少，勞工力量單薄，勞動組織幾乎不存在，遑足論能爆發西方社會主義者心目中的革命。因此晚清出現於中國的無政府主義運動，就其生成背景及內在特性，均頗值得深入探究。就此運動過程及理論主張約略觀察，其思想來源頗爲龐雜，但是大致可歸納爲兩大脈絡。部份可追溯到傳統中國思想中所隱涵的無爲自然主義思想之遺緒，此種思想萌生之主因，往往是當現實世界無法滿足人們基本蘄望時，遂衍生出一種否定既有現存的一切，而將目光投注於遙遠的未來；或是擴大爲關懷人類全體終極目標的「超越意識」。〔註24〕另一部份則是直接受到近代歐美無政府主義運動理論與行動的啓迪所致。二派淵源不同，秉持信念亦各具特色。但二者滙合後所呈現的特質，遂構成辛亥革命時期的中國無政府主義運動的特殊性格。同時就無政府主義的組織派系而言，若依地理分佈及組織活動區分之，可歸納爲兩大系統。一爲部份旅居日本的中國留學生及一群日本無政府黨員所組成的「社會主義講習會」；一爲遠寓法國巴黎的另一群中國留學生所籌組的「世界社」。巧合地是於西元 1907 年，上述兩團體不約而同

　　　　體……一一加以精詳的平衡研究，以免陷入偏枯單純的途徑。」參見陸丹林，《革命史譚》，（南京，獨立出版社，民國 34 年），頁 162。至於當代中外學界有關辛亥革命運動是否有主流之爭論，可參見《辛亥革命研討會論文集》，（台北，中研院近史所，民國 72 年），頁 223～229。

〔註23〕 Max Weber, *The Protestant Ethic and the Spirit of Capitalism*, tr. by Talcott Parsons,（New York, Charles Scribner's Son, 1958），p.23。

〔註24〕 此處「超越意識」的涵義，有別於康德（Immanuel Kant 1724～1804）的「超越理念」（Transcendent Ideas），乃特指「超越一切狹隘的群體意識和界域觀念，而放眼觀察人類追求理想的一種思想傾向……如康有爲和譚嗣同」的《大同書》與《仁學》所蘊涵之微意。參見張灝，〈晚清思想發展試論－幾個基本論點的提出與檢討〉，頁 483。

地分別於日本東京及法國巴黎發行《天義》及《新世紀》兩份刊物，亟力鼓吹無政府主義。同時二者亦構成晚清中國無政府主義運動的兩大發展中心，並且扮演著近代中國無政府主義運動的啟蒙者角色。就理論主張及倡導者的性格而言，二派有著極為明顯的歧異，但是就近程奮鬥目標及手段方法而言，二者卻存有一個內在的共通特性，他們皆期盼藉著無政府主義的理念，以傾覆現存的罪惡實體——清廷，進而使中國成為一個自由、平等、博愛的新世界。

辛亥革命時期的中國無政府主義信仰者，曾經激越地以文字鼓吹，狂熱地以行動奔走之，於現代中國史創造了頗為醒目的一幕。至於就無政府主義理論內涵而言，無論是東、西方的近代無政府主義，其固然存有理論層次的差異及時空條件轉變後的蛻變，但是審視東西方無政府主義的理論主張，可歸納出幾點頗具代表性的政見，譬如：反對政府的存在、反對狹隘的種族主義、揚棄國家主義及愛國主張、敵視傳統權威、否定民主議會制度及痛斥現行的經濟體制。〔註25〕以上諸項主張，亦為近代無政府主義的理論核心。但是就其理論層面審視之，會產生無政府主義者部份主張與清季革命黨人所秉持的基本信念，存有一種無法逃避的緊張性（tension）。若將這種理論的衝突性及危機，投射於辛亥革命時期中國無政府主義者所扮演的角色及影響上，會發現當時的中國無政府主義者，就其理論及行動方面而言，於革命陣營裡，間或因為理論內涵所生的「緊張性」而引發激烈的相互批判；間或因為人事的悲歡離合而導致的爭執與對立。因此辛亥革命期間於革命陣營裡衝突頻起，但是衝突的嚴重性卻又不致於導致流派間的對立或斷然決裂。因此，若詳析辛亥革命時期中國無政府主義派與民族革命派之間理論的輳輳及行動的進退，於某種層次上，二者甚至能產生表相矛盾而實質卻有相輔相成之效。因此，清末中國無政府主義者所扮演的角色為何？其又如何調適理論與現實的衝突？皆是一個頗值得深入探討的歷史課題。

至於如何解決上述兩大論題，除了從思想淵源追溯，探賾古典思想裡所蘊涵烏托邦式大同思想對傳統思想的影響外。尤需詳考辛亥革命時期的無政府主義者實際行為的變動過程，以相互印證之。如此，不僅可澄清近代中國無政府主義運動萌芽期的真相及階段的特殊性。同時進而可對衝接民國以後的中國無政府主義運動，作為基本理念之澄清及進一步擴展研究的基礎。亦

〔註25〕 James D. Forman, *Anarchism,*（New York, 1975），p.29～58。

可由辛亥革命時期無政府主義團體所扮演角色的釐清，得以從另一角度詮釋辛亥革命，而豐富了辛亥革命史的研究。最後，更可由瞭解近代中國無政府主義的內涵、原則及領導權，以宏擴對於中國現代史瞭解的視野。〔註26〕

〔註26〕Robert A. Scalapino and Geoger T. Yu, *The Chinese Anarchist Movement*, （University of California Press, Berkeley, 1961）, p.1。

第二章　時代背景

　　「任何思想的形成，總要受某一思想形成時所憑藉的歷史條件之影響。
歷史的特殊性，即成為某一思想的特殊性」。〔註1〕至於政治思想的形成，原
則上必須奠基於社會生活之影響、歷史學說之關係、思想家之人物與個性等
三種因素之上。〔註2〕因此，一種政治理念，從萌芽、成長至茁壯的過程中，
先決條件是必須具備該政治思想得以生存的時空環境。但是縱然具備適當的
時代背景因素，卻並非表示某種政治理念的必然生存。因為其間還羼雜著許
多複雜的因素；譬如傳統思想特質的影響及人為因素所扮演的角色等，也佔
有很重要的地位。

　　清季以來，西方無政府主義思想得以進入中國，主要因為十九世紀中期
以後，外人於中國所創辦的刊物，諸如：《北華捷報》（*North China Herald*）、

〔註1〕徐復觀，《學術與政治之間》，（台北，台灣學生書局，民國69年），頁47。
〔註2〕楊幼炯，《中國政治思想史》，（台北，台灣商務印書館，民國69年），頁2。
　　　蕭公權，〈中國政治思想史參考資料緒論〉，收入氏著，《中國政治思想史》，（台
　　　北，聯經出版社，民國72年），頁946～947。
　　　徐復觀亦認為：「中國文化很早便重體認，重實用，而不重思辨；所以古人表
　　　達其思想時，常是片斷的，針對某一具體事實而說的，缺乏由思辨的抽象性
　　　及構造形式」。見徐復觀，〈孟子政治思想的基本結構及人治與法治問題〉，收
　　　入氏著，《中國思想史論集》，（台北，台灣學生書局，民國70年），頁133。
　　　根據蕭公權及徐復觀二位的主張，國人思想特色充滿著實際性。至於以社會
　　　實務為大前題的政治理論，自然「實用性」更高過於一切了。

《教會新報》、《萬國公報》中,零星地向國人傳佈一些歐美無政府主義的理論及無政府主義的活動情形。至於中國地區無政府主義運動的出現,須至二十世紀初期才正式展開,由張繼、劉師培、李煜瀛、吳敬恆等人領導創組無政府主義社團,發行刊物,鼓吹無政府主義。在此運動推展的過程中,在在顯示晚清無政府主義思想的萌芽及組織、運動的長成,與時代環境的需要及倡導者的內、外緣因素,是息息相關的。因爲運動大前題發自於環境的需求,清季中國所面臨的時代環境,遂成爲西方無政府主義思想得以進入中國的始念之誘發。也因爲晚清有識之士在「面臨變局,救亡圖存」焦灼心理的催迫之下,近代西方無政府主義思想進入中國後所呈現的特質,實用色彩也就份外地濃厚。而對其理論內涵的體會及感悟,不僅與西方原貌有著很大的差距,甚至被國人有意地扭曲、誤用。

第一節　從維新到革命的政治動向

　　清季的政治變化,大概可依其特質劃分爲兩個階段。從鴉片戰爭爆發到中日甲午戰爭的結束,爲第一個階段;從甲午戰爭之後,其間歷經維新變法、庚子之役到辛亥革命,爲第二個階段。其時代特色,第一階段爲外力侵入,新思想醞釀的時代;第二個階段爲革命勢力進展,滿清皇權顚覆的時代。〔註3〕

　　十八世紀以來,英法諸國歷經工業革命的衝擊,於重商主義的誘導下,汲汲於向外擴張勢力。因此一批批的商旅、教士、軍艦,如潮水般地湧向世界各地,逐漸取代了傳統舊殖民帝國的西班牙、葡萄牙。

　　當英國人抵達中國後,擴充商業關係的願望屢遭清廷阻遏,遂以鴉片問題爲導火線,掀起道光20年(西元1840年)的鴉片戰爭。結果清廷戰敗,1842年簽訂中英「南京條約」,割讓香港,並且開放五口通商。從此中國門戶被外人打開,中國也因此而面臨著一場前所未有之變局。

　　中國遭此挫敗後,滿清統治權威逐漸式微。再加上一直隱伏於民間的種族主義思想及社會的日益不安,遂爆發連亙十五年的洪楊之役。根據楊慶堃的統計資料所顯示,太平天國起事之前,中國社會已逐漸呈現不穩定的狀況:

〔註3〕張灝認爲觀察晚清的變局,應從「西方的衝擊和傳統思想的交互影響著眼」,見氏著,〈晚清思想發展試論——幾個基本論點的提出與檢討〉,頁20。
　　　　李劍農,《中國近代百年政治史》,(台北,台灣商務印書館,民國64年),上冊,頁13。

圖表 2－1　清季社會暴動次數統計表

年代	1816 | 1825	1826 | 1835	1836 | 1845	1846 | 1855	1856 | 1865	1866 | 1875	1876 | 1885	1886 | 1895	1896 | 1911	合計
暴動 次數	117	206	258	959	2483	1020	391	315	566	6405
平均 比例	1.9%	3.4%	4.2%	15%	38.8%	16.1%	6.2%	5.5%	8.9%	100%

資料來源：C. K. Yang, "*Statistical Patterns of Mass Actions.* "in F. Wakeman, Jr. and C. Grant, （eds.）, *Conflict and Control in Late Imperial China*, （University of California Press, 1975,） p.177。

　　清廷於鴉片戰爭及洪楊之役中，已逐漸體認到西方船堅砲利的優勢。因此部份有識之士，乃出面亟力提倡西法，主張於造船、製械、練兵、裕餉等方面，應盡力模仿西法。所以由同治朝到光緒中葉的洋務運動，可稱之為「西法模仿時代」。

　　不過模仿西法的洋務運動，因為無法深入瞭解西方文明的本質，遂僅學到西方文化的皮毛，以致終究無力有效地抗拒外力的入侵。影響結果，首先於光緒 10 年（西元 1885 年）因為安南問題而爆發的「中法戰爭」中，模仿西方的一個重要根據地--馬尾船廠，慘遭法軍摧毀，並失去了安南。最後於 1894 年中日甲午戰爭中大敗，殘酷地顯示數十年的洋務運動，最後是徹底的失敗。

　　由於甲午戰爭慘敗的刺激，部份人士感念過去一昧地模仿西方皮毛的膚淺；同時對於傳統制度的功能，更是深表懷疑，遂有變法維新運動的發起。維新運動於光緒 24 年（西元 1898 年）的夏季，達到高潮。但是百日之後，因為保守力量的反撲，爆發戊戌政變，慈禧太后再行臨朝，盡廢新法，維新毀之一旦。

　　因為外人同情維新變法，政變後翼助康有為、梁啟超等人逃離中國。後又反對慈禧廢光緒皇帝的陰謀，再加上民間長久以來的敵視外人心理，諸般情緒匯流之下，爆發義和團事件，最後導致八國聯軍的攻佔北京。庚子事變後，清廷也深感悔悟，於是部份思想開明的督撫於各地展開改革。加以 1904 年日俄戰爭爆發，立憲國日本戰勝專制國俄國的刺激，益發使得清廷深信，立憲優於專制，於是有派遣五大臣出洋考察憲政之舉。

　　但是自庚子拳亂之後，部分激情的國人對於滿清政權的反感，已非溫和漸進的立憲運動能夠慰撫。因此於 1905 年五大臣出洋考察的同時，中國同盟會也成立於日本東京，結合各派系革命團體而成為一體。革命力量隨之壯闊展開，從此革命運動成為時代潮流的主流。

　　革命運動是結合政治與種族兩個因素而形成的。〔註4〕因此，革命始念的萌芽，有志之士的投入及組織活動的擴大，也就是在「政治」及「種族」的兩種作用力的錯綜交互影響下，而日益成長、壯大。

　　就政治層面而言，從鴉片戰爭以來，清廷遭受到一連串的挫敗，明白地顯示傳統政治體制的呆滯無效，因此有識之士遂亟力高倡變革。梁啟超即是受到甲午戰敗的刺激，經由深切地反省，乃認為時代特質「常有停頓過渡之二時代，互起互伏，波波相續體，是為過渡相。各波具是體，是為停頓相。……中國數千年以來，皆為停頓時代。而今則過渡時代也。」〔註5〕「過渡時代」的特質，就是「動」與「變」。因此梁啟超樂觀地認為：「中國之民最好靜，經千年而不動。故路梭（盧騷）諸賢之論，施之於法國，誠為取亂之具；而施之於中國，適為興治之機也；如蔘桂之藥，投諸病熱者，則增其劇。而投諸體虛者，則正起其衰也」。〔註6〕當時梁啟超熱切期盼變革之心，實足以代表維新運動前後關切國家命脈者的共同心聲。

　　但是現實政治範疇之內，目的與手段之間經常處於兩難困境。因此當現實政治無法滿足人們的期盼，人們不滿的情緒將會益加激烈。

　　維新運動失敗，國內政治氣氛重回保守路線。由於現實的挫折，使得人們益發失望不滿。既然現存政體無法滿足人們的要求，不滿情緒自然須要另覓渲泄之途。因此，革命運動遂取而代之，成為時代的主導力量。

　　滿清以外族身份進入中國，建立政權。漢人在「夷夏之防」的傳統民族主義之心理作用下，自然不會衷心擁戴異族建立的政權。至於滿清入關時殘酷屠殺的歷史記憶，如「揚州十日」、「嘉定三屠」的悲劇，也一直縈迴於漢人的腦海中。再加上滿清入關後的種種不合理的政治、社會措施，如滿漢政治地位的不平等、大興文字獄以箝制漢人思想等，更導致漢人對於清廷極度

〔註4〕左舜生，《萬竹樓隨筆》，（香港，自由出版社，民國43年），頁206。
〔註5〕梁啟超，〈過渡時代論〉，收入氏著，《飲冰室文集》，（台北，中華書局，民國49年），第三冊，頁27。
〔註6〕〈光緒二十六年四月一日致南海夫子大人書〉，收入丁文江編，《梁任公先生年譜長編初稿》，（台北，世界書局，民國51年），上冊，頁126。

不滿。因此，「反清復明」的種族主義思想，一直隱伏於社會、人心之中，隨時伺機而動。

自從鴉片戰爭以來，清廷對於外來侵略，一再地挫敗，割地喪權，國勢日危，此時中國面臨到另一層次的民族生存、文化延續危機。此一危機不僅是種族、政治方面，同時還包括了文化及傳統。但是因爲清廷的拙於應付，不僅象徵著清廷權威的式微，同時也明白地顯示清廷無力維繫中國文化體系的命脈。因此，在傳統夷夏之防的民族主義思想召喚下，清廷代表著外族政權的入據，理應被排除。在西力衝擊的刺激下，清廷代表著無力維護廣義的中國體制，尤其應該被推翻。因此，晚清革命情緒的高漲，沛然莫之能禦。楊度見此情形，就曾語重心長地說過：「排滿革命……幾成爲無理由之宗教」〔註7〕了。

清季革命運動中，派系繁多，見解各異。但是各派系之間，存有一個共同的目標，即爲「倒滿」。〔註8〕倒滿之始念，則萌發於民族主義情懷。但是因爲參與者的關懷層次不同，再加上參與份子身世、思想背景的差異，使得革命運動初期的徵貌，呈現極爲多樣的特質。其中可以秦力山與自立軍事件爲例：秦力山於1897年夏東渡日本，最初進入大同學校就讀，後來有見於社會杌楻，國勢垂危，乃決心革命。1899 年秋天，秦力山由日本返國，隨同而歸的有唐才常、林錫圭等人。他們首先於上海成立自立會，以聯絡同志，籌組自立軍，計畫舉事。後因事洩，乃臨時倉促發動，行動中並且於漢口各地廣貼安民告示。分析此安民告示文的內容，最足以顯示這批革命者所秉持的信念。告示文云：

> 中國自立會會長以討賊勤王事，照得戊戌政變以來，權臣秉國，當朝，禍變之生，慘無天日……用敢廣集同志，大會江淮，以清君側……
>
> 〔宗旨〕：一、保中國自立之權；二、請光緒帝復辟；三、無論何人，凡係有心保中國者，准其入會；四、會中必當禍福相依，患難相救，且當一律以待會外良民。〔註9〕

從自立會所張貼的告示文中，顯示當時秦力山等人所秉持的革命理念，完全出自於「勤王」、「保中國」，而非發自於狹隘排滿的種族主義。這種情形，主

〔註7〕　〈光緒三十三年楊度致任公書〉，收入《梁任公先生年譜長編初稿》，上冊，頁273。

〔註8〕　張玉法，《清季的革命團體》，頁5。

〔註9〕　馮自由，《中華民國開國前革命史》，（台北，世界書局，民國43年），上冊，頁61。

要因爲「當時革命與保皇雙方均有若干分子多以救亡爲第一義。至於政治、黨派的分野，並不如後來之嚴格」。〔註 10〕因此，馮自由也認爲：「在民國前十七、八年以前，我國稱具政治性質之團體，尚無革命、立憲、排滿、保皇及急激、和平之分」。〔註 11〕

辛亥前夕的革命運動，可依其時期的特性，劃分爲兩個段落。第一階段是從 1901 年至 1905 年，爲「理論鼓吹期」；第二階段是從 1906 年至 1911 年，是爲「革命實行期」。〔註 12〕於第一階段中，1903 年爲一個重要的轉捩點。〔註 13〕因爲庚子事件八國聯軍入侵中國時，俄人侵佔中國東三省，於辛丑條約簽後，俄國又一再地拒絕、拖延將東三省交還中國，因而激發起國人強烈的民族意識，最後釀成澎湃的「拒俄運動」。但是清廷對於激昂的民情，卻一昧採取敷衍態度，最後甚至認定此運動是「名爲拒俄，實爲革命」，採取採壓制的政策，因而引爆國人極度的失望與不滿。再加上歷來清廷對於外來侵略的拙於應付，從而導致清初以來一直隱伏民間的民族思想，遂與西力東侵後所生成之日益嚴重的民族危機感，結合爲一，致使革命目標的釐清與確立。革命志士們深信，爲維護中國的生存，首先必須強國以抗外人；至於追求富強以拒列強的先決條件，就是必須傾覆清廷。這種革命論述，於鄒容的《革命軍》一書，表達的最爲透徹。至於《革命軍》一書的風行海內外，普遍地引起國人的共鳴，足以顯示鄒容所持的信念亦爲時人之同感。

鄒容認爲革命的目標有四：（一）「我中國今日欲脫滿州人之羈縛」；（二）「我中國欲獨立」；（三）「我中國欲與世界列強并雄」；（四）「我中國欲爲地球上強國，地球上之主人翁」。〔註 14〕從當時鄒容所揭櫫的革命目標，可見革命黨人已將其目光由狹隘地推翻滿清異族政權，提昇到抗拒外來列強，謀國家生存發展的層次。當《革命軍》一書刊佈後，因書中用語通俗淺顯，適

〔註 10〕中國國民黨中央黨史史料編纂委員會編輯，《國父年譜》，（台北，中華民國各界紀念國父百年誕辰籌備委員會，民國 54 年），上冊，頁 115。

〔註 11〕馮自由，《革命逸史》，第三集，頁 26。

〔註 12〕章士釗，〈疏黃帝魂〉，收入《辛亥革命回憶錄》，（北京，人民出版社，西元 1961 年），第一集，頁 217。

〔註 13〕陳萬雄，《新文化運動前的陳獨秀》，（香港，中文大學出版社，西元 1979 年），頁 30。吳相湘，《孫逸仙先生傳》，（台北，遠東圖書公司，民國 72 年），上冊，頁 342。

〔註 14〕鄒容，〈革命軍〉，收入張玉法編，《革命晚清文學》，（台北，經世書局，民國 70 年），頁 109。

合當時社會需要，革命陣營賴其言為驅滿建國宣傳之本。〔註 15〕1904 年 3 月孫中山抵美鼓吹革命時，即曾刊印一萬一千冊，於僑界廣為散佈，作為宣揚革命的利器。〔註 16〕而時方年少的蔣介石，當他初次閱讀《革命軍》後，輒「酷嗜之，晨夕覽誦，寢則懷抱，夢寐間如與晤言，相將提戈逐殺韃奴」。〔註 17〕吳樾於〈暗殺時代〉一文中，闡釋其思想的轉變及決心以暗殺行動獻身革命，主要即因為「友人某君授予《革命軍》一書，三讀不置。適是時奉天被佔，各報傳驚，至時而知國家危亡之在邇。舉昔卑污之思想，一變而新之」。〔註 18〕由此可見《革命軍》一書影響之深，同時也顯示當時的革命情緒逐漸步上激進之境。革命的推展，也由「理論鼓吹期」邁入「革命實行期」。處此狂熱激情的時代裡，就連封閉內陸的年青學子也能感受到革命氣氛的浸染，多喜高談革命。當時一般知識界，雖然對於新學理、新時勢或許是茫然不知，但是自從受到革命新潮流的刺激，似乎也變得若不談革命，不得謂文明，〔註 19〕由此可見革命風氣已浸染頗深廣。當時一般大眾祇知道要革命，而刺激革命的情緒，主要來源則是民族主義。至於理論學說、內容是否豐富，並非關鍵因素，祇要是適用於革命，即能為人們所接受。甚至於革命黨人本身，「也只有少數人了解國民革命的意義，大多數人還祇是知道種族革命。至於平均地權的問題，一般人更是莫測高深」。〔註 20〕

於革命的時代裡，變遷往往傾向於全面、深入而且急劇的。〔註 21〕至於所有激進型的政治理念，也大多出現於傳統舊事物顯示其拙於應付困局，且令人們懷疑其價值的一個急劇、又具有決定性變遷的時刻。〔註 22〕胡波（Rex D.

〔註15〕馮自由，《革命逸史》，第二集，頁 55。

杜呈祥，《鄒容傳》，（台北，帕米爾，民國 41 年），頁 34～40。

〔註16〕同上，頁 114～115。

〔註17〕毛思誠編，《民國十五年以前之蔣介石先生》，（香港，龍門書店，西元 1965 年），頁 24。

〔註18〕吳樾，〈暗殺時代〉，收入張玉法編，《晚清革命文學》，頁 214。

〔註19〕鄭烈，〈黃花崗福建十傑紀實──馮超驤〉，陸保璿輯，《滿清稗史》，（台北，文海出版社，民國 58 年），頁 896。

〔註20〕仇鰲，〈辛亥革命前後雜憶〉，收入《回憶辛亥革命》，（北京，文史資料出版社，西元 1981 年），頁 67～68。

〔註21〕Michael Gasster, *Chinese Intellectuals and the Revolution of 1911*,（University of Washington Press, 1969），p.xxiii。

〔註22〕Michael Walzer, *The Revolution of the Saints: A Study in the Origins of Radical Politicals.*（ Harvard University Press, 1962），p.315。

Hooper）將革命劃分爲四個階段。第一個階段的特徵是群眾逐漸對於現狀不滿，
但是認知上仍屬矇矓，最大特色是傳統價值不再能夠滿足社會大眾的期盼。第
二階段的特徵是初期模糊矇矓的概念，在界定的目標下，逐漸結合各方力量，
知識份子也漸漸地投入。第三階段的特徵爲革命的動機及目標逐漸釐清，革命
組織相繼成立。同時革命陣營的內部產生左、右路線的鬥爭。但是最後的結果，
往往是激進派取代了溫和派。第四階段的特徵爲革命運動的合法化。〔註 23〕清
季中國面臨著一個西力衝擊、傳統潰決的關鍵時刻。清季維新運動失敗後的失
落，革命運動逐取而代之，成爲時代的主流，而革命理念也就成爲左右時代思
潮的主導力量。當清季革命運動步入胡波氏所謂的革命第三階段時，許多盛行
於歐美各國的激進政治理念，逐被國人生吞活剝地引介入中國。因此「在這一
時期的知識份子除了並未提出全面的文化問題外，凡日後所展現的新思潮，大
抵均已在晚清時代茁放了一些萌芽」。〔註 24〕於五彩繽紛的西方政治理論中，能
夠切合革命環境的需求及滿足革命黨人心理企盼的政治理論，自然多屬於當時
盛行於歐美思想界，較爲激進的理論了。至於一般主張緩和漸變的言論，逐漸
失去了誘人的光芒，不再能夠吸引人們的目光。即使「筆鋒帶有感情」美譽的
梁啓超，處於此時也失去了往昔《時務報》、《清議報》及《新民叢報》時期的
影響力；甚至初傳入中國的馬克思主義，相形之下，也成了漸進主義。於此激
進情緒的衝擊下，時人樂觀地深信只要勇往向前必可克服一切困難躓礙，使得
中國能超越西方世界過去的變革慣例，一舉跨進理想中的新世界。〔註 25〕當時
盛行於歐美的無政府主義思想，無論手段或內涵，皆具有極爲強烈的超越色彩。
因此，當革命時代邁入組織運動階段，革命黨人的情緒呈現焦灼冒進之際，心
理上最渴盼的即是類似無政府主義型態的激進政治理念。〔註 26〕無政府主義遂

〔註 23〕 Rex D. Hooper, "*The Revolutionary Process*." in *Social Forces*, XXVIII, （March,
1950）, p.270～279。

〔註 24〕 王爾敏，《晚清政治思想史論》，（台北，台灣學生書局，民國 58 年），頁 1。

〔註 25〕 Mary C. Wright, "*Introduction*," in *China in Revolution: The First Phase*, p.62。
Martin Bernal, *Chinese Socialism to 1907*,（Cornell University Press, 1976）, p.199
～213。丸山松幸，《中國近代の革命思想》，（東京，研文出版，西元 1982 年），
頁 36～38。王爾敏亦認爲晚清「在思想上之發展，過激而又過激，竟至不幸
發展爲虛無主義之信仰。於是理論上認爲凡固有之事物，俱爲進步之障礙，
亦俱在破壞掃蕩之列。」見王爾敏，〈晚清政治思潮之動向〉，收入氏著，《中
國近代思想史論》，頁 183～184。

〔註 26〕 萊特（Mary C. Wright）女士認爲清季知識份子在「大躍進」的心理下，蔑視
所有漸進理論，深信在自我堅毅的推動下，可超越過一般國家的制式化發展

在此時代背景下，流入中國，對清末民初的中國，產生出巨大的影響。

第二節　中國思想的世界化

　　清季國人的思想逐漸掙脫出傳統的格局，於形貌上呈現出極爲多樣的色彩，思想界豐富、多樣、熱鬧，當時盛行於西方世界各類型思想，於國內幾乎都可覓得知音，王爾敏即認爲「二十世紀中國思想界，其足以代表一時代之潮流者，則大部爲西方新思想之介紹移植」。〔註27〕雖然這些新思想並未達到充分的說明與傳播，國人的理解程度也不夠普遍、深入。〔註28〕但是處於晚清時空環境壓迫的時代背景及傳統潰決的雙重壓力下，可謂是「欲救今日之中國，莫急於以新學說變其思想」。〔註29〕

　　清季介紹入中國的西方新知，可依時間、譯者及譯著本身所蘊涵的意義，區分爲前後兩期。前期約於 1895 年以前，其特點是譯者大多是外人，翻譯西書的初衷也大都僅爲傳播西洋文化及新知。後期約於 1895 年之後，此時期陸續出了許多位傑出的本國翻譯家。加上二十世紀初期近代中國留學運動的興起，大批留學生也扮演著譯介者的角色，從此譯書範圍不再拘限於傳教士們所感興趣的範疇。許多西方新知在「以時代的覺醒爲基礎」的召喚下，〔註30〕陸續被介紹給國人。

　　清朝同治年間所展開的洋務運動，最重要的一項事業即是大量地翻譯西書。江南製造局成立後，曾經廣泛地譯介西書。依照英人傅蘭雅（John Fryer）在 1880 年〈江南製造局翻譯西書事略〉的記載，當時江南製造局已經翻譯了九十八部西書。〔註31〕此外，1887 年（光緒 13 年）英國蘇格蘭長老教會教士

　　　　階段模式，以超越之架式，可一舉完成理想中的終極目標。參見：Mary C. Wright, "*Introduction*", p.63。
〔註27〕王爾敏，〈近代中國思想研究及其問題之發掘〉，收入氏著，《中國近代思想史論》，（台北，華世出版社，民國 64 年），頁 535。
〔註28〕王爾敏，〈晚清政治思想及其演化的原質〉，出處同上，頁 1。另參見郭正昭，〈從演化論探析嚴復型危機感的意理結構〉，收入《中央研究院近代史研究所集刊》，第七期，民國 67 年 6 月。
〔註29〕梁啓超，〈光緒二十八年十月與夫子大人書〉，丁文江編，《梁任公先生年譜長編初稿》，上冊，頁 153。
〔註30〕王爾敏，〈十八世紀中國士大夫對中西關係之理解及衍生之新觀念〉，收入氏著，《中國近代思想史論》，頁 14。
〔註31〕鄭學稼，《中共興亡史》，第一卷（上），民國 59 年，台北版，頁 106。呂芳上，

韋廉臣（A. Williamson）於上海成立「廣學會」，以編譯西書，介紹西方學術、文化爲主。會員中的美人林樂知（Young J. Allen）、丁韙良（W. A. P. Martin）、李佳白（Gibert Reid）、英人李提摩太（Timothy Richard）、慕韋廉（William Muirhead）、艾約瑟（Joseph Edkins）、及德人花之安（Ernst Faber）等，都熱衷於譯介西書。〔註32〕

尤其是丁韙良在清廷官方的支持下，領導同文館於 1880 年代裡翻譯了大批的西書，科目包括有：萬國公法、政治、歷史、法律、解剖學及外交領事指南等書。這些書譯畢，大部分由同文館印書處發行，免費分派與全國官吏參閱。其影響之深，是可想而知的。主其事的丁韙良（W. A. P. Martin）日後回憶時曾自豪地說：「此類書籍，好像一種槓桿有了這樣一個支點，必定可以稍爲進展。倘若科學的創作是鑿了一口自流井，則翻譯者，不就像是裝置了輸水灌漑的管子嗎？」。〔註33〕

至於後期的譯書運動，依譯書的內容、翻譯者的心態及時代背景的變動，可歸納成兩大階段。第一階段爲 1895 年至 1904 年；第二階段爲 1905 年至 1911 年。第一階段適逢國人遭到中日甲午戰爭的慘痛教訓，在家國瀕亡的危機意識及艷羨日本維新成果的交互心理作用下，大批喚醒國人的政治、社會理論書刊，被譯爲中文。第二階段的時代特色爲革命運動的勃興，於革命與立憲的大辯論激盪下，以及革命黨人爲著鼓吹革命而大量的譯介西方民主、自由等政治理論的書籍。

第一階段裡最傑出的本國翻譯家，首應推嚴復（西元 1835～1921 年）。嚴復曾大量翻譯西書，於 1905 年以前其所翻譯的書計有：赫胥黎（Thomas H. Huxley）的《天演論》（*Evolution and Ethics*）、亞當斯密（Adam Smith）的《原富》（*An Inquiry into the Nature and Causes of the Wealth of Nations*）、斯賓塞爾（Herbert Spencer）的《群學肄言》（*Study of Sociology*）、約翰彌勒（John S. Mill）的《群己權界論》（*On Liberty*）與《名學》（*System of Logic*）、甄克斯（Edward Janks）的《社會通詮》（*A History of Politics*）等書。〔註34〕嚴復對於富國強兵

《朱執信與中國革命》，（台北，中國學術著作獎助委員會，民國 67 年），頁 21。
〔註32〕 王樹槐，《外人與戊戌變法》，（台北，中研院近史所，民國 54 年），頁 33～44。
又王樹槐，〈清季的廣學會〉，《中央研究院近史所集刊》，第四期（上），民國 62 年 5 月版。
〔註33〕 劉伯驥譯，《丁韙良遺著選粹》，（台北，中華書局，民國 70 年），頁 110。
〔註34〕 王蘧常，《民國嚴幾道先生復年譜》，（台北，台灣商務印書館，民國 70 年），

之策，群己自由的眞諦，社會組織及政黨政治的原理，乃至思想方法及邏輯歸納等方法論，均有極爲細膩地介紹。新知識的介紹中，以《天演論》一書影響最鉅。嚴復所謂的「天演」，有廣狹之分。狹義「天演」，專指生物種類變化演進；廣義「天演」則是把「天演競存」的觀念，應用於一般學術思想及政治社會。〔註35〕中日甲午戰爭的失敗，致使國人驚怵國家民族正面臨危急存亡的關鍵時刻，亡國滅種的大禍，可能不免於降臨。警惕之心，遂誘發「競存」觀念的產生。競存的宗旨在「救亡」，救亡觀念遂與競存觀念並生。因此當嚴復介紹《天演論》，一開始即「毫不懷疑，毫無排拒，而儘量吸收，踴躍介紹」。〔註36〕梁啓超亦認爲：「海禁既開，譯事萌孽，游學歐美者，亦以百數，然無分毫影響於學界。惟侯官嚴幾道，譯赫胥黎《天演論》，斯密亞當《原富》等書，大蘇潤思想界，十年來思想之丕變，嚴氏大有力焉」。〔註37〕至於《天演論》於中國所造成的實際影響，可由清季民國以來，國人行文言談之際，隨口將「天演競爭」、「適者生存」、「優勝劣敗」、「物競天擇」等作爲口頭禪，或分別將名字變更爲「競存」或「適」，即可明瞭嚴復譯著影響之深。〔註38〕

　　從1850年至1904年，共計約有1100種外文書被翻譯成中文，流傳於國內。依其性質分類統計，其類科比重的變動，最能代表清季譯書於國內扮演角色意義的轉變。此期間譯書運動可以1950年至1899年及1902年至1904年，區分爲兩表，如下：

頁29～74。

〔註35〕吳康，〈晚清學界之進化思想〉，收入楊肅獻、周陽山編，《晚清思想》，（台北，時報文化出版公司，民國69年），頁577。

〔註36〕同註4，頁42。Benjamin I. Schwartz, *In Search of Wealth and Power: Yen Fu and West,*（Cambridge Press., Mass., 1964），p.43～80。

〔註37〕梁啓超，〈論中國學術思想變遷大勢〉，收入氏著，《飲冰室文集》，（台北，中華書局，民國49年），第三冊，頁104。

〔註38〕胡適，《四十自述》，（台北，世界文摘出版社，民國43年），頁38。又張繼（溥泉）回憶當時在河北蓮池書院的學生「皆置《天演論》於案上」，見《張溥泉先生全集》，（台北，黨史會，民國40年），頁38。民前14年，蔡元培任中西學堂監督，教員中有新舊之別，「新一點的篤信進化論，對於舊日尊君卑民，重男輕女的舊習，隨時有所糾正」。見蔡元培，〈我在教育界的經驗〉，收入《蔡元培先生全集》，（台北：台灣商務印書館，民國66年），頁677。

圖表 2－2　1850 年～1899 年中國譯書狀況表

國別\科別	英	美	法	德	俄	日	其他	合計	百分比
哲學	5	1					4	10	1.8
宗教	3	1					1	5	1
文學	1	1					1	3	0.5
美術	1						1	2	0.3
史地	25	10	1	1	2	16	2	57	10
社會科學	23	5	2	6		6	4	46	8.1
自然科學	96	26	3	2		32	10	169	29.5
應用科學	123	33	6	16		29	23	230	40.3
雜錄	9	5	1	4		3	23	45	7.9
合計	286	82	13	29	2	86	69	567	
百分比	50.6	14.5	2.3	5.2	0.3	15.2	12.1		100

資料來源：黃福慶，《清末留日學生》，（台北，中研院近史所，民國 64 年），頁 183～184。

Tsuen-hsuin Tsien, "*Western Impact on China Through Translation*"。
Far Eastern Quarterly, Vol. XIII,No. 3, May 1954, p.315

圖表 2－3　1902 年～1904 年中國譯書狀況表

國別\科別	英	美	法	德	俄	日	其他	合計	百分比
哲學	9	2		1		21	1	34	6.5
宗教	1					2		3	0.6
文學	8	3	2		2	4	2	26	4.8
史地	8	10	3			90	17	128	24
社會科學	13	3	3	7	2	83	25	136	25.5

自然科學	10	9	5			73	15	112	21
應用科學	3	3	3	14		24	9	56	10.5
雜錄	5	2	1	2		24	4	38	7.1
合計	57	32	12	24	4	321	78	533	
百分比	10.7	6.1	3.2	4.5	0.7	60.2	14.6		100

資料來源：黃福慶，《清末留日學生》，頁 184～185。

Tsuen-hsuin Tsien, “*Western Impact on China Through Translation*”
Far Eastern Quarterly, Vol. XIII, p.319

張靜廬，《中國近代出版史料》，（上海，群聯出版社，西元 1954 年），二編，頁 100～101。

　　根據上述二表的統計數據顯示，從 1850 年至 1899 年間所翻譯的西書，大多偏重於史地（10%）、自然科學（29.5%）、應用科學（40.3%）等類別。其中應用科學類所佔比例之高，更是壓倒其他類科。但是從 1902 年至 1904 年，時間雖僅三年，翻譯西書的數量，卻足以與前期的五十年間所翻譯的數量相埓。至於此期所譯的西書內容，與前期亦存有很大的差距。此期譯書內容偏重於自然科學（21%）、史地（24%）及社會科學（25.5%）等類。兩時期譯介西書最大的變化，在於早期受器物改革的時代風潮影響下，偏重於強調實用的應用科學。但是 1902 年之後，時代風氣由器物改革層次轉向制度層，應用科學類書籍遂不再能夠吸引國人的目光。取而代之的是大量的西方社會科學書籍，有如潮水般湧入中國，沛然莫之能禦。至於 1905 年以後，因為革命運動的勃興，大批東西洋的法政書籍，不僅成為國人譯介的主流，同時也成為革命團體鼓吹革命時最犀利的武器。〔註 39〕

　　除譯書外，有別於傳統的是現代型態報刊的出現，於傳佈新知方面扮演著一個極為重要角色。我國現代型態報刊的產生，初期均出自外人之手。報刊的形式最初為月刊，週刊次之，日刊又次之。〔註 40〕從 1815 年至十九世紀

〔註 39〕參見張玉法，〈興中會時期的革命宣傳〉，台北，《女師專學報》，第四期。又見張玉法，〈同盟會時代的革命宣傳〉，《國立台灣師範大學歷史學報》，第二期。
〔註 40〕戈公振，《中國報學史》，（台北，台灣學生書局，民國 71 年），頁 87。

末，外人於中國一共創辦了近二百種中、外文報刊，約佔同時全國報紙總數的百分之八十以上。〔註 41〕初期於中國辦報的外人，大多爲外國教會組織或傳教士，最著名的報紙有十四種，其名稱、發行地點及創刊時間如下：

圖表 2－4　早期外人在華創辦的報刊

報紙名稱	時間	地點	附註
《遐邇貫珍》	1853～1856	香港	
《六合叢談》	1857～1858	上海	
《中外新報》	1858～1861	寧波	半月刊，後改爲月刊
《香港新聞》	1861～	香港	
《中外雜誌》	1862～	上海	月刊
《中外新聞七日錄》	1865～	廣州	週刊
《教會新報》	1868～1907	上海	後更名《萬國公報》
《中國讀者》	1868～	福州	後遷上海
《中西聞見錄》	1872～1890	北京	後遷上海
《益聞報》	1879～1936	上海	後改名《聖教雜誌》
《聖心報》	1887～	上海	月刊
《學塾月刊》	1897～1932	上海	月刊
《新學月刊》	1897～	北京	月刊
《通問報》	1902	上海	週刊

資料來源：方漢奇，《中國近代報刊史》，（山西人民出版社，西元 1981 年），上冊，
　　　　　頁 19～20。

　　　　　戈公振，《中國報學史》，（台北，台灣學生書局，民國 71 年），頁 87
　　　　　～110。

　　由於上述報刊多爲西方教士所創辦，因此報刊內容以宗教性質的文章，佔有很大比重。除了宗教性文章外，許多西方新知識，尤其應用科學方面，也陸續經由這些報紙涓滴傳播於中國社會。於外人創辦的眾多報刊裡，以《萬國公報》的影響最爲深遠。《萬國公報》原名爲《教會新報》，創刊於 1868 年 9 月 5日，於 1874 年 9 月 5 日更名爲《萬國公報》，後來成爲廣學會的機關報。它

〔註41〕方漢奇，《中國近代報刊史》，（山西人民出版社，西元 1981 年），上冊，頁 10。

先後出刊近四十年，累計一千期。爲外國傳教士創辦中文報刊中歷史最長、發行最廣、影響最大的一份報刊。其報導內容大多以政治、社會、歷史、地理等社會科學爲主。〔註42〕胡漢民亦認爲《萬國公報》「雖爲基督教家言，然亦銳意以開導民智爲任，破除文人之結習，於報界一新其面目」。〔註43〕

　　至於國人自辦的報紙，當以同治 12 年於漢口出版的《昭文新報》爲嚆矢。但是初期「國人尙不知閱報爲何事，未爲社會所見重耳。迨光緒 21 年，時適中日戰後，國人敵愾之心頗盛，強學會之《中外紀聞》與《強學報》先後刊於京滬，執筆者皆魁儒碩士，聲光煩然，我國人民之發表政論，蓋自此始」。〔註 44〕當時各地由國人創辦的報刊，有若雨後春筍般地於中國各大城市出現。後來流寓海外的革命家及留學生的刊物，亦陸續投入這股吸取、介紹新知的巨潮。使得國人透過報刊的媒介，對於外界的動向及歐美新知，有了更深一層的認識。其中梁啓超於日本所創辦的報刊，於啓迪民智上所扮演的角色尤重。因爲「《新民叢報》、《新小說》等諸雜誌，暢其旨義，國人喜讀之。清廷雖嚴禁，不能遏。每一冊出，內地翻刻輒十數」。〔註45〕胡適之也認爲：「吾國人士所以稍知民族思想、主義及世界大勢者，皆梁（啓超）氏之賜」。〔註46〕

　　清季西方的知識透過譯書及報刊，大量湧入中國。因爲時代環境的不同，以及面對挑戰目標的變動，因而導致國人對於西方知識的依賴及關注層面，也產生很大的差異。尤其甲午戰後瀰漫國人心頭的危機意識，益發使得好學深思之士揚棄早期譯書時偏重於應用科學的偏頗。大批社會科學的知識傳入中國，與面臨變局的外緣因素互動之下，國人識見爲之洞開，儼然成爲世界思潮影響下之一支。〔註47〕無政府主義思想的傳入，即爲其一。

〔註42〕同上，頁 23～24。

〔註43〕胡漢民，〈近年中國革命報之發達〉，刊於西元 1909 年 1 月 19 日於星加坡發行的《中興日報》，本文收入《胡漢民先生文集》，（台北，黨史會，民國 66 年），頁 535～536。

〔註44〕同註 14，頁 145。

〔註45〕梁啓超，〈清代學術概論〉，收入《飲冰室專集》之三十四，（台北，中華書局，民國 49 年），頁 62。

〔註46〕胡適，〈藏暉室箚記〉卷二，收入《胡適留學日記》（一），（台北，台灣商務印書館，民國 70 年），頁 122。

〔註47〕郭湛波，《近代中國思想史》，（香港，龍門書店，西元 1967 年），頁 2。

第三節　清季知識份子的烏托邦思想

　　清季西方無政府主義思想得以順利進入中國，並於極短促的時間裡，廣泛地滲入國內思想界，除了緣由於革命環境的需要，西方學說的引入及近代中國的留學風潮及世界性社會主義運動等因素外，隱伏人們思想深沉之處的烏托邦思想，實為其主要的內緣因素。

　　烏托邦（Utopia）一詞，源自於古希臘，意指「美好之境」（Good place）或「子虛烏有之地」（No place）。〔註48〕烏托邦思想於東西方各個源遠流長的文化體系中，均曾迭次出現。於西方，烏托邦思想最早可追溯及柏拉圖的《共和國》（Republic）一書。其後義大利教士康帕尼拉（Tommaso Companella）的《太陽之城》（The City of the Sun）、摩爾（Thomas Moor）的《烏托邦》（Utopia）及十九世紀初葉「烏托邦社會主義者」歐溫（Robert Owen）的《新社會》（The New View of Society），可謂一脈相沿，歷久彌新。至於傳統中國的烏托邦思想，可溯及先秦老莊無為思想下的「小國寡民」及「至德之世」。其後《列子》一書裡的「華胥國」、「終北國」及陶淵明的「桃花源」等，均為傳統中國烏托邦思想於人間的體現。東西方烏托邦思想者所夢寐以求的「烏托邦」，擁有三大共同的特徵，即：（一）虛構的；（二）描寫一特殊國家或社區；（三）主題皆是虛構國家或社區的政治結構。〔註49〕

　　凡是烏托邦思想的本質，均發自於對現實的不滿而寄望於未來的思想模式。但就其內涵特質而言，烏托邦思想則有消極的「逃避現實」（Utopia of escape）與積極的「實現理想」（Utopia of realization）之別。〔註50〕其間基本差異在於烏托邦是寄情於退避到虛構的美好過去；抑或是樂觀積極進取，懸崇高目標於未來，並且深信不久即可達到。二者之間有時糾葛含混，難作明確的界定與區隔。但是一般的說法，認為早期烏托邦思想的特色多是趨近於復古及逃避現實，其

〔註48〕Philip P. Wiener（ed.）*Dictionary of the History of Ideas*, Volum IV,（New York, Charles Scribner's Sons, 1967,）　p.458

〔註49〕Glem Negleg and J. Max Partrick, *The Quest for the Utopia,*（Anchor Books, 1962）, p.2～3。轉錄自龍冠海，《社會思想史》，（台北，三民書局，民國56年），頁152。W. Bentley, *The Communication of Utopian Thought: Its History, Forms, and Use,*（San Francisco, 1955）。另參閱錢穆，〈道家思想與安那其主義〉，刊於《思想與時代》，（貴陽，思想與時代社，民國32年），二十二期，頁7～15。

〔註50〕汪榮祖，〈論胡禮垣的大同思想〉，收入氏著，《晚清變法論叢》，（台北，聯經出版社，民國72年），頁193。

所追求的理想社會，完全異於〈禮運大同篇〉中所描述那種積極、奮發有為的
進步社會。〔註51〕

　　至於十九世紀以來出現於東、西方的烏托邦思想，卻多能躍出傳統型態
的退避色彩，成為積極進取「實現理想」型式的烏托邦。例如：盛行二十世
紀之初的無政府主義運動及康有為的《大同書》。探究其因，主要因為近世以
來科技文明突破傳統的發展步驟，人類對於自然界的駕御及科技的發展是深
具信心，使得人們對於未來的發展也充滿著高度的樂觀氛圍。〔註52〕至於現
實社會所引發的不滿，祇會激發起人們積極地自我要求，努力奮進以謀求更
高層次的突破，以創造更美好的未來。不再如往昔受挫折即呈現退縮的心態，
而以「無為政治哲學」之陰柔退避式的內在超越，作為失望之有心人對於暴
君劣政或現實無奈的微妙及嚴肅之抗議。〔註53〕此即曼罕（Karl Mannheim）
所謂相對於為維持現狀的意識型態（Ideology），而以改變現狀為志職的積極
進取烏托邦思想。〔註54〕

　　審視古今中外的烏托邦思想，無論柏拉圖的《共和國》、中國的老莊思
想；抑或是近代的無政府主義運動、康有為的大同思想等，均呈現一共通特
色，即皆屬於知識階層們思想層次的活動，具有濃郁的知識貴族氣息。因此
烏托邦思想與知識份子之間，互動關係極為密切。至於「真正知識份子，當
是社會的良知，為社會提供對於世間事物的解釋」。〔註55〕再加上知識份子
所呈現的另一特色「總是傾向著懷疑與批判的眼光的，他的想法與看法，與
社會現狀總是有距離的。無論如何，知識份子總多少帶著批判社會或反社會
的性格」。〔註56〕尤其是處於近代中國的社會環境背景之下，舊社會體制瀕
臨全面性的崩潰，新社會體系又杳無著落之際，崩潰過程中的衝擊及潰決後
目標驟失的空虛，必使得夙以天下為己任的知識份子，產生了極為深刻的感

〔註51〕中國科學院哲學研究所中國哲學史組編，《中國大同思想資料》，（北京，中華
　　　　書局，西元1959年），頁2。

〔註52〕Philip P. Wiener（ed.），*Dictionary of the History of Ideas*, Volum IV, p.463。

〔註53〕蕭公權，《中國政治思想史》，（台北，聯經出版社，民國72年），頁176。

〔註54〕金耀基，〈從社會系統論分析辛亥革命〉，收入張玉法編，《中國現代史論集》，
　　　　第三輯，〈辛亥革命〉，（台北，聯經出版社，民國69年），頁109。

〔註55〕許倬雲，〈秦漢知識份子〉，收入《中央研究院國際漢學會議論文集》，歷史考
　　　　古組，中冊，民國70年，頁48。

〔註56〕金耀基，〈知識份子在社會上的角色〉，收入氏著，《中國現代化與知識份子》，
　　　　（台北，言心出版社，民國66年），頁60。

受，〔註57〕其回應之強烈，也是可以令人了解的。

　　「仕」與「隱」向為傳統知識份子的兩大處世原則。若詳析傳統中國知識份子對於當代政治和社會所採取的態度，不外乎統御在「仕」與「隱」之下所衍生的抗議（protest）、離心（alienation）和退讓（withdraw）。因此，當現實環境若不符人心，知識份子往往會起而相抗，要求改革。若抗議不遂，則生離心，進而自樹旗幟，從事政治改革。若抗議和離心運動均不獲實現，往往會流為二途之抉擇，即:積極參與下的激進路線或消極退避的隱世思想。〔註58〕清季中國知識份子在時代變局的強烈刺激下，知識份子具備更為強烈、積極的抗議精神；但是抗議之心因為現實措施的令人失望及近代思想界樂觀氣息的導引下，知識份子乃由抗議而離心，然而離心後衍生的心態，卻不再是傳統退避方式，轉而尋覓積極激進的參與理念及方法，〔註59〕遂形成晚清思想界瀰漫著破壞主義色彩的激進氛圍。俄國虛無黨的手段及理念，與西方無政府主義中偏頗的恐怖政策及手法，頗能呼應此一時代風向，遂廣泛地被國人引介入中國，此起彼落地於清季思想界、言論界萌芽、綻放而相互呼應，絡繹不絕。〔註60〕

〔註57〕陶希聖，《中國社會與中國革命》，（台北，食貨出版社，民國64年），台四版，頁167。

〔註58〕張朋園，〈清末民初的知識份子一八九八～一九二一〉，《思與言》，七卷三期，民國58年9月15日，頁144。

〔註59〕同註11，頁144～145。Kung-chuan Hsiao, *A Modern China and A New World Kang Yu-wei :Reformer and Utopian 1858～1927*,（University of Washington Press, 1975）, p.1～30。

〔註60〕譚彼岸，〈俄國民粹主義對同盟會的影響〉，刊於《歷史研究》，西元1959年，第一期，頁35～44，及小林壽彥，〈小説『東歐女豪傑』の作者〉，刊於《東洋學報》，第五十五卷，三號，西元1972年12月，頁72～103。

第三章　無政府主義思想的由來

　　辛亥革命時期的中國無政府主義運動，可依理論內涵及組織方式，以 1907年爲分水嶺，區分爲前、後期。前期的特色是西方無政府主義的理論及活動情形，多由西方教士或外商，透過其所創辦的刊物（諸如：《萬國公報》、《北華捷報》等）涓滴傳入。因爲傳播者的身份多爲教士或商人，自然傾向於對傳統體制維護的保守立場。至於面對充滿革命氣息、反對宗教、現有體制及文化的無政府主義思想，採取強烈敵視態度，亦不令人意外。加上十九世紀中後期，近代無政府主義思想於歐美地區，亦屬於草創時期，諸多理論尚處於辯論不定的階段。含混的理念，往往導致部分人們的盲從與誤用，因而於西方社會裡也常引起社會大眾的誤解與敵視，更遑論遙處千里之外的歐美教士及商人。因此，早期西方無政府主義者的思想及理論，習慣性地被人們指責爲「亂黨」、「叛逆」，并且與俄國虛無黨的活動混爲一談。

　　辛亥革命後期的無政府主義運動，因爲東西學術及思想學說交流日密，加上中國留學運動的興起，大批國人赴海外求學，使得國人得以親身體認近代西方無政府主義思想的眞貌。加以革命運動的勃興，革命策略及革命理論的需求。1907 年 6 月，於日本及法國兩地的中國留學生，巧合地分別創辦兩份鼓吹無政府主義的刊物（《天義》及《新世紀》）。從此，近代中國無政府主義運動，逐進入另一層次的活動型態。

第一節　傳統中國的無政府主義思想

　　傳統中國無政府主義思想，可追溯及先秦老莊的主張。[註1]「清靜無爲」

〔註 1〕 K.C. Hsiao, *"Anarchism in Chinese Political Thought." ,Tien Hsia Monthly*, Vol.

是老子政治理論體系的中心。「無爲」之精義在於儘量減少政治的功能，以縮政事之範圍，將政府干涉力減至最少，聽任百姓自爲之，如此則上下相安，各得其所。若強加干涉，結果必淪於治絲益棼，庸人自擾之困境，因此爲政最高原則在於「無爲而無不爲」。但是老子政治上的無爲，並非毀棄君臣之制，就理論層次而言，老子所攻擊者並非政治本身，主要在於反對不合「道德」的政治運作。〔註2〕因此老子的政治理念中心，虛無意識並不強烈，仍寄情於「小國寡民」。所以「『無爲』之政治哲學，遂成爲失望之有心人，對於暴君政治最微妙而最嚴重之抗議」。〔註3〕若以理論性質分析，老子之說近乎放任主義，莊子則近乎無政府主義，〔註4〕但與近世西方無政府主義思想的進取態度，存有極大的差異。因爲中國道家思想每每出現於民不聊生的亂世，一個人對於現實社會完全絕望，對於文物制度表示厭棄，生命失去保障的時候，因而思想常呈現反現實氣息，〔註5〕反現實所衍生的態度是消極退避的反政治思想，至於老莊的無爲退避，雖較緩和，但是終不免帶有消極的氣息。〔註6〕

　　魏晉時代無爲政治思想發展至另一層次，而是直接向君主體制的存在，提出強烈地挑戰。因此從早期老莊無爲政治思想的「小國寡民」，發展至阮籍、陶潛、鮑敬言等人更進一步的「無君」之論。此種理論發展，可謂無爲思想邏輯推演發展之必然。故當「無君」理論被提出，亦代表著無爲思想的成熟。〔註7〕魏晉諸思想家中，以鮑敬言的主張最具代表性。鮑敬言的身世，今已不可考。其學說祇在葛洪的《抱朴子》〈詰鮑〉篇中可見其大略。鮑敬言「以爲古者無君，勝於今世」，因此主張（一）君權不是天授，以爲人君的設立，是由於強凌弱，智詐愚的結果。（二）立君不是民意，以爲人性以自然自由爲尚，立君則違反自然，束縛自由，故不是人性的要求。總結鮑敬言的政治思想，主要由於在「晉代的專制政體和階級制度之下，這種思想自然會發生。而所數的君主的弊病，又是當日觀察出的實情，是以鮑生的政治思想在破壞方面

III, No.,3, Oct. 1936, Publish under the auspices of the Sun Yet-sen Institute for the Advancement of Culture and Education, p.249.
〔註2〕 蕭公權，《中國政治思想史》，（台北，聯經出版社，民國71年），頁181～183。
〔註3〕 同註2，頁176。
〔註4〕 同註2，頁9。
〔註5〕 容肇祖，《魏晉的自然主義》，（台北，台灣商務印書館，民國59年），頁89。
　　　　劉大杰，《魏晉思想論》，（台北，中華書局，民國60年），頁60～70。
〔註6〕 同註2，頁96。
〔註7〕 同註2，頁396。

是很有用，而建設方面未免太缺乏了」。〔註8〕

　　至於典型中國式的無政府主義思想，至晚唐始發展完備。從早期老莊的「無為」，鮑敬言的「無君」，萌生出對於現實政府制度的全盤否定，而以「冗能子」的思想最具代表性。冗能子身世已不可考，其思想的形成主要因其頻遭晚唐世亂變動的痛苦經驗，再承襲上古以來道家思想中的政治理念，〔註9〕遂迸發出空前未有放膽肆情的激進政治理論。冗能子認為人除了本身內在本質有意義外，外在的一切都是虛無的。〔註10〕及至宋元之世，鄧枚於〈吏道篇〉中，主張「廢有司，去縣令，聽天下自為治亂安危」的思想，可謂承襲冗能子以來的虛無色彩，而其全盤否定政府存在意義的無政府思想，已無太大的創意。〔註11〕至於此種反政治的思想於明代漸趨沉寂，尤其清初經世務實之風盛行，進取之心取代退避虛無思想成為學術的主流。這可以學界註解老莊二書為例，自從清順治12年（西元1655年）王夫之撰《老子衍》後，直至宣統元年（西元1909年）王益吾刻《莊子集解》為止，〔註12〕長達三百五十年間中國知識階層所關注的學術重心，似乎不再是道家無為、反現實的政治理念。

第二節　西方無政府主義思想的流變

　　「無政府」（Anarchy）一辭，源自於希臘文，意指「無一統治」（Anarchie）。〔註13〕基本精神奠基於尊重個人自由的價值觀上，反對任何形式的強權壓迫。因此政治上視現存政府體制的生成，完全源自於人性最卑劣的弱肉強食之侵奪行為，故應予廢棄。主張應發揮人性中互助合作的美德，建構一個和諧完美的社會。精神上主張自我解放，絕對尊重個人自我的存在。至於現實社會中存有的罪惡、不公、壓迫等，追究其本源，均因為罪惡「政府」的存

〔註8〕　同註5，頁72～74。

〔註9〕　K.C. Hsiao, *"Anarchism in Chinese Political Thought."* p.259.

〔註10〕　盧建榮，〈從役物到順化——自然思想的分析〉，劉岱主編，《中國文化新論》，〈思想篇〉，〈天道與人道〉，（台北，聯經出版社，民國72年），頁354。

〔註11〕　中國科學院哲學研究所中國哲學史組編，《中國大同思想資料》，（北京，中華書局，西元1959年），頁41。

〔註12〕　錢穆，《中國近三百年學術史》，（台北，台灣學生書局，民國69年），下冊，附表，頁1～117。

〔註13〕　高畠素之主編，《社會問題辭典》，（東京，新潮社，昭和2年），頁11。George Woodcock, *Anarchism*, （New York, 1962），p.1.

在所致。因此無政府主義大師克魯泡特金（Peter Kropotkin 1842～1921）直截了斷地指明：「無政府主義的理想，就是期盼造就一個沒有政府的社會」。〔註 14〕

　　早期西方無政府主義思想，多屬哲學式的冥思，未曾建立系統式的理論架構。直到十八世紀末葉，纔漸漸發展成爲一種政治理念。近世以來，首次以"Anarchy"一辭形容一個不存有「政府」的社會者，是一位名叫拉洪坦（Louis Armand de Lahontan）的法國人。其於 1703 年出版一書，名稱"*Nouveaux Voyages dous L 'Amerique' Septentrionale* "，書中以「無政府」一詞描述當時美洲印第安人社會裡，沒有國家、監獄、教士及財產制度。〔註 15〕但是當時的人們對於「無政府」的理念，仍屬極其含混模糊，認知觀念與解釋也很分歧。直至十八世紀末葉高德溫（William Godwin 1756～1836）的出現，才是第一位較有系統地介紹無政府思想者。高德溫於《政治的公道和它的影響於公眾道德的研究》（*An Enquiry into Political Justice and Its Influence on Public Morality*）一書中，明確宣示因爲政府的存在及私有財產的累積，爲造成現世混亂的兩大罪惡因素，因此他主張爲了人類幸福，首須除此弊端。但是他不贊同使用暴力的革命方式，主張透過傳播將公正的觀念傳播給一般大眾，運用契約、協調的小社區，取代國家，〔註 16〕以避免因國家制度而產生罪惡。但是高德溫的主張，對於當時歐人的影響不大。一直至十九世紀中葉普魯東（Pierre Proudhon 1809～1865）出現，近代無政府主義運動始出現嶄新的局面，普魯東於《何謂財產？》（*What is Property?*）一書中，首度視無政府思想爲一政治理念，而以「無政府主義」（Anarchism）一詞標示，才正式開啓近代無政府主義運動之序幕。普魯東的理論奠基於相互共生（Mutualism）及聯治主義（Federalism）兩大原則之上，〔註 17〕他深信人類生而具有善良的本性，在解脫國家的束縛及法律的桎梏後，人們可以秉於良知本性而在相互尊重的基礎上建設一個新的社會，〔註 18〕而無需國家存在之必要。

〔註 14〕Peter Kroptkin, *Revolutionary Pamphlets*,（New York, Dover, 1970）, p.284.

〔註 15〕高畠素之主編，《社會問題辭典》，頁 70。

〔註 16〕Edwin R.A. Seligman（ed.）, *Encyclopaedia of the Social Sciences*,　（New York, The Mac Millan Co., 1967）, p.48.

〔註 17〕Robert Nisher 著，徐啓智譯，《西方社會思想史》，（台北，桂冠出版社，民國 68 年），頁 409。James D. Forman, *Anarchism*,（New York, 1975）, p.6.

〔註 18〕甘友蘭，鄭樞俊著，《社會主義運動史》，（香港，亞洲出版社，民國 46 年），第一部，頁 68；April Carter, *The Political Theory of Anarchism*,（London,

　　普魯東之後，繼續為無政府運動奮鬥者，是一位俄國人，名叫巴枯寧
（Michael Bakunin 1814～1876），巴枯寧出現的時代意義是首位將無政府主義
理論體現在現實政治運動之上者。巴枯寧的無政府理論建立在無政府主義、
無神論及自由合作的獨立社團之上，藉此理論以摧毀國家制度為其主要的奮
鬥目標。但是國家制度被摧毀後應建立一個什麼樣的社會，巴枯寧却未嘗提
出一個明確的說法。〔註 19〕因為巴枯寧一直懷疑和平手段能否有效地摧毀國
家，因而主張以革命方式，經由群眾行動，強制沒收資本及土地。因此巴枯
寧的思想導致無政府主義由理論鼓吹期，正式步入行動實行期。也因而在他
努力下，將無政府主義的組織與十九世紀盛起的工人運動，結合成一體，使
之成為十九世紀後半期歐洲社會主義運動中極為醒目的一幕。〔註 20〕

　　承繼巴枯寧領導無政府主義運動而被後人視為集其大成者，是另一位俄
國貴族克魯泡特金（Peter Kroptkin）。克魯泡特金思想可視為近世無政府主義
的主流，其理論主張以 1902 年出版的《互助論》（*Mutual Aid: A Factor of
Evolution.*）一書最具代表性。是書為一冊古典反達爾文主義的社會政治學著
作，旨意在於闡釋「互助」於人類進化過程裡的重要性。克魯泡特金認為「互
助」為自然及社會奮鬥生活及生命延續的主要力量。因此「互助」遂成為克
魯泡特金的無政府主義思想中，最主要的理論基礎。《互助論》理論建立在堅
信人類本身具有合作的天性，故本此合作互助的天性，以調合工業及農業的
發展，實施小社區型態的體制，以抗拒控制生產的集體生產制。因此強調工
人組織合作社及商業聯盟，取代現實社會中的惡制度。〔註 21〕

　　克魯泡特金主張以「互助」精神完成無政府主義理想，但是同一時期有
位義大利無政府主義者馬拉疊斯達（Errico Malatesta 1850～1932），却持相反
立場，否定互助精神的功能，強調無政府主義目標的達成，必須依賴「少數
覺醒」及「革命行動」的方式積極參與。馬拉疊斯達本人於 1870 年代之初，
即投身於無政府主義運動，早年曾追隨巴枯寧，共同為無政府主義奮鬥。於
1870 年代至 1920 年代期間，馬氏是除了克魯泡特金以外，對於無政府主義的
發展，可謂是最具影響力的一位。馬氏除了承繼巴枯寧的革命理念，另外又

　　　　　Routledge and Kegan paul, 1971），p.62～63.
〔註 19〕 Ibid., p.49.
〔註 20〕 同註 3，頁 74。Samuel Galai, *The Liberation Movement in Russia 1900～1905*,
　　　　　（Cambridge University Press, 1973），p.1～10.
〔註 21〕 同上。

結合克魯泡特金的財產共有觀念、馬克思的組織工人策略及法國工團主義者的總罷工（General strike）方式，發展成一套有別於克魯泡特金的另一種無政府主義理論。〔註22〕馬拉疊斯達所主張的革命理論，學者稱之爲「行動宣傳」（Propaganda by the Deed）。「行動宣傳」是希望透過少數覺醒的革命志士，以暗殺等恐怖悲壯的行爲，震撼社會，激勵群眾，喚醒人心，藉此貫徹、實踐無政府主義的理想。〔註23〕在馬拉疊斯達的鼓吹、運動下，再配合日益激烈的工人運動，許多人乃秉持「少數覺醒」的信念，單槍匹馬義無反顧地獻身於暗殺運動。於是二十世紀初期，在歐陸或美國地區，蔚成一股暗殺風潮。暗殺政治人物事件，接二連三地發生，震懾了歐美社會，也使得世人直覺誤解無政府主義的眞義，以爲無政府主義就是以暴力爲手段的恐怖主義，無政府主義者皆是瘋狂變態的炸彈投擲客。〔註24〕

　　馬拉疊斯達的無政府主義理論，導引近世西方無政府主義運動走上暴力路線。但是對於遠在千里外，汲汲渴求西方政治新知的一群年青、激進的中國革命黨人，個人英雄色彩濃厚的「暗殺主義」，更能產生無比的吸引力。因此，早在 1903 年馬拉疊斯達的《無政府主義》（*Anarchia*, 1896 出版）一書，已經由張繼根據日譯本迻譯成中文，於上海公開發售，〔註25〕是爲第一本有系統地介紹西方無政府主義的中文書籍。張繼明確宣示翻譯是書之本衷爲：「大英雄馬拉氏（即馬拉疊斯達）有言曰吾欲攜此不平等之社會，投諸大爆裂彈中，其眞無政府主義之好代表語也。夫欲建設，必先大破壞，無政府黨可謂達於破壞之極點矣。今中國正值破壞時代之初，而吾編譯是書，想必能受吾同胞之歡迎，藉其手以剷除此野蠻奴隸世界，而幸甚矣！」〔註26〕次年金一迻譯《自由血》一書，亦於上海面市。發刊是書之緣由，金一言之甚詳，曰：「吾國民近來日言俄國虛無黨，亦知虛無黨發展之歷史乎？是書原本煙山專太郎無政府主義，旁采已世未必各書究成一部虛無黨最完備之歷史……如讀刺客黨錮傳，如觀水滸、七俠

〔註22〕April Carter, p.5. J. Roland Pennock and John W. Chapman（eds）, *Anarchism*,（New York University Press, 1978）, p.6.

〔註23〕James D. Forman, *Anarchism*（New York, 1975）, p.45～46.

〔註24〕Ibid., p.2.

〔註25〕廣告「無政府主義出版，定價二角……」，刊於《俄事警聞》，1903 年 12 月 2 日。

〔註26〕廣告，「無政府主義」，刊於《俄事警聞》，1904 年 2 月 21 日。吳樾，〈暗殺時代〉，收入張玉法編，《晚清革命文學》，（台北，經世書局，民國 70 年），頁 214～239。

五義傳。歷史小說之美，兼而有之。以視其他之節，我或政治罪惡論之一章者，有霄壤之殊矣。」〔註27〕由此可知早期國人之所以醉心於西方無政府主義，主要是青睞無政府主義裡激進的行動理念。時人認為破壞主義為今日面臨大變局的國人最需要且最適切的理念，期盼藉其手以剷除罪惡之本源—政府（亦即清廷）。至於西方無政府主義裡的其他理念，早期傳播西方無政府主義的國人，卻並無興趣做更深入的探索，僅是從工具心態出發，任意強將無政府主義中適用於清末激進主義思潮的暴力路線引介入中國，以配合革命運動的推展。

第三節　日本無政府主義運動的影響

近代盛行於中國的世界新學說、新思想，多數是從日本居間傳來的。於其間扮演居中引介者，留日學生實居一關鍵性的角色。〔註28〕因為清季留日學生，當時他們所獲得的一切新知識，幾乎都是經由日本學界或社會人士介紹而取得的。〔註29〕因此近代日本學術、思想及社會的發展，對於當代中國的影響，是極為深刻巨大的。可以梁啓超為例，梁氏於戊戌政變後東渡日本，旅日期間，苦心研讀日本有關「政治、資生等本原之學」，〔註30〕思想為之大變。梁啓超述其思想變遷，主要是因為：

> 自居東以來，廣搜日本書而讀之。若行山陰道上，應接不暇。腦質為之改易，思想言論與前者若出兩人。每日閱日本報紙，於日本政略、學界相習相忘，幾於如己國然。蓋我之於日本，真有所謂密切之關係。〔註31〕

二十世紀初葉，近代中國留學運動興起，大批中國學生湧入日本，留日學生人數急速增加，成為當時留學運動之主流。留學生面對一個嶄新的環境，思想觀念因受刺激而產生變動亦是必然之事。一位流寓日本的菲律賓獨立運動領袖彭西（Mariano Ponce），觀察中國留日學生的活動後，也認為當時大批中國學生至日求學「是一件很重要的事實，因為這表示現正擺脫了由來已久根

〔註27〕 〈自由血出版〉，《警鐘日報》，1904 年 6 月 28 日。
〔註28〕 馮自由，《社會主義與中國》，（香港，社會主義研究所，民國 9 年），頁 9。
〔註29〕 石錦，《中國現代化運動與清末留日學生》，（台北，嘉新水泥公司文化基金會，民國 60 年），頁 109。
〔註30〕 丁文江編，《梁任公先生年譜長編初稿》，上冊，頁 86～87。
〔註31〕 同上，頁 93。

據在中國風俗習慣、社會文化上的許多偏見」。〔註32〕中國留日學生受到日本的社會、政治及知識潮流的影響很深遠，同時亦可確信中國的留學生亦會受到活躍於日本的社會主義運動影響。〔註33〕

　　留學生傳播社會主義思想，最主要的方法，就是透過文字大量地譯介日本社會主義理論書籍。在蓬勃的譯書運動影響下，中國無政府主義運動的發展，無論是理論內涵或是行動策略，都受到日本社會主義思潮很大的影響。觀察1895年至1919年之間，中國吸收西方的思想學說，發現大多假手于日文著作。〔註34〕根據統計，從1902年至1904年期間，國內所出版有關西方學術知識的書籍，百分之六十逐譯自日文著作。〔註35〕因此活躍於日本的社會主義運動，其動向及理論內涵，必然也會深深地影響著中國。

　　日本社會主義運動爲近世社會主義運動巨潮中之一支，萌芽於十九世紀後半期。最初是一些在日本傳教的西方基督教教士，有鑑於工業化後的西方社會所衍生的弊病，正重演於工業化初興的日本，亟思加以矯正，防患未然。他們秉持著「博愛」的關懷，希望經由社會主義的公平主張，爲面臨動盪的日本社會，找尋出一條合理的解決途徑，因而鼓吹社會主義思想。〔註36〕一些日本有心者，如安部磯雄、木下尙江、島田三郎等人受到這些傳教士的影響，逐漸接受了西方社會主義思想。

圖表3-1　清季譯自日文關於社會主義的書籍

〔註32〕彭西（Mariano Ponce），《孫逸仙傳》，（菲華各界慶祝孫中山先生百年紀念委員會編譯，民國54年），原名 "La Vanguardia and Trade Press, Manila, 1912"，頁54。

〔註33〕至於二十世紀初葉抵日本留學的江亢虎，未久即對社會主義萌生了強烈的興趣，從此亟力於中國鼓吹社會主義，爲一頗具代表性的例子。參見李叢英，〈民元前後的江亢虎和中國社會黨〉，刊於《歷史研究》，1980年，第六期，頁43～45。張繼，〈回憶錄（一）〉，收入《先烈先進詩文選集》，第五冊，（台北，黨史會，民國54年），頁43～45。

Martin Bernal, "*Triumph of Anarchism over Marxism*," in Mary C. Wright（ed.），*China in Revolution: The First Phase 1900～1913*,（Yale University Press, 1968），p.97。

〔註34〕Chang Yu-fa, "*The Effects of Western Socialism on the 1911 Revolution in China*," p.15.

〔註35〕張靜廬編，《中國近代出版史料初編》，（上海，群聯出版社，西元1954年），頁100～101。

〔註36〕Martin Bernal, *Chinese Socialism to 1907*,（Cornell University Press, 1976），p.76～77。

書名	作者	譯者	附註
1 《無政府主義》	馬拉疊斯達（Errico Malatesta）	張繼	日譯本由幸德秋水迻譯
2 《二十世紀怪物——帝國主義》	幸德秋水	趙必振	另侯太縮亦曾翻譯過此書
3 《社會主義神髓》	幸德秋水	湯爾和	
4 《社會黨》	西川光次郎	周百高	
5 《社會主義》	村井至知	羅大維	
6 《近世社會主義》	福井準造	趙必振	
7 《社會主義概評》	島田三郎	作新社版	
8 《社會問題》	太原詳一	高種	
9 《社會主義論》	安部磯雄	湯爾和	

資料來源：石錦，《中國現代化運動與清末留日學生》，（台北，嘉新水泥公司文化基金會研究論文，民國 60 年），頁 94。

張靜廬，《中國近代出版史料》，（上海，群聯出版社，西元 1954 年），頁 404～415。

　　1882 年 5 月 25 日在樽井藤吉、赤松泰助的奔走下，成立日本第一個社會主義團體——東洋社會黨，主張透過和平手段完成社會主義的目標。〔註 37〕但是審視東洋社會黨的理論內涵，未曾涉及馬克思、恩格斯及巴枯寧等人的理論範疇，基本上仍是本於基督教的人道精神。〔註 38〕因此黨綱流露出三大信念，即：道德、仁愛與平等。甲午戰後，由於日本從中國獲得巨額賠款，大批資金於短期間流入國內，致使日本內部經濟型態發生劇變，歐洲工業革命後的弊端，一一重現於日本社會，因之社會問題成為當時的首要課題。〔註 39〕根據統計，從 1895 年至 1901 年期間，日本又相繼成立了六個社會主義社團。〔註 40〕同時於 1890 年代裡曾有四、五本有關社會主義的美國著作被迻譯成日文。

　　1901 年在幸德秋水、片山潛、河上清、安部磯雄、木下尙江及西川光次

〔註 37〕町田辰次郎，《日本社會變動史觀》，（東京，東京堂書店，大正 13 年），頁 46～47。

〔註 38〕同上。

〔註 39〕赤松克麿，《日本社會運動史》，（日本，岩波書店，西元 1950 年），頁 10。隅谷三喜男，《日本の社會思想——近代化とキリスト教》，（日本，東京大學出版會，西元 1968 年），頁 137～199。

〔註 40〕同上，頁 62～63。

郎等六人領導下，成立「社會民主黨」。該黨綱領所秉持的基本精神為「自由」、
「平等」，主張採用和平漸進的方式，〔註41〕強烈排斥虛無黨式的暴力行為、
社會革命及階級鬥爭等理論。〔註42〕

　　1903 年日俄戰爭前夕，日本社會主義陣營中，為著是否支持對俄作戰發生
激烈的爭執。內村鑑三、幸德秋水、堺利彥等人秉持社會主義人道精神反對國
家間的戰爭，另一部分人則受民族主義之影響主張對俄作戰，此一爭執最後導
致日本社會主義陣營的分裂。幸德秋水等人遂退出社會民主黨，另組「平民社」。
於〈平民社宣言〉中，平民社同志堅持反對戰爭立場，明白宣示放棄暴力行為。
〔註43〕日俄戰爭前後，平民社的活動持續擴張，影響力也逐漸加深。僅於 1903
年的一年裡，平民社即在日本各地成立十個分支機構，出版十冊闡釋社會主義
的書刊，年銷售量達 15170 冊。〔註44〕平民社在幸德秋水等人的領導下，逐漸
成為日本社會主義運動之主流。

　　早期日本社會主義陣營，可依其理論性質劃分為三派，（一）一般社會黨，
（二）基督教社會民主黨，（三）國家社會黨等。三派均厭棄暴力行為，因此並
不具有任何無政府主義色彩。〔註45〕但是發展至 1904 年底，幸德秋水等人崛
起，日本社會黨人逐漸把目光由德國式的議會路線，轉向充滿虛無主義色彩的
俄國社會主義革命運動。〔註46〕此一轉向，為日後無政府主義派的興起，預立
下一伏筆。不久，日本社會主義陣營裡唯物論派與基督教社會主義派再發生爭
執，最後導致分裂對立。前者以《新紀元》為宣傳刊物，後者則發行《光》，與
之相抗衡。基督教社會主義派於分裂後，逐漸失去吸引力而趨於沒落。此後取
而代之的則是幸德秋水領導的無政府主義派，及與馬克斯唯物論派相抗的局
面，此一情景彷彿十九世紀後期於歐洲第二國際所爆發的社會主義路線之爭。

〔註41〕同註 10，頁 63。
　　　　菊池次郎，《近世日本社會運動史》，（東京，白揚社，西元 1934 年），頁 5～10。
〔註42〕〈平民社宣言〉，刊於《民平新聞》週刊創刊號，時間 1903 年 11 月 15 日，
　　　　轉錄自：荒畑寒村，《平民社時代》，（東京，中央公論社，西元 1976 年），頁
　　　　48。George M. Wilson, *Radical Nationalist in Japan: Kita Ikki 1883～1937*,
　　　　（Harvard University Press, 1969），p.16～44。
〔註43〕中村英雄，《最近の社會運動》，（東京，協調會出版，西元 1930 年），頁 28。
〔註44〕Martin Bernal, "*Triumph of Anarchism over Marxism.*" p.107～108.
〔註45〕Ibid., p.114.
〔註46〕下出隼吉，〈社會文獻年表〉，收入吉野作造編，《明治文化全集》，第二十一
　　　　卷，社會篇，（東京，日本評論社，西元 1929 年），頁 603～622。

在日本，這場激烈的鬥爭，直至 1910 年「大逆事件」後，日本政府全面鎮壓社會主義運動後始暫告平息。

近代日本無政府運動是由幸德秋水發起、倡導而光大之。在幸德秋水正式鼓吹無政府主義運動之前，根據統計 1904 年之前於日本國內曾出版七本討論俄國虛無黨活動的書籍。〔註 47〕書中已提及巴枯寧、克魯泡特金等人，其中最具影響力者爲煙山專太郎所著的《近世無政府主義》一書。另外根據日本社會黨刊物《社會主義研究》的統計，二十世紀初期日本國內共出版二十五本有關社會主義的書籍，其中僅有兩冊是介紹無政府主義思想。〔註 48〕另外，最早討論俄國虛無黨活動的日文書，是譯自司特普尼亞克（Sergei Stepniak）的《地底の口シヤ》（原書英文名稱爲：Underground Russia）一書，於 1882 年出版，至於其所產生的影響，根據資料顯示，似乎並不是很大。〔註 49〕但是該書發行十四年後，卻引起宋教仁的注意，並曾企圖將其譯爲中文。〔註 50〕根據統計，從 1884 年至 1902 年間，於日本並無任何有關俄國虛無黨或無政府主義的書籍出現。但是從 1902 年至 1904 年期間，無政府主義書籍卻有若雨後春筍般地湧現於日本社會，對日後的無政府主義運動產生很大的影響，此一現象最足顯示日本社會主義運動於這期間發生轉向。同時許多無政府理論也被提出討論，其中影響最鉅者，即是「革命暗殺」一辭廣泛地被濫用。使得時人誤認爲無政府主義的實踐與「革命暗殺」之間，存有必然的因果關係，甚至認爲「革命暗殺」即爲無政府主義之宗旨。

於眾多的日文無政府主義著作中，以煙山專太郎的《近世無政府主義》及幸德秋水翻譯意大利無政府黨人馬拉疊斯達（Errico Malatesta）的《無政府主義》(Anarchia)二書，對於清季國人思想影響最鉅。二書內容皆非單純地介紹無政府主義理論，前者書內花費大量篇幅介紹俄國「十二月黨人」（Decemberist）、虛無黨的活動，並且一再頌揚暗殺主義。文中還詳細地介紹如何組織暗殺團體及進行暗殺，又將無政府革命運動劃分爲：（一）文學時期（二）游說時期（三）暗殺時期等。〔註 51〕這種分期法對於清季思想激進的

〔註 47〕 Hyman Kublin, "*The Japnese Socialists and the Russo-Japnese War*", *Journal of Modern History*, 22（1950）, p.322～340.

〔註 48〕 Martin Bernal, "*Triumph of Anarchism over Marxism*", p.107.

〔註 49〕 Ibid., p.113.

〔註 50〕 宋教仁，《我之歷史》，（台北，文星書店，民國 51 年），頁 141。

〔註 51〕 〈神聖虛無黨〉，收入《警鐘日報》，1904 年 7 月 20 日，（台北，黨史會，民

國人，具有無比的啓示作用。因此，他們毫不猶豫地接受煙山專太郎的主張，從而鼓舞國內的革命氣氛。〔註52〕至於幸德秋水翻譯的《無政府主義》一書，經由張繼迻譯成中文，於1903年在上海發行出版。張繼於序文中宣示其譯介此書之本衷，並激情地煽動云：「中國要行無政府主義，要殺官僚、政客、殺資本家、殺、殺……四萬萬人要殺去一萬人」，〔註53〕由此亦可見當時張繼全然不瞭解何謂無政府主義？無政府主義的眞諦何在？祇視無政府主義爲宣洩不滿情緒的工具，一昧毫無理性地鼓吹暗殺主義。

1905年幸德秋水因文字犯禁，被日本政府判刑入獄。於獄中幸德秋水沉潛苦思，對於現行制度產生懷疑。後又潛心苦讀克魯泡特金的著作，思想爲之丕變。〔註54〕出獄後至美遊歷，1906年由美歸來，遂提出「直接行動」(direct action) 主張，正式展開日本無政府主義運動。幸德秋水認爲「議會政策」乃是資本主義社會的產物，僅能代表資本家及士紳階層的利益。惟有聯合勞工，採取「直接行動」路線，始能完成社會主義的理想。〔註55〕

幸德秋水提出「直接行動」論後，日本社會主義陣營乃分裂成四派，其中僅有片山潛所領導的唯物論社會主義派有能力與「直接行動」派相抗衡。二派的理論路線之爭，基本上仍是承襲著歐洲大陸上，馬克思共產主義派與無政府主義派（以巴枯寧爲代表）之間的鬥爭傳統。1907年2月17日日本社會黨於東京神田錦輝館召開第二次大會，會中二派正式短兵相接，激烈辯論著日本社會主義運動未來的發展路線，兩派僵持不下，最後付諸表決。結果：

1. 田添修正案	（唯物論派）	議會政策	2 票
2. 幸德修正案	（直接行動派）	直接行動論	22 票
3. 評議員修正案	（折衷派）		28 票

投票結果表面是折衷派勝利，但是從「直接行動」派的得票數，及「直

國57年），第三冊。

〔註52〕 Martin Bernal, *Chinese Socialism to 1907*, p.62～65.

〔註53〕 張繼，〈在西安勞動營紀念週訓詞〉，（民國30年7月20日），收入《張溥泉先生全集》，（台北，中央文物供應社，民國40年），頁194。

〔註54〕 堺利彥，〈社會運動の方針〉，（《平民新聞抄》，明治40年2月10日，二十一號），收入《明治文化集》，第二十一卷，社會篇，頁578。

〔註55〕 幸德秋水，〈余が思想の變化〉，收入《明治文化集》，第二十卷，〈社會篇〉，頁573。幸德秋水，《幸德秋水の日記ど書簡》，塩田慶兵衛編，（東京，未來社，西元1950年），頁196～199。

接行動」論被列入黨綱成為日本社會主義奮鬥方針之一，顯然地象徵著日本無政府主義派聲勢之崛起及頗有凌駕馬克思主義派之態勢，在此熱潮下，無政府主義逐漸成為日後日本社會主義運動的主流。〔註56〕

當日本無政府主義派在幸德秋水的領導下，成為日本社會主義運動的主流時，適巧張繼至遼東策反馬賊響應革命未成，返回日本。經由北一輝的介紹，張繼得識幸德秋水、大杉榮、堺利彥等「直接行動」派的領導者。一見如故之下，雙方往來極為密切。受此影響，張繼因而分外熱衷於無政府主義。〔註57〕1907 年 2 月劉師培夫婦由上海抵日，透過張繼、章炳麟等人的居間介紹，劉氏夫婦得識幸德秋水、北一輝等人。後來劉氏夫婦受到幸德等人的影響，加上中國革命陣營內部的糾紛，導致劉氏夫婦皈依無政府主義，并與張繼等人通力合作下，成立「社會主義講習會」。於同年 6 月 10 日發行中國第一份專門鼓吹無政府主義的報刊——《天義》。〔註58〕並且於同年 8 月 31 日召開第一次社會主義講習會，會中延請幸德秋水等人擔任講師。〔註 59〕從此，辛亥革命時期中國無政府主義陣營中的一支，遂與日本無政府運動緊密地結合在一起。

第四節　國人對虛無黨及無政府主義的初步認識

早期國人一直無法分辨虛無主義（Nihilism）、虛無黨（Nihilist）及無政府主義（Anarchism）之間於涵義上的異同，〔註60〕常常誤把他們的理論或活

〔註56〕〈日本社會黨大會〉，《平民新聞》二十八號，收入《明治文化集》，第二十一卷，〈社會篇〉，頁 594。

〔註57〕北一輝，《支那革命外史》，（東京，內海文宏堂書店，西元 1938 年），第五版，頁 49。George M. Wilson, *Radical Nationalist in Japan: Kita Ikki, 1883～1937*, p.44～65.

〔註58〕《天義》第一卷已佚失不可見。創刊日期，一般書刊均以「六月中旬」一語含混帶過。見馮自由，《中華民國開國前革命史》，（台北，世界書局，民國 43 年），頁 202。但是從第二卷標示日期為 6 月 25 日，第三卷為 7 月 10 日，第四卷為 7 月 25 日。以此往前推算，第一卷發刊日期應是 1907 年 6 月 10 日。

〔註59〕楊天石編，〈社會主義講習會資料〉，收入《中國哲學》，第一輯，（北京，三聯書店，西元 1979 年），頁 373～375。

〔註60〕虛無主義（Nihilism）是 1860 年至 1870 年俄國農奴解放後的十年間特有產物，原是以哲學的和文學為主的文化運動。1862 年 "Nihilism" 一詞首次出現屠格涅夫（Ivan Turgenev）《父與子》（Fathers and Sons）一書。「虛無主義者」（Nihilist）則是 1871 年以後受巴黎公社運動的影響，而採取第一國際的

動混爲一談。此一含混的印象，主要因爲早期國內報導這方面的消息，大多零星片段地來自外商或傳教士於國內所創辦的刊物。諸如：《萬國公報》、《北華捷報》等。由於外商或傳教士多屬社會裡的中間階層，心態趨近保守，對於社會秩序傾向於體制的維護。因此，面對積極求變，否定現狀而又秉信無神論的無政府主義或虛無主義思想，自然不會贊同的。再加上十九世紀後期，無政府主義理論的其中一支，發展成主張以個人獻身革命行動以喚醒群眾的「行動宣傳」（Propaganda by the Deed）理念及其所衍生的「暗殺主義」，導致十九世紀末葉一批批的無政府黨人投身於暗殺的行列，強烈地震撼著歐美社會，並給予社會中產階級極爲負面的印象。至於同時盛行於俄國的虛無黨人，亦以暗殺君王、官吏爲政治理念訴諸的手段。因此歐美社會在無政府黨人及虛無黨人一連串的暗殺事件震懾下，驚怖於他們的行爲，因而忽略了他們所秉持的信仰內涵、奮鬥目標及歷史淵源上的差異，往往將無政府主義與虛無黨混一談。當時歐美社會猶存如此認知的混淆，至於遠在千里之外的中國，音訊連絡不易，再經由外商或傳教士們詆毀地報導，故初期無政府主義思想於中國會含混不明，甚至汙衊誤解，這也是可以理解的。

　　早先國人無法分辨何謂虛無黨？何謂無政府主義？而有些報刊甚至把虛無黨的「利希尼」（Nihilist）誤譯成「希臘」（Hellenic）。〔註61〕根據現存資料顯示，國內最早一篇報導有關俄國虛無黨活動的文章，刊載於 1879 年 8 月出版的《萬國公報》上。文中稱虛無黨爲「尼赫力斯特黨」，顯然是直接由"Nihilist"音譯而來，由此亦可確信作者不瞭解英文"Nihilist"一詞中，含有「無」（nothing）之意，遑論對於理論的瞭解。這篇報導內容主要是敘述一群俄國虛無黨人，陰謀暗殺俄國沙皇的經過。〔註62〕另外根據統計，從 1879年至 1883 年期間，《萬國公報》裡曾經出現過十篇報導虛無黨活動的文章。文中對於虛無黨的稱謂各有不同，稱謂有：尼希利黨、尼希里黨或力赫力斯

　　　　理想所成立的社會主義團體。參見：鄭樞俊，《社會主義運動》，（台北，龍田，民國 70 年），第一部，頁 75。司特普尼亞（Stepniak），《俄國虛無主義運動史話》，（上海，文化生活出版社，民國 25 年），巴金譯，頁 102～105。

〔註61〕 Don C. Price, *Russia and the Roots of the Chinese Revolution 1896～1911*,台北虹橋書店翻印版，民國 65 年，頁 242。

〔註62〕章開沅、林增平編，《辛亥革命史》，（北京，人民出版社，西元 1980 年），（中），頁 191。

　　　　〈尼黨逆書〉，《萬國公報》，（西元 1879 年 8 月），十二冊，頁 7129。

赫黨等，但是顯然皆由其原音直譯而來。至於報導內容皆是描述虛無黨人如何組織暗殺團，如何進行暗殺俄國沙皇。《萬國公報》的作者對於俄國虛無黨的行為，曾給予極為嚴厲的批判。作者認為俄國虛無黨人「附和奸民而為亂，則無上帝、無國家、無教化，乃極惡之派」。〔註63〕雖然《萬國公報》對於俄國虛無黨的活動，深痛惡絕，充滿著敵視。但是鑑於頻仍傳來的暗殺事件，也會自省何以虛無黨運動之所以盛行於俄國。經由反省檢討後，結論是俄國虛無黨活動之劇，皆肇因於俄國政府的專制暴虐。因此，作者亦曾語重心長地勸勉國人「若國政修整未善，恐有後患也」。〔註64〕

　　至於國人中，梁啟超是較早報導虛無黨活動者。從1896年至1897年間，梁氏主辦的《時務報》上曾經出現四篇報導俄國虛無黨活動的文章：

1.	〈歐洲黨人倡變民主〉	《時務報》十期	1896年11月5日
2.	〈錄諫俄皇書〉	《時務報》十期	1896年11月5日
3.	〈俄皇脫險〉	《時務報》十二期	1896年11月25日
4.	〈政黨論〉	《時務報》十七期	1897年1月15日

觀察文章內容，多屬報導性質，對於虛無黨理論，皆未曾涉及。〔註65〕

　　至於國人對歐美無政府黨人活動的訊息，早於1894年即曾陸續有過報導。早期國內報刊稱無政府黨為「鴉那雞撕德黨」，顯然是直接譯自於"Anarchist"一辭。但是根據譯者所使用的文字表面意義，多少含有污蔑、否定之意。今日可見到最早一篇報導無政黨的文章，亦是刊載在《萬國公報》之上。內容主要是描述義大利無政府黨人卡塞西歐（Savto J. Casecio）暗殺法國總統卡諾（Sadi Carnot）事件。〔註66〕作者對於無政府黨人將其政治理念訴諸於暴力暗殺的作法，極不贊同，認為此種行徑，徒擾社會安寧。因此批評無政府黨人「久已無父無君，顯與人為讐，與人為讐者，不足目為人」，〔註67〕這段批評言詞，可謂是極其嚴厲了。

　　日後無政府黨又被稱為「無君黨」，之所以稱其為「無君黨」，主要著眼

〔註63〕《萬國公報》，一六四冊，頁21258。
〔註64〕〈大俄國〉，《萬國公報》，十四冊，頁1881。
〔註65〕Don C. Price, P.242
〔註66〕〈電報新聞〉，《萬國公報》，二十三冊，頁14565～14566。
〔註67〕同上。

於「其立黨之意，欲使無君上，人人得以自由」。〔註68〕屆此時，作者似乎已稍微涉及無政府主義理論中，尊重個體自由的原則。並且認定君王的存在對於個人自由的運作，存在著無法避免的威脅。因此欲達人人自由，首先須除去君主。但是遺憾的是，該文於經濟問題、社會制度、宗教文化等方面，均未曾觸及。同時該文中又列舉歷年所發生的無政府黨員所進行的暗殺事件，因而作者乃轉斥無政府黨人「明目張膽，所行不法之事甚多」。〔註69〕顯然作者完全從行為表相審視無政府主義，因而往往因部份激進份子的暴力行為，而完全掩蔽了無政府主義的真義。導致時人心目中的無政府黨人，即是一群手執炸彈、凶刃的瘋狂暴徒。

及至二十世紀初葉，國內所出版的報刊，對於西方無政府運動，已稍能持平，論述文字雖然偶有誤解；或是瞭解層面尚欠深入、普及。根據林樂知（Young J. Allen）的說法，所謂的「無君黨」，就是一群飽受壓迫，而且亡了國家的波蘭人。其等之所以會組織「無君黨」，緣由是：

> 由其先世束縛於君主專制之下，受官長之凌虐，積憤蘊蓄，無所發舒。于是結成死黨，以行其悍然不顧之志。無論為帝、為皇、為君主、為民主，為孤立之政府、為代表之政府，而一切掀翻之以為快。其立會甚秘，其結盟甚堅。同黨之人，擬行一事，則投匭拈名，無所畏避，其強忍敢死之氣甚猛摯……。〔註70〕

雖然林樂知誤認為無君黨人乃為亡國的波蘭人所組成，由此顯示他完全不明瞭無政府主義運動的國際性及歷史背景。但是他在闡釋無君黨的起源時，已能體認到反抗政府君王的壓制，爭取個人自由及尊嚴，乃是形成「無君黨」----亦即無政府主義發生的主要原因。至於當時「無政府主義」一辭，似乎尚未被國人所使用。

根據資料顯示，早在光緒26年間，梁啟超已經使用「無政府」一詞，來描述當時歐美無政府黨人的活動情形。〔註71〕至於梁啟超何以會異於前人而譯為「無政府」，考究其因，若從梁啟超於戊戌政變後，亡命日本期間，廣讀日譯本的歐美學術理論書籍，「若行山陰道上，接應不暇」〔註72〕的情形觀察。

〔註68〕〈晏納基黨〉，《時務報》，第五十一冊，光緒24年1月20日，頁3509。
〔註69〕同上。
〔註70〕〈論無君黨〉，《萬國公報》，一五七冊，頁20744～20746。
〔註71〕〈無政府黨之凶暴〉，《清議報》，六十六冊，頁1。
〔註72〕〈汗漫錄〉，《清議報》，三十六冊，頁4。

應該是梁氏轉借自日本法政書刊中，日人對無政府主義的習慣譯稱。

　　光緒 26 年 11 月，梁啓超於《清議報》中報導美國總統麥荊萊（William Mckinley 1843～1901）被刺身亡案時，稱呼凶手爲「無政府黨」，可謂是國人首次於中文報刊中使用「無政府」一語。因爲當時的《清議報》於國內暢銷無阻，頗受國人歡迎，影響層面極廣。〔註73〕加上日後興起的留學日本風潮，大量的法政知識及名詞被留日學生譯成中文，轉輸回中國。以致日本習慣譯成的「無政府」一詞，逐漸於中國成爲一個專有特定的詞彙。此後，不復再有人含混地稱無政府主義爲「無君黨」或「鴨那雞撕德黨」。

　　至於無政府主義的內容爲何，梁啓超引用邊沁（Jeremy Bentham 1748～1832）的說法，認爲政府固爲有害之物，然而無政府政治則爲害尤烈，因爲政府的存在，尚可避免更大的爲害。梁啓超更進一步指出，無政府「則不能立足於今日之世界」，即使到了大同之世，政府還是不可廢的。因爲「惡法律雖不及善法律，然猶愈于無法律。惡政府雖不及善政府，然猶愈於無政府」。〔註74〕因此，梁啓超指責無政府主義「不徒非人道，抑亦非人性也」。〔註75〕於梁啓超心目中，無政府主義似乎僅是暴力主義的代名詞。梁啓超未曾深入探究無政府黨人的基本信念爲何？因此梁啓超早期論述無政府黨的文字，均屬膚淺層面的新聞性報導或批判，未有任何深入學理的闡釋。基本上梁啓超仍視無政府黨人僅是一群擾亂社會安寧的暴力份子，他們的存在也與其夙持的君主立憲主張，形若鑿柄，無法共存。因此當梁啓超評述美國麥荊萊總統被刺案時，不免斥責「美國無政府黨，嘗在國內作禍，民人爲之不安」。〔註76〕同時爲制止無政府黨人反政府、反社會觀念的擴大橫溢，梁啓超乃斷然主張「此後必更嚴法，以處置該黨，而保大局之安全」。〔註77〕

　　若從近世興起的「民權」觀念角度討論無政府主義，有人以爲十九世紀以來歐美無政府主義運動的崛起，主要因爲歐美人民過份濫用「民權」所致。

〔註73〕張朋園，《梁啓超與清季革命》，（台北，中研院近史所，民國53年），頁284。至於清季有那些新名詞是由日本輸入的，可參閱 Li Yu-ning , *The Introduct ion of Socialism into China*,（Columbia University Press ,1971），p.70～107.

〔註74〕梁啓超，〈地理與文明關係〉，《新民叢報》，第二號，頁2～3。梁啓超，〈論俄羅斯虛無黨〉，《新民叢報》，四十～四十一號，頁74～75。張朋園，〈梁啓超迎拒虛無主義〉，《大陸雜誌》，第三十八卷第八期，頁18。

〔註75〕同上。

〔註76〕〈處置政黨〉，《清議報》，九十二冊。

〔註77〕同上。

蓋因「民權有民權之界限，否則陷於暴烈舉動」。而「今日亟當決正之問題，莫若以民權與無君無政府黨混合」，因為「無君無政府黨專以破壞主義」。〔註78〕因此為維護民權，首要之務在於明確劃清民權與無政府黨之界限。因為民權觀念過度發展，往往會導致理念的「異化」（Alienation），而流弊叢生，最後反而戕傷提倡民權之初衷。至於極端的民權，亦可謂放蕩不羈，任所意為，對於一個正常運作的社會體制，具有莫大的威脅。論者認為無政府黨即是極端民權發展下的病態產物。若是民權理念與無政府主義之間的關涉糾葛未能明確界定釐清，任憑民權理論的恣意延伸發展，最後將會形成無政府黨「專以破壞為主義」的全盤否定理念。結果是新體制未能建立，舊制度卻被擊潰瓦解，社會將陷入危險混亂之境。屆時，強有力的專制君王亦可藉口為維護「民權」，高舉干涉之大纛，剝奪人民的自由。因為「政府將來傾踣民權，推覆民黨，必以無君無政府黨為其罪名，為讞案矣」。〔註79〕專制政府干涉摻入，長年奮鬥來的些許「民權」，亦將付之東流，功虧一簣。

但是同情革命者的看法則不同，夙來以「生平絕口弗談政治，獨其悲天憫人之懷」〔註80〕著稱的蘇曼殊，於1903年以「子穀」筆名在《國民日日報》上發表一篇文章〈女傑郭耳縵〉，最能代表早期革命派人士對於無政府主義的觀點。〔註81〕郭耳縵（Emma Goldman 1869～1940）是位傑出的俄裔美國女無政府主義者，終生獻身於無政府主義運動的推展。1901年刺殺美國麥莉萊總統的凶手於法庭供認，其暗殺動機是受了郭耳縵演講感召，因而決心進行暗

〔註78〕 李振鐸，〈民權之界說〉，《新民叢報》，十七號，頁8。《新民叢報》發表李文，并非專門為反對無政府主義，其實它最主要的目的，是反對革命的主張，認為革命將會導致中國步上無政府的混亂之境。

〔註79〕 同上，頁9。黃遵憲對於時人輕言自由、民權的輕率，深表疑慮。曾語重心長地勸說梁啓超，云：「公所倡自由，或故為矯枉過直之言。然使彼等倡自由者，拾其唾餘，如羅蘭夫人所謂天下許多罪惡假汝自由以行，大不可也。公所倡民權，或故示以加倍可駭之說。然使彼等唱民權者，得所藉口，如近世虛無黨。以無君無政府為歸宿，大不可也」。〈光緒二十八年十一月黃公度致新民師函〉，收入丁文江編，《梁任公先生年譜長編初稿》，上冊，頁171。

〔註80〕 柳亞子，〈燕子龕遺詩集序〉，收入《蘇曼殊全集》，（台北，大中國圖書公司，民國56年），頁B23。

〔註81〕 子穀（蘇曼殊），〈女傑郭耳縵〉，《國民日日報彙編》，（台北，黨史會，民國57年），第三集，頁802。郭耳縵（Emma Goldman）於歐美無政府主義運動史上享有極高的聲譽，其信徒往往尊稱她為「紅艾瑪」（Red Emma），參見 James D. Forman, *Anarchism*, p.60.

殺，郭耳緱因此遭到拘禁。〔註82〕審判期間意氣軒昂、辯辭無礙的郭耳緱，
透過新聞報導，使得蘇曼殊極為欽服，乃為文頌揚。蘇曼殊於文中所論述的
無政府主義時，與前人說法已有很大的差距。蘇文中的無政府黨人不再是一
群毫無理性的瘋狂暴徒，譬如文中一再地引述郭耳緱所言，堅信「無政府黨
員也，社會學者也；無政府黨之主義在破壞社會現在之意，組織再教育個人，
斷非持利用暴力之主義者」。〔註83〕

　　雖然蘇曼殊一反前人斥責無政府主義的立場，但是對於無政府主義的流
派變動及理論內容，蘇曼殊亦未曾涉及。直至1903年纔有人嚐試討論無政府
主義的理論內涵及歷史背景。根據一位以「大我」為筆名，發表於《浙江潮》
上的一篇文章——〈新社會之理論〉一文，顯示作者已能明瞭十九世紀以來
歐洲社會主義運動之大勢，同時亦能掌握住二十世紀前後歐美社會主義陣營
中理論分歧關鍵之所在。「大我」首先肯定社會主義的存在價值，他認為「社
會主義將以增人間之福祉，而消除其厄難」。〔註84〕並認為社會主義之披靡歐
美，為雷奔電掣山摧海嘯之奇觀者，乃共產主義與極端民主主義二大現象。〔註
85〕據作者了解，共產主義「創於法人羅勃（Francis Babeuf 1760～1797），其
後勁則猶太人埋蛤司也（即馬克思 Karl Marx 1818～1883），今之萬國黨其見
象也」。〔註86〕極端民主主義「創於法人帕洛吞（即普魯東 Pirrer Proudhon），
而俄人勃寧（即巴枯寧 Michael Bakunin）、司克納爾（Max Stirner 1806～1856）
其代表也，今俄之虛無黨其見象也」。〔註87〕

　　作者論述歐美社會主義陣營的兩大派別，基本上著眼於關懷人類群體社會
裡壓迫者與被壓迫者之間的不平，始念之出發則導因於不滿清廷的高壓剝削及
不公。因此，述及共產主義的目的在於廢除階級，致力於人類平等的理想時，
作者忽略了應從理論內涵謀求更高層次的突破，卻再也按捺不住反清情緒於胸

〔註82〕James D. Forman, *Anarchism*, P.63～67.
〔註83〕同註21。
〔註84〕大我，〈新社會之理論〉，《浙江潮》，（台北，黨史會，民國57年），第八期，
　　　　頁9。
〔註85〕同上。
〔註86〕同上，頁9。
〔註87〕同上，頁10。司提納爾（Max Stirner）是第一位主張以暴力行為爭取個人權
　　　　益的無政府主義者。參見：Oscar Jaszi, "*Socialism*", Edwin R. A. Seligman（ed.），
　　　　Encyclopaedia of the Social Sciences.（New York, The Mac Millan Company,
　　　　1967），P.48.

中的澎湃，轉而厲聲斥責清廷「腹削社會之膏脂，以供通古斯二百萬人之衣錦炊玉逸樂於翠帳之中。更或加取之，而贈之他族焉；更或未饜其慾，而肆淫威焉，而猶號於人曰滿漢一家。其失飢者、凍者終不悟勞動之神聖。絡頭穿鼻，唯牛馬是賢」。〔註88〕並且公然宣示「今之敵，非地主、非資本主、政府官吏也。捨志士之身，奔走盡瘁於社會中，行鐵血手段，天職也」。〔註89〕而籲請國人仿效歐美無政府黨人及虛無黨人「以天罰而加之虐政家，開彼等之血路，天與之權利也。吾人天與之權利，辯舌也、筆也、劍也、銃也、爆裂彈也、陰謀也。青年者，今日豈猶豫之秋耶？」。〔註90〕由上述文字可知「大我」氏雖然以介紹社會主義為主，但其基本目的卻是期盼藉著無政府主義或共產主義的理論的宣揚與鼓吹，喚醒國人久經壓制後的麻痺。並且汲吸於渴望透過強而有效的激進革命行動，一舉推翻清廷。因此「倒滿」成為全文之主旨，至於共產主義或極端民主主義的內容，倒非文章重心及寓意之所在。

　　於中國無政府運動啟蒙期間，1903 年實堪稱為深具意義的一年。因為「這一年是排滿革命與立憲保皇在國人心理上輕重轉變的重大關鍵時刻」。〔註91〕同時也因為 1903 年所掀起波濤壯闊的「拒俄運動」，使得東京留學界的革命運動和上海學界聯為一氣，成為「革命運動的軸心地區」。〔註92〕從此革命運動圍繞此軸心地區，風起雲湧地展現於海內外。國人在革命風潮激烈的刺激下，思想傾向亦隨著亢奮的革命情緒及日益加深的不滿心理，而日益趨向激進之境。〔註93〕破壞主義及虛無主義等具有激烈變革特色的思想，遂廣泛地

〔註88〕同上。

〔註89〕同上，頁 12。

〔註90〕同上。「劃時期的一九０三年」說法，借自吳相湘《孫逸仙先生傳》一書，根據吳氏說法「因為這一年是排滿革命與立憲保皇在國人心理上重輕轉變的重大關鍵」。見氏著《孫逸仙先生傳》，（台北，遠東圖書公司，民國72年），上冊，頁 341。1903 年國人如火如荼地掀起「拒俄運動」。但是清廷反應令人失望，有志之士遭此挫折，態度日趨激烈，造成日後一連串的風潮。國內在此激進氣氛鼓動下，大量譯介無政府及虛無黨資料。國人激情得以共鳴，並於內心潛伏下傾心西方無政府主義的情懷，實為他日鼓吹無政府主義之遠因。

〔註91〕同註 30，頁 342。

〔註92〕吉野作造、加藤繁，《支那革命史》，（東京，西元 1922 年），頁 445。張玉法，《中國現代史》，（台北，東華書局，民國 66 年），頁 58。

〔註93〕清季激進主義（Radicalism）於知識界的擴張情形，可參閱：Midael Gasster, *Chinese Intellectuals and the Revolution of 1911*,（University of Washington Press, 1969），p.155～189.

流傳於國內，深深地吸引著國人的注意力。1903 年 6 月 19 日《蘇報》刊載〈虛
無黨〉一文，一再籲請國人效俄國虛無黨人「逐異種，復主權」。〔註94〕至於
《警鐘日報》更譯介日文煙山專太郎《近世無政府主義》一書，易名爲〈俄
國虛無黨源流考〉，連載長達十五日，對於俄國虛無黨的歷史及理論，均有極
爲翔實的介紹。〔註95〕於當時激動、不滿現狀的思想界，是極具煽惑力。在
此激烈環境的影響下，徇徇儒雅的蔡元培也覺得革命只有兩途：一是暴動，
一是暗殺。〔註96〕於是在愛國學社中竭力助成軍事訓練，日後蔡氏回憶認爲
這算是種下暴動的種子。又以俄國虛無黨暗殺事蹟爲殷鑑，認爲暗殺於女子
更爲適宜，而以愛國女子尤爲勝任，遂計劃於愛國女學預備下暗殺的種子。
當時蔡氏一方面受蘇鳳初的指導，習製炸彈；另一方面則在愛國女學中講述
法國革命史及描述俄國虛無黨人獻身於暗殺行動的壯烈情懷，〔註97〕期盼於
中國產生一位蘇菲亞（Sophia Perovskaya 1854～1881）。〔註98〕

　　因爲民情激昂，人們渴盼強而有力的激進思想啓迪及行動方式可效法，
以宣洩對於滿清政權強烈的抗議情緒。因此《蘇報》、《警鐘日報》上，大量
地出現描述虛無黨及無政府主義的文字。革命志士在此狂潮席捲浸潤下，無
不欲「效俄虛無黨之所爲，實行暗殺」。〔註99〕一時之間革命暗殺似乎成爲當
時革命志士腦海中確信不疑的基本信念，深刻地影響著日後革命的策略及行
爲。但是無可置疑的是，當時革命黨人倡導無政府主義、虛無黨的理念，主
要目的就是爲了推翻清廷。至於虛無黨於革命黨人的眼中，亦僅不過是暗殺
主義的象徵。至於更高深的理論層次及其隱涵的人生哲理，似乎未曾吸引住
晚清革命志士的目光。〔註100〕但是也不能因此而忽略了此段時期的時代氛圍對

〔註94〕　馮自由，《革命逸史》，（台北，台灣商務印書館，民國 58 年）第一集，頁 196。

〔註95〕　〈虛無黨〉，刊於《蘇報》，1903 年 6 月 19 日。

〔註96〕　〈俄國虛無黨源流考〉，刊《警鐘日報》，從 1904 年 3 月 24 日至 1904 年 7 月
　　　　24 日，共分十五次刊載。

〔註97〕　蔡元培，〈我在教育界的經驗〉，收入氏著，《蔡元培自述》，（台北，傳記文學
　　　　出版社，民國 56 年），頁 38～39。

〔註98〕　蘇菲亞（Sophia Perovskaya 1854～1881）曾主持暗殺俄皇亞歷山大二世的行
　　　　動，由此聲勢大噪於十九、二十世紀之交，是一位最受傾心革命暗殺者所崇
　　　　敬膜拜的偶像。參閱 Don C. Price ,*Russia and the Roots of the Chinese Revolution*,
　　　　p.125～154.

〔註99〕　蘇鵬，〈柳溪憶語〉，收入《中華民國開國五十年文獻》，一編十冊，頁 350。

〔註100〕　Chang Yu-fa, "*The Effects of Western Socialism on the 1911 Revolution in
　　　　China*", M. A. Thesis. Columbia University, P.14.另外參見黎澍，〈一九０五年俄

於日後中國無政府主義運動發展之影響，因爲 1907 年以前，受到國內外環境因素的影響，瀰漫著一股強烈的激進主義（Radicalism）氣息，國人久浸其間，多少亦會受其感染。一旦面臨眞正的無政府主義時，亦不會驟然視其爲洪水猛獸。甚而經過細心的比較、體會，明瞭其間微妙之處，轉而傾心皈依，並倡導之。〔註 101〕

國革命和中國〉，收入《近代史論叢》，（北京，學習雜誌社，西元 1958 年），頁 14。

〔註 101〕楊守仁（篤生）爲此股時代思潮中，最具代表性的一人。他曾於〈新湖南〉一文中，明白宣示「……自立之程度何也？曰破壞是也，改造社會者，不能仍舊社會而組織之，則必破壞舊社會而滌盪之。」公開宣傳「破壞主義」。參見：張玉法編，《晚清革命文學》，（台北，經世書局，民國 70 年），頁 93。

第四章　無政府主義運動的展開

　　清季西方社會主義輸入中國的途徑有二,「一方面是留日學生從日本間接
輸入的……一方面是留法學生從法國直接輸入的」。〔註1〕留日學界環境背景
複雜,譯介的社會主義也含混多樣。留法學界環境相對較爲單純,又二十世
紀初葉的歐洲,適逢社會主義運動風起雲湧的展開。因此,在內涵及外貌上,
與日本留學界所介紹的社會主義,存有一段差異。

　　無政府主義爲近世社會主義運動巨潮中之極爲醒目一支,〔註2〕對於近世
政治、社會及思想的變動,影響頗爲深鉅。近代中國無政府主義思想,亦於
二十世紀初期分別由留學法、日學界,居中介紹移植回中國。至於正式組織
社團,起而鼓吹者,有二:其一爲旅居日本的革命志士,諸如:劉師培、何
震、張繼、章炳麟等人,倡設「社會主義講習會」,創刊《天義》爲喉舌;另
一爲遠寓法國的李煜瀛、吳敬恒、張人傑、褚民誼等人所籌組的「世界社」,
以《新世紀》週刊,爲其機關報。〔註3〕經由二派的戮力鼓吹,遂開啓近代中
國無政府主義運動的序幕。但因二派主其事者的身世背景及組織淵源的不
同,再加以生活環境、背景的差異,致使二派雖然皆統攝在革命理念之下,
但是詳覈二者理論內容,及其日後所衍生的影響,卻截然有別。

〔註1〕 蔡元培,〈克卡樸氏社會主義史序〉,收入《蔡元培先生全集》,頁950。

〔註2〕 Albert Fried, and Ronald Sandes, (ed.), *Socialist Thought*, (New York, Anchor Book, 1964), p.328～330.

〔註3〕 Robert A. Scalapino and George T. Yu, *The Chinese Anarchist Movement*, (University of California Press, Berkeley, 1961), p.2.

第一節　社會主義講習會的創立及其活動

貝馬丁（Martin Bernal）認為辛亥革命時期的中國無政府主義信仰者，「他們的目標是純政治的，其等未曾觸及無政府主義或社會主義最基本的觀點」。〔註4〕此一論述，是符合史實的。至於部份旅居日本的革命黨人，將其關懷目光由鼓吹民族主義的革命，轉向無政府主義，積極倡導之，並於 1907 年於日本東京創立「社會主義講習會」。其等之出發點，誠如貝馬丁所云，主要是處於現實環境之所需，而與當時革命情勢的發展息息相關。

於 1905 年初，《警鐘日報》以批評清廷外交失敗，為清廷所忌，遂被封禁。此外陳去病（佩忍）所辦之《二十世紀大舞台》雜誌及林獬（白水）所辦之《中國白話報》亦先後為清廷干涉停刊，上海革命黨人之喉舌，自是緘默。就在國內革命氣氛漸趨沉寂之際，大批學子卻如潮水般地湧向日本。當時的留日學界，無論是思想的發展，抑或是革命運動的推動，均達到前所未見之盛況。留學運動的勃興，對於劉師培等人創立「社會主義講習會」，發行《天義》，鼓吹無政府主義運動的影響最鉅。

劉師培字申叔，號左盦，（曾一度更名為光漢），江蘇儀徵人，生於光緒 10 年（西元 1884 年）閏 5 月 2 日。劉家世代經學傳家，是揚州城內最負盛名的學術世家。曾祖父文淇、祖父毓松、伯父壽曾都以為《春秋左氏傳》作新疏，而列名《清史稿》〈儒林傳〉。師培一生，思想上可依年代及見解的不同，而劃分為前後兩期。前期是由 1903 年至 1908 年，凡 6 年；後期為 1909 年至 1919 年，凡 11 年。前期以實事求是為目標，後期以篤信古義為鵠的。因此前期趨於革新，後期趨于復舊。〔註5〕就劉師培的無政府主義思想發展而言，尚可以 1907 年為斷限，1907 年以前劉師培的無政府主義思想，全部來自於他人輾轉的譯介，然而又因生處於一個動盪的環境下，曲解是必然的。但是觀察劉師培東渡前（西元 1907 年之前）的無政府主義思想，卻具有另一層意義，因為可經由此，揣摩掌握近代中國無政府主義運動啟蒙期裡的人們，他們所認知的西方無政府主義究竟為何物。至於 1907 年以後劉師培的思想，因為個人及時空環境的變動，則須從另一角度來討論。

上海時期的劉師培因為立志倒滿革命，遂更名為光漢，以示排滿復漢之

〔註4〕 Martin Bernal, *Chinese Socialism to 1907*, p.267.

〔註5〕 〈錢玄同序〉，收入《劉申叔先生遺書》（以下簡稱：《遺書》），（台北，京華書局，民國 59 年），頁 34。

意。由此可見劉師培最初的革命理想，偏重於民族主義的提倡。1903 年俄國拒絕歸還滿洲，上海革命志士乃創刊《俄事警聞》，呼籲國人「拒俄」。次年由於「拒俄運動」受挫，愛國志士在清廷的壓制下，心生不滿，乃由「拒俄」轉為「反清」，遂改名為《警鐘日報》，由劉師培擔任主筆。同期間劉師培並陸續發表《攘書》及《中國民約精義》二書，二書原是承繼黃宗羲的《明夷待訪錄》及王夫之的《黃書》之精神，闡揚民族思想及民權思想的書籍。〔註 6〕因此由《中國民約精義》及《攘書》二書中，大致可以看出早期劉師培的政治主張。

　　早期劉師培的政治思想，存有濃郁的民族思想及民權主義。至於民生經濟方面，劉師培似乎尚無能力付以關注。1903 年至 1904 年間的冬天，劉師培與林獬（白水）合作完成《中國民約精義》一書，事實上是書大部份出自於劉師培之手。〔註 7〕該書所持理論主要是依據楊廷棟在 1901 年所譯的日文版盧騷《民約論》，另外再從中國古典經籍及先哲論述中，擇取六十二篇有關文字，連綴而成。其寫作過程以「民約」精神貫穿全篇，但是論述範圍卻擴展至各種有關民治、民主的論述。全書奠基於黃宗羲「以天下為主，君為客」的觀點上，將漢民族的衰弱不振，歸咎於過度的君主專制所致，〔註 8〕因而否定了君主絕對權威的地位。劉師培極為稱許黃宗羲的政治思想，認為：「(黃宗羲)獨能以雄偉之文，醒專制之迷夢，雖其說未行於當時，詎得不謂為先覺之士哉！」〔註 9〕劉師培並且認定君主的存在，本身即是種罪惡，但是當時的他卻不主張斷然廢棄君主體制。因為他認為驟棄君主體制，做法過於偏激，往往會導致本末倒置，秩序大壞。因此劉師培早期主張以立法行動制衡君權，

〔註 6〕　小野川秀美，〈劉師培と中國無政府主義〉，收入，《晚清政治思想史》，(東京，西元 1976 年)，頁 343。丸山松幸，《中國近代の革命思想》，(東京，研文出版，西元 1982 年)，頁 42～62。

〔註 7〕　同上。D.W.Y. Kwok, "*Anarchism and Traditionalism: Liu Shih-pei*",香港中文大學，《中國文化研究所學報》，第四卷，第二期，1971 年，12 月。

〔註 8〕　Martin Bernal, "*Liu Shih-pei and National Essence*," in Charlatte Furth (ed.), *The Limits of Change: Essays on Conservative Alternatives in Republican China*,台北，虹橋書店翻印本，1976 年，頁 91。清季國人所讀的《民約論》，大多是楊廷棟迻譯自日文本的譯本。但是楊廷棟所選譯的《民約論》，舛誤之處甚多，根據馬君武所云「(《民約論》)日譯本多錯誤，楊譯更訛謬不能讀」。見馬君武編譯，《盧騷民約論》，(台北，中華書局，民國 50 年)，序文，頁 1。

〔註 9〕　劉師培，〈黃宗羲〉，〈中國民約精義〉，卷三，收入《遺書》(一)，頁 9。

以免君權發展過於龐大，流於專制獨裁，危害百姓。故劉師培一再強調：「呂（留良）氏知人君自私自利之非，而不思所以制之之策。則人君所營者實利，而民庶所倡者，空言其言。雖美而無如其不可實行也」。〔註10〕

劉師培不贊同極端的個人主義，然而極端個人主義卻是西方無政府主義的重要內涵之一，〔註11〕由此亦可說明上海時期的劉師培尚未能掌握住西方無政府主義思想的本質。由於劉師培受「民約」的影響極深，他確信權利與義務之間的關聯性，認爲極端的個人主義，有違於權我的界限，不合「民約」之本意。因此，當他在譯述楊朱的思想主張時，就斷然宣稱：「楊朱利己之宗旨，其不合民約」。〔註12〕他認爲人的社會在精神上必須反璞歸眞，追尋美好的大同境界，重新回復到上古的共產平等社會。但是先決條件是必須明確地劃清權利與義務的界限，使得人與人之間，互不構成妨害，進而能同心協力地共同生活在一起，並非那種放任無拘的無體制社會。因此，劉師培極爲稱頌龔自珍〈平均篇〉裡所闡揚的觀念，認爲「龔氏因欲謀貴賤之均平，更籌貧富之盡一，其識卓哉」。〔註13〕

劉師培的國家觀念並不複雜，他認爲：「群者因人民積合而成者也。無民即無群，無群即無國，無國即無君，天下豈有無民而能立國哉！」〔註14〕因此國家的建立是奠基於人民之上，國家的存在也就是爲人民謀求更大的福利，所以人民是國家存在的先決及根本條件。若國家君主不能擔負此職，人民可起而抗之，傾覆此一惡政府。但是傾覆之後，劉師培却并未明言是否因此而廢棄國家體制，抑或另建新政府取而代之。

雖然劉師培的言論中，亦曾隱約流露出無政府思想的微意，譬如他認爲孟子「論墨子之兼愛，斥爲無君，則仍以君位爲必不可，無視盧氏視君位爲無足輕重，迥不侔矣，此孟子之說所以不能盡美也」。〔註15〕言談之間，認定君主制度的有無，並非政治社會裡絕對必要之事。但是，若斷然棄絕君主體制後的社會應如何運作？劉師培却未曾深入探究。因此欲由這些零碎瑣微的

〔註10〕劉師培，〈呂留良〉，〈中國民約精義〉，卷三，頁15。
〔註11〕April Carter, *The Political Theory of Anarchism*,（London, Routledge & Kegan Paul, 1971），p.20～27.
〔註12〕劉師培，〈楊子〉，〈中國民約精義〉，卷一，頁16。
〔註13〕劉師培，〈龔自珍〉，〈中國民約精義〉，卷三，頁23～24。
〔註14〕劉師培，〈章學誠〉，〈中國民約精義〉，卷三，頁24～25。
〔註15〕劉師培，〈孟子〉，〈中國民約精義〉，卷一，頁13。

線索，直指劉師培當時已具有西方無政府主義思想，則未免言過其實。

　　中國古典政治思想裡，許行的思想與近代無政府思想頗爲相近。但是劉師培却曾嚴厲地批評許行的政治思想，認爲許行的思想不僅與孟子的主張相違背，同時亦不合盧騷的「民約」精神。他曾列舉不合「民約」精神的三端，一曰不知分工之義；二曰欲去君主之有司；三曰舉國人民皆平等。劉師培以爲「治國之源在於任事，任事之本在於分功」，許行的主張是「用之分功未起時則可，若用之文明大進之也，豈非促社會進化之機乎？」〔註16〕意指許行的思想根本不能適應社會進化之潮流。而「政府爲立國之樞紐」，若國家不存，人民亦難以聚爲一體而互保。〔註17〕因此劉師培深信驟然去除國家體制，則屬不當。惟有統御在「民約」精神下，明確地區分權利與義務，社會纔能正常合理地運作。若強求舉國之民皆平等，而不求法理上的根本平等，則是假平等。一個假平等的社會，任何合理的制度均難以生存。〔註18〕

　　從劉師培的言論分析，可知其深受盧騷《民約論》影響。劉師培認爲一個社會首先必須肯定權利與義務的互存關係，皆奠基在權利與義務上。因此若欲建立一套有組織、有系統的國家社會組織，各人則須依循其所負擔的職務及應享之權益，「貢己之力，取己之需。」

　　至於歐美的無政府主義，劉師培應已間接從報刊書籍得其消息。劉師培認爲西方無政府主義思想與中國的許行主張，頗爲相近。對於西方無政府主義的起源及目標，其亦有一定程度的認識。劉師培曾闡述西方無政府主義的起源，認爲是「起於近世社會主義，蓋嫉貧富之不均，而思所以革其弊」。〔註19〕並介紹無政府主義的沿革，詳述此一思想是由法人普魯東（Pirrer Proudhon）創之於前，俄人巴枯寧繼之於後。而巴枯寧的宗旨是「世間最可樂之事，未有甚於革命者。所謂人之自由，惟有服從自然之法律而已。故專制之君吏，吾國當除去之。即被民選舉者，吾亦當除去之。故其除婚姻之制，去等級之別。使人人作工，各有其分。田地爲公共之物，資本爲社會之公產，故人人於政治也，平等於社會也」。〔註20〕觀察劉師培早年所介紹的無政府主義思想，於外貌上大致已涵括了廢棄政府制度組織、廢除婚姻制度、廢除階級、

〔註16〕劉師培，〈許行〉，〈中國民約精義〉，卷一，頁24。
〔註17〕同上。
〔註18〕同上。
〔註19〕同上。
〔註20〕同上。

土地共有、資產共有等諸要項。上述諸項，大略已具備了無政府主義者所汲汲追求的幾項大目標。但是如何執行？目標達到後應如何建立一個新體制？新體制的根本內涵爲何？如何運作？劉師培均未曾提及。因此，可稱1907年以前的劉師培已具有無政府主義的傾向，但是此一傾向所呈現的內容，却是極爲粗糙草率的。但是比起同時期他人的類似文字，却已是頗具深意了。

　　上海時期的劉師培雖然未曾明確表露出倡導無政府主義之意，但是在強烈批評許行思想的不當後，却認爲無政府之說「創始於西歐，漸被於大陸，溯其原因，亦出於民約論之一分子。其與許行之說不同者，則不欲以一人之身而備百工之事耳……近人以知民約之義論許行，眞浮遊之說也」。〔註21〕並且斷然肯定西方巴枯寧、普魯東等人之主張，並非如同許行般的「浮遊空論」，而頗符合「民約」之眞諦。換言之，於劉師培心目中，西方無政府主義有其實現的可能性及價值。同時亦表示劉師培早期對盛行於近代西方的無政府主義的了解，比起同時期的一般人，已算頗爲深入，不似時人甚至無法辨別無政府主義、虛無主義及虛無黨之間的異同。〔註22〕劉師培並且還能夠清晰地敘述西方無政府主義的宗旨，也能舉中國許行的極端個人放任主義爲例，與之相互比較，而給予頗爲公允的批判。根據上述分析，說明東渡前的劉師培，雖未能正式高舉無政府主義大纛，但是可確信劉師培已具有一定程度的無政府主義傾向。

　　1903年劉師培入京赴考，途經上海，會晤章炳麟及其他愛國學社同志後，久蟄內心深處的民族思想乃油然再生，轉而傾心革命。於1904年，劉師培再度蒞臨上海，經由蔡元培的介紹，加入成立未久的光復會。是年冬，俄國不肯依約歸還侵佔的東北，蔡元培等人乃發行《俄事警聞》，大聲疾呼，籲請國人群起相抗。後又將其更名爲《警鐘日報》，隱然以繼承革命系統之《蘇報》及《國民日日報》自任，延請劉師培、林獬、陳去病等人擔任撰稿及編輯。出版數月，廣受好評。但因刊登一篇文章，內容是譏評清廷對德外交失當，

〔註21〕同上。
〔註22〕大我，〈新社會主義〉一文，刊於《浙江潮》，第八期，於作者心目中，歐美無政府主義運動與虛無黨活動，乃爲同一事物。任遂也認爲清季大部份的人們「很少懂得什麼政治的，也不知道什麼政覺，只聽說俄國有什麼虛無黨、無政府主義等……以爲只要是反對政府的，大概都是好的」。任遂，〈辛亥革命親歷記〉，收入《辛亥革命回憶錄》，（北京，人民出版社，西元1965年），第一集，頁3。

引起德領事不快，德領事遂聯合他國領事及工部局，下令封禁《警鐘日報》，通緝劉師培等人。劉師培乃倉皇逃離上海，匿居浙江平湖大俠敖嘉熊家。半年後應陳獨秀之邀，前往蕪湖任教。〔註23〕當時的蕪湖公學，提倡民族主義，不遺餘力，皖人傾向革命，實以該校為最早。〔註24〕劉師培後又歷任皖江中學、赭山中學等校教職。復為上海《國粹學報》撰稿，提倡民族主義，故影響教育界甚巨。〔註25〕

蕪湖公學源於旅湘公學，趙聲、黃興、張繼等人均曾於該校擔任教職。〔註26〕劉師培抵蕪湖後，成為該地區光復會的負責人，大力推展會務。1905年底，劉師培即曾托胡渭清送交蔡元培一百名新近吸收的會員名冊。〔註27〕1906年6月章炳麟因「《蘇報》案」被判刑，不久刑滿出獄，留日革命志士遂迎章至東京，擔任《民報》總編輯。劉師培與章炳麟兩人早在中國教育會時代，已甚熟稔。〔註28〕又因劉師培「素治古文春秋，與（章炳）麟同術，情好無間」，〔註29〕章炳麟遂邀劉師培東渡。1907年初劉師培夫婦、汪公權、蘇曼殊等連袂東渡。抵日後劉師培夫婦另賃屋而居，蘇曼殊則搬入《民報》社，與章炳麟同住。

劉師培抵日不久，旋即加入同盟會，并以「韋裔」筆名為《民報》撰述。茲列劉師培於《民報》上發表的文章，如下：

1.	〈普告漢人〉	《民報》《天討》專號	1907年4月25日
2.	〈利害平等論〉	《民報》十三號	1907年5月5日
3.	〈清儒得失論〉	《民報》十四號	1907年6月8日
4.	〈悲佃篇〉	《民報》十五號	1907年7月5日
5.	〈辨滿人非中國之臣民〉	《民報》十四、十五、十八號	1907年6月8日、1907年7月5日、1907年12月21日

〔註23〕蔡元培，〈劉君申叔事略〉，收入《遺書（一）》，頁23。
〔註24〕馮自由，《革命逸史》，第五集，頁69。
〔註25〕馮自由，《革命逸史》，第二集，頁227。
〔註26〕鄒魯，《中國國民黨史稿》，（台北，台灣商務印書館，民國54年），頁764。
〔註27〕沈瓞民，〈記光復會二、三事〉，收入《辛亥革命回憶錄》，（北京，西元1970年），第四集，頁73。
〔註28〕張繼，《張溥泉先生全集補編》，（台北，中央文物供應社，民國41年），頁134～135。
〔註29〕章炳麟，〈與孫仲容書〉，《遺書》（一），頁28。柳無忌，〈蘇曼殊年譜〉，收入《蘇曼殊全集》，（台北，大中國圖書公司，民國56年），頁133。

劉師培以「韋裔」筆名發表文章，「韋裔」即「豕韋之裔」也，其典故來自上古春秋史實，該典故充滿民族復興，故國重建之意。〔註 30〕至於從發表文字時間上觀察，可發現劉師培有關民族主義的文章大多發表於七月之前。七月之後至十二月，劉師培才勉強續完五個月前的文稿。探究其因，主要因為該年六月之後，劉師培的關懷重心已轉向他處，不再是《民報》或同盟會。

劉師培抵日後，透過舊識張繼、章炳麟的介紹，得以認識許多日本社會黨人，其中張繼尤居關鍵性角色。張繼十八歲（西元 1899 年）即赴日留學，後「入早稻田專門學校政治經濟學系……上課外專在圖書館翻閱該國維新時中仁篤介等譯之《法蘭西大革命》、《民約論》等書，革命思想沛然而滋」。〔註 31〕適巧《近世無政府主義》一書的作者煙山專太郎亦在該校任教，至於張繼當時是否曾親聆聲欬或是受其影響，並無資料記載。但是張繼對於西洋無政府主義，很早即萌生濃厚的興趣。早於 1903 年，張繼即曾將幸德秋水譯自意大利無政府黨人馬拉疊斯達（Errico Malatesta）《無政府主義》(Anarchia)的日文版，迻譯成中文，於上海出版，是書為近代中國第一本討論西方無政府主義的專書。張繼並且明白宣示其譯介此書的目的為：「夫欲建設，必先大破壞，無政府可謂達於破壞之亟點矣。今之中國正值破壞時代之初，而吾（張繼）編譯是書，想必能受吾同胞之歡迎，藉其手以剷除此野蠻奴隸世界」。〔註 32〕

1904 年張繼因萬福華事件，再赴日本，任留學生會館總幹事。翌年擔任《民報》名義上之發行人。1906 年曾至遼東策動馬賊響應革命未成，年底返回東京。透過北一輝的介紹，得以認識幸德秋水。北一輝事後回憶云：「不肖之介紹幸德秋水為禍，張君（繼）之思想意外的熱衷於無政府主義」。〔註 33〕張繼「與幸德秋水、大杉榮、堺利彥等來往，尤佩服幸德秋水學問」。〔註 34〕根據張繼的回憶：「同盟會成立了，以為三民主義也許不是世界上最高的主

〔註30〕 按《左傳》昭公二十九年云：「夏后孔甲嘉劉累，賜氏曰御龍，以更豕韋之後」。杜注：「以劉累代彭姓之豕韋。劉累尋遷魯縣，豕韋復國，至商而滅。累之後世，復承其國為豕韋氏」。參見陳槃，《春秋大事表列國爵姓及存滅表譔異》，（台北，中研院史語所，民國 58 年），第七冊，頁 632。

〔註31〕 張繼，〈回憶錄〉，收入《張溥泉先生全集》，（台北，中央文物供應社，民國 41 年），頁 235。

〔註32〕 〈廣告〉，《警鐘日報》，1904 年 2 月 21 日。

〔註33〕 北一輝，《支那革命外史》，頁 49。George M. Wilson, *Radical Nationalist in Japan: Kita Ikki 1883～1937,* p.44～65.

〔註34〕 同註 30，頁 236。

義。那時日本也翻譯了許多社會主義的書籍，係無政府主義、共產主義等，覺得都能以解決社會問題，以爲是很高的了」。〔註35〕張繼所謂「腦筋又變」，其主要原因是適逢《民報》與《新民叢報》大論戰漸趨尾聲，革命陣營因挑戰驟失，革命理論頓呈虛空、停滯之境，尤其是孫中山的主張對於黨人胸懷的吸引力也逐漸消褪。於心理上，某些人潛伏久矣的涓滴無政府主義因子，逐漸漸匯流成一股潮流。張繼後來又與心儀甚久的日本無政府主義者幸德秋水交往，更加深其變因。1907 年初，張繼的思想遂急速轉向無政府主義。

　　至於章炳麟，其思想本質具有消極的一面。其消極性主要是受到佛教的影響。因爲受到佛教影響，所以看破一切，認爲人世最終一切均屬虛空，因而發展成〈五無論〉。〔註36〕余英時認爲「章炳麟的反傳統思想雖然已受了外來的影響，然而其主要成份，則無疑是從清代學術中逐步演變出來的」。〔註37〕章炳麟思想本質已具有無政府傾向，至於張繼因環境的變動而轉向，再加上北一輝的居中撮合，1907 年 3 月 26 日正值同盟會內部糾紛最激烈之際，張繼、章炳麟二人連袂並懷著極爲虔敬之心，投函與幸德秋水，渴望能夠「敬聆雅教」，〔註38〕親聞無政府主義的眞義。

　　同時幸德秋水對於中國革命志士，亦懷有一種異樣的感情。幸德秋水認爲：「漢人並不是『瀕死之人』、『熟睡中之獅子』，已經覺醒。他們已藉輸入文明，促進國民自覺。並養成民主思想、權利思想及革命思想。……至於多數留學法國及日本或亡命的革命青年，不僅止於排斥滿族，恢復中國，創立共和政治。而且還主張民主主義，更進步者，則熱心倡導共產的無政府主義或個人的無政府主義……不久將來，中國在世界革命史上，將寫下輝煌的一頁」。〔註39〕因此幸德秋水熱心地接納革命志士，並且極力灌輸其所信仰的無政府主義。

〔註35〕張繼，〈在西安勞動營紀念週訓詞〉，收入《張溥泉先生全集》，頁 193～194。

〔註36〕太炎，〈五無論〉，《民報》，十六號。Holmes Welch, *The Buddhist Revival in China*, （Harvard Unversity Press, 1968），p.1～30.

〔註37〕余英時，〈五四運動與中國傳統〉，收入氏著，《史學與傳統》，（台北，時報，民國 71 年），頁 104。

〔註38〕章炳麟、張繼，〈致幸德秋水書〉，石母田正，《續歷史と民族の發現》，（東京，西元 1969 年），收入楊天石編，〈社會主義講習會資料〉，（北京，三聯書店，西元 1979 年），《中國哲學》，第一輯，頁 378。

〔註39〕石母田正，《續歷史と民族の發現》，（東京，西元 1969 年），轉引自，黃福慶，《清末留日學生》，頁 249～250。

同盟會早期（西元 1905～1907 年）的革命基本理念，可謂完全展現於《民報》之上。《民報》前後共出版二十六號，以鼓吹革命及介紹歐美新思潮爲主，若對介紹歐美新知的文章加以觀察與分析，可發現從第一號至第五號（西元 1905 年 11 月至西元 1906 年 6 月）有十篇是關於社會主義及西方土地問題的介紹；第六號至第十號（西元 1906 年 7 月至西元 1906 年 12 月）共有六篇與社會主義有關，其中祇有兩篇是介紹社會主義，而另四篇則是介紹無政府主義。第十一號後（西元 1907 年 1 月後）共有有十篇，皆是介紹無政府主義與虛無主義，再也不見討論其他各流派社會主義之文章。〔註 40〕分析此一趨勢，除了因爲《民報》編輯易人，導致言論方向的變動外，另亦足以說明無政府主義思想於東京的革命陣營中的影響力，正逐漸滋長茁壯。

以當時執革命黨理論闡釋牛耳的廖仲愷爲例，他於 1906 年 9 月至 1907 年 10 月間，曾經於《民報》上陸續發表五篇有關無政府主義或虛無黨的文章。至於廖仲愷從 1906 年至 1907 年會將其目光轉向社會主義，主要係受到 1905 年俄國革命經驗及與流寓日本的俄國社會黨人及與日本社會黨人交往的影響所致。〔註 41〕廖仲愷於《民報》上發表有關社會主義的文章，如下：

1.	〈社會主義四大綱〉	《民報》七號	1906 年 9 月 5 日
	譯自：W.D.P. Bliss, *A Handbook of Socialism.*		
2.	〈無政府主義二派〉	《民報》八號	1906 年 10 月 8 日
	譯自：久津見蕨村，《歐美の無政府主義》		
3.	〈無政府主義與社會主義〉	《民報》十一號	1907 年 1 月 25 日
	譯自：W.D.P. Bliss, *A Handbook of Socialism.*		
4.	〈虛無黨之小史〉	《民報》十一號	1907 年 1 月 25 日
	譯自：煙山專太郎，《近世無政府主義》		
5.	〈虛無黨小史闢非民族主義〉	《民報》十七號	1907 年 10 月 25 日

〔註 40〕 呂芳上，《朱執信與國民革命》，頁 72。Martin Bernal, *"Chiness Socialism Before 1913."* in Jack Gray（ed.）. *Modern China's Search for a Political Form*,（Oxford University Press, 1969）, p.86. Robert A. Scalapino and Harold Schiffrin, *"Early Socialist Currents in the Chinese Revolutionary Movement."*, in *Journal of Asian Studies,* Vol.XVIII, 1958, p.321～341.

〔註 41〕 何香凝，《回憶孫中山和廖仲愷》，（北京，中國青年出版社，西元 1952 年）。Chan Fook-lan Gilbert, *A Chinese Revolutionary: The Career of Liao Chung-kai 1878～1925.*（University Microfilms International, 1983）, p.109～111. Li Yu-ning, *The Introduction of Socialism into China.*（Columbia University Press, 1971）, p.60～61.

從廖仲愷關注目標的轉移，及《民報》文字內容重心的變動，可以發現1907 年初期同盟會內部的核心政治理論，自從梁啓超《新民叢報》停刊，君主立憲與革命的論爭停止之後，革命必行的理念，於黨人心中已是確信不移。此時革命黨人最為關切之事，不再是應否革命，而是應該採取何種方式革命？革命之後應建立一個什麼樣的社會體制？

至於 1906 年以後，孫中山的政治理念在失去立憲派的激烈挑戰後，逐漸喪失其淬厲的銳氣及吸引力，革命黨人遂將其注意力轉向更富魅力的理念。當時激情的革命志士環視宇內眾說紛云的政治理論，堪稱思想最激進、手段成效最速、又最具浪漫理想主義色彩的政治思想，最符合此一要求的，首推瀰漫歐美、日本的無政府主義。

再加上 1907 年 2 月同盟會內部爆發孫中山與黃興為革命軍舉事時應以何種圖案的旗幟為號召，產生嚴重的衝突，革命陣營似乎已潛伏下大分裂的陰影。至 3 月孫中山接受日本政府及股票商人的贐金事件，益發增強同盟會部分同仁的不滿及內部的離心力。

同時張繼、劉師培等人與日本無政府主義者往來更加密切，他們甚至積極參加幸德秋水等人領導的活動。根據陶鑄（冶公）的回憶：

> 我和他們並參加了日本原始社會主義者幸德秋水為首組織的座談會。這時日本社會主義的黨雖還未正式成立，但已有了雛形的組織。……經常以旅行玩山游水為名，到東京郊外一些地方秘密開會。日人參加的有：幸德秋水、堺利彥、北輝次郎、和田三郎、宮崎民藏（宮崎寅藏滔天之兄）和菅野子（女），此外還有我不知其姓名的。中國有張溥泉、劉申叔、何殷震、汪公權和我數人。
> 〔註42〕

「贐金事件」導致章炳麟、宋教仁、張繼、劉師培等人對孫中山極度不滿。加上潮州、廉州、欽州武裝起義，相繼失敗，因而反孫中山勢力日張。後來經由章炳麟、張繼出面，以堅決態度壓迫當時代行同盟會總理職務的劉揆一，要求召開一次特別大會，開除孫中山。劉揆一再三為孫中山緩頰，認為孫中山雖僅留二千元給《民報》社充當維持費，但餘款已悉數用於潮惠起義，誠非得已。劉揆一也深信孫中山的人格操守，因而獨排眾議，堅拒張繼、

〔註42〕陶鑄（冶公），〈無政府主義思想對同盟會的影響〉（未刊稿），收入楊天石編，〈社會主義講習會資料〉，頁 379～380。

章炳麟等人的威脅。爲此，激動的張繼甚而與劉揆一大打出手。〔註43〕

屆此之際，劉師培復介紹日人北輝次郎及和田三郎二人入同盟會成爲會員，並企圖支持二人出任同盟會幹事，藉此逐步掌控同盟會。後因劉揆一反對而未遂，從此劉師培「心銜所提議改組同盟會，攘奪幹部職權之策不成，漸有異志」。〔註44〕「漸有異志」最顯明的結果，即爲劉師培在妻子何震的鼓動下，於1907年6月10日發刊《天義》，成爲近代中國第一份鼓吹無政府主義的刊物。同月張繼、章炳麟、陶成章、景定成、汪公權、喬義生、何震等，發起成立「社會主義講習會」，以鼓吹無政府主義爲宗旨。從此之後，《天義》實際上成爲「社會主義講習會」的機關報，也成爲留日學界宣揚無政府主義理論的重鎮。〔註45〕

當1907年6月何震、徐亞尊、張旭、周大鴻等人發刊《天義》半月刊，〔註46〕以破壞固有之社會，實行人類平等爲宗旨；除積極提倡女界革命及女權外，兼提倡種族、政治、經濟革命。〔註47〕同月底劉師培、張繼二人，在日本「直接行動派」領導者：幸德秋水、大杉榮、山川均、堺利彥等人支持下，決定以組織型態推展理念，遂聯名發起成立「社會主義講習會」，於留日學界正式揭櫫宣揚無政府主義之大纛。

《天義》的創刊及「社會主義講習會」的發起，除了肇因於日本社會主義運動的影響及同盟會內部人事糾葛所衍生的分離意識外；同盟會秉持的六大主義中，對外政策過於緩和而近乎口號不符現實需求的態度，無法滿足部份革命黨人抗拒帝國主義侵略的憤怒，亦爲另一要因。〔註48〕《天義》發刊詞中，除了提倡女權革命外，主要奠基於追求人類平等精神之上。至於其後

〔註43〕劉揆一，《黃興傳記》，（台北，帕米爾書店，民國41年），頁16。

〔註44〕馮自由，《革命逸史》，第二集，頁228。

〔註45〕Robert A. Scalapino and George T. Yu, *The Chinese Anarchist Movement.* （University of California Press, Berkeley, 1961），p.6.

〔註46〕馮自由，《革命逸史》，第二集，頁228。

〔註47〕《天義》〈簡章〉，《天義》，第三卷，本文所使用的《天義》報，係1966年東京大安株式會社影印本（以下稱《影印本》），頁次編號均以《影印本》新頁號爲準。

〔註48〕《民報》宣示的六大主義：（一）顛覆現今之惡政府，（二）建設共和政體，（三）土地國有，（四）維持世界眞正之和平，（五）主張中日兩國之國民連合，（六）要求世界列國贊成中國之革新事業。後三項爲同盟會的對外政策，但是內容極爲含混空洞，并未觸及近代中國面臨的最大困局，即列強的侵凌迫害。

所揭示的〈簡章〉中，更是標榜《天義》集團的基本信念以「破除國界、種界、實行世界主義及抵抗世界一切之強權」〔註49〕爲首要之務。此一抗拒強權，爭取平等的信念，最早體現於「亞洲和親會」的創立。

1907年春，日本無政府主義者幸德秋水於其機關報《平民新聞》上發表一文，竭力鼓吹亞洲各國社會黨應聯合爲一體，以抗拒帝國主義的壓迫。此文一出，瞬間得到流亡日本的中、印（度）兩國革命黨人的熱烈回應。〔註50〕同年四月中印兩國革命黨人於東京發起成立「亞洲和親會」，推舉章炳麟擔任會長，並由章炳麟草撰〈亞洲和親會約章〉，廣招會員。

「亞洲和親會」的基本信念是聯合亞洲被壓迫的弱小民族，團結一致，反抗帝國主義的侵凌，進而爭取各民族的自由、平等與獨立。爲完成此一目標，弱小民族可透過直接或間接方法，相互扶持，共進奮鬥。〔註51〕當時參加該會者有中國、印度、菲律賓、安南流亡日本的革命志士及日本直接行動派的成員。中國方面參加者有：劉師培、張繼、章炳麟、何震、陳獨秀、蘇曼殊、呂復、馬榮子、羅象陶等數十人。日本方面有：幸德秋水、大杉榮、山川均等人。印度方面則有：鉢邏罕、保什等人，〔註52〕，其中以劉師培的表現最爲積極活耀。〔註53〕

「亞洲和親會」的基本目的是「反抗帝國主義，恢復亞洲失去的主權，各民族爭取獨立」，〔註54〕其所秉持的中心理念，與無政府主義思想裡反抗強權的主張，貼切符合。因此，「亞洲和親會」雖然未曾高舉無政府主義的大旗，但是卻能與日後「社會主義講習會」的創立精神，互爲表裡，相互發明。另外詳考「社會主義講習會」的發起、參與及贊助者，極大部份來自於「亞洲和親會」，尤足證明二者間的關聯性。同時張繼、劉師培等人透過「亞洲和親會」的組織活動，無論是人際關係的擴展，抑或是理論層次的發揮，均足以促使劉、張等人萌生發起一個更爲嚴密的組織，以宣揚其所秉持的政治理念。

〔註49〕《天義》〈簡章〉，《天義》八、九、十卷合冊。
〔註50〕陶菊隱，《籌安六君子傳》，（北京，中華書局，西元1981年），頁124。
〔註51〕引自平野義太郎，〈中國革命報《天義》の日本における發刊——日中の初期社會主義者の交流〉，附於《天義》（影印本）之後，頁16。
〔註52〕湯志鈞，〈關於亞洲和親會〉，收入辛亥革命史叢刊編輯組，《辛亥革命史叢刊》，（北京，中華書店，西元1981年），第一輯，頁84。
〔註53〕同註48，頁124。
〔註54〕同註50，頁17。

加以 1907 年初同盟會內部糾紛所潛伏下的不和及國內武裝起義相繼失敗的刺激，益發促使劉師培及張繼等人深信，革命大業必須另謀出路。

革命路線變更最直接的反應，即是《天義》報的創刊及「社會主義講習會」的創立。「社會主義講習會」於《天義》報中，揭示其成立宗旨：

> 近歲以來，社會主義盛行于西歐，蔓延于日本。而中國學者則鮮聞其說。雖有志之士知倡民族主義，然僅辨種族之異同，不復計民主之休戚，即使光復之說果見實行，亦恐以暴易暴，不知其非。同人有鑒于此，又慨社會主義之不明，搜集東西前哲各學術，參考互驗，發揮光大，以餉我國民。復慮此主義之不能普及也，故創設社會主義講習會，以討論斯旨。〔註55〕

「社會主義講習會」係一以演講活動為主的社團組織，沒有嚴格的入會規定及會規，有興趣者祇須將姓名、住址寄交該會通信所即可。屆時開會，即通知參加。至於歷屆大會的演講內容，依其涵蓋範疇，約略可分為「無政府主義及社會主義學術」、「無政府黨歷史」、「中國民生問題」、「社會學」等四個科目。

張繼與劉師培於 1907 年 6 月底發起成立「社會主義講習會」後，經由二人連月的奔波籌劃，同年 8 月 31 日，於東京清風亭召開第一回演講會，參加者多達九十餘人。會中邀請幸德秋水擔任主要演講者，但因幸德秋水於日本亟力鼓吹無政府主義，身份特殊，講習會同仁擔憂日本警方藉辭干涉，故不明列幸德秋水姓名，僅於大會記錄中，以「○○○○」代之。因為講習會同仁的審慎細心，當第一回演講會召開時，正處於嚴重敵視社會主義的氛圍中，講習會雖然明揭宣揚無政府主義思想，卻未引起日本警方的注意。〔註56〕

第一回演講會召開時，首先劉師培以主辦人身份發表演講。劉師培明白宣示「社會主義講習會」的宗旨「不僅以實行社會主義為止，乃以無政府為目的」，〔註57〕然後延請幸德秋水闡釋無政府主義思想之真諦。幸德秋水首先說明無政府主義及馬克思主義之異同，認為二派「雖主義大略相同，而行事之手段則相異」。〔註58〕因為「無政府主義欲為勞動者謀幸福，必先盡去資本家，并顛覆一

〔註55〕〈社會主義講習所廣告〉，《天義》（影印本），第三卷，頁 57。

〔註56〕根據日本外務省收藏當時警方的報告中，并無第一次大會的記錄。由此可間接證之，「社會主義講習會」初創之時，并未引起日本警方注意。

〔註57〕〈社會主義講習會第一次開會記事〉，《天義》（影印本），第六卷，頁 152。

〔註58〕幸德秋水，〈幸德秋水演說詞〉，轉錄自《巴黎新世紀》，第二十五、二十六號，1907 年 12 月 7 日及 14 日。至於馬克思主義，於清季中國留日學界的發展情

切政府。政府由歷史上證之，有功于人民者甚少，不過以暴力加于人民而已」。
〔註59〕這篇演講對於「社會主義講習會」同仁的無政府主義思想，具有很大的
釐清作用，因爲早期國人一直無法明確分辨無政府主義及馬克思主義之間錯綜
複雜的糾葛。幸德秋水對於「社會主義講習會」的創立，懷抱著很大的期盼。
他認爲「中日兩國地域相近，（社會主義講習會同仁）若抱此旨，則此後兩國國
民均可相互扶助，均可彼此互相運動，及聯合既固，以促無政府主義之實行」。
〔註60〕其後由何震演說，何震主張「無政府主義不僅恃空言也，尤重實行」。至
於實行可分爲三階段，一爲言論時代；二爲活動時代；三爲暗殺時代。而「今
中國欲行無政府，以上三事均宜同時并行，即使同志無多，亦可依個人意而行，
以實行暗殺。蓋今日欲行無政府革命，必以暗殺爲首務」。〔註61〕

以後歷次演講會的進行方式，與第一次演講會大致雷同。「社會主義講習

圖表4-1　社會主義講習會歷次大會記錄表

次數	日期	場地	出席人數	主講者
1	1907 年 8 月 31 日	清風亭	九十餘人	幸德秋水
2	1907 年 9 月 15 日	江戶川亭	百餘人	堺利彥
3	1907 年 9 月 22 日	清風亭	數十人	
4	1907 年 10 月 6 日	清風亭	二十人	山川均
5	1997 年 11 月（日期不詳）	清風亭		大杉榮
6	1907 年 11 月 24 日	清風亭		大杉榮
7	1907 年 12 月 8 日	清風亭	五十餘人	大杉榮
8	1907 年 12 月 22 日	清風亭	七十餘人	大杉榮
9	1908 年 1 月 2 日	清風亭		山川均
10	1908 年 3 月 20 日	清風亭		宮崎民藏

資料來源：〈社會主義講習會第一次會記〉，《天義》，第六卷，〈社會主義講習會記
　　　　　事并報告〉，《天義》，第八、九、十卷合冊，〈社會主義講習會記事〉，

形，可參閱：Robert A. Scalapino, "*Prelude Marxism: The Chinese Student
Movemont in Japan 1900~1911*", in Albert Feuerwerker, Rhoads Murphy and
Mary C. Wright（eds.）*Approachs to Modern Chinese History*,（University of
California Press, 1967），p.190~215.
〔註59〕同上。
〔註60〕同上。
〔註61〕同註 56，頁 154。

《天義》，第十一、十二卷合冊，朱希祖，〈朱希祖日記〉（稿本），收入，楊天石編，〈社會主義講習會資料〉，頁 396。

永井算巳，〈社會主義講習會と政聞社〉，《東洋學報》，第五十一卷第三號，1968 年 2 月，頁 55～56。

《各國內政關係雜纂》（支那）（革命關係二），所收〈清國人社會主義研究會一件〉，（明治 40 年 9 月 19 日），〈清國留學生社會主義研究會第五回の報告〉。

會」成立之初，原計劃每星期集會一次。但是根據記錄顯示，似乎并未每星期如期集會，正常情況是兩星期召開一次演講會。及至後期，甚至間隔月餘，才舉辦一回。演講會進行方式，大致類似。參加人數多則百餘人，少時亦有數十人參加，根據現存記錄，「社會主義講習會」一共舉辦過十次演講會（見圖表 4-1）。

1908 年 1 月 2 日「社會主義講習會」召開第九回演講會後，適因日本「金曜演講會」成員爲公開演講遭日本警察取締而與警方發生衝突，堺利彥、山川均、大杉榮等人均遭日本警方拘捕，此一事件是爲日本社會主義運動史上所謂的「屋上演說事件」。〔註62〕當時張繼是位活躍於「金曜演講會」的中國人，角色特殊，於事件發生過程中，因爲抗爭態度激烈，遭到日本警方通緝。張繼被迫倉皇離日，途經南洋，前往歐洲，〔註63〕從此「社會主義講習會」少了一員健將。至 1908 年 2 月，日本政府宣佈禁止社會黨員結社，「社會主義講習會」亦遭波及，無法推動會務。同時期講習會另一要角劉師培，早已於 1907 年底返國途中，秘密向清廷輸誠，并且允諾擔任密探，刺探、破壞革命陣營。〔註64〕因此於 1908 年初「社會主義講習會」的兩位主人翁，一位遭日本警方通緝而倉皇離日；另一位卻已心懷二志，秘密叛離。加以該年 2 月後，日本警方加緊鎮壓社會主義團體的活動。因此，《天義》報於 1 月底發刊「十六、十七、十八、十九」四卷合冊後，遂不再發行。至於「社會主義講習會」1 月 2 日召開第九回演講會後，會務亦暫且停頓。至 3 月 20 日始勉強

〔註62〕荒畑寒村，《平民社時代》，（東京，中央公論社，西元 1973 年），頁 332。隅谷三喜男，《日本の社會思想——近代化とキリスト教》，（東京大學出版會，西元 1968 年），頁 253～255。

〔註63〕張繼，〈回憶錄〉，收入《張溥泉先生全集》，（台北，中央文物供應社，民國 40 年），頁 236。

〔註64〕馮自由，《革命逸史》，第二集，頁 238。

再召開一次演講會，但因日本「直接行動派」成員不是遭警方拘捕，即是在警方嚴密監視下無法自由活動，因而講習會乃邀請宮崎民藏擔任第十回演講會的主講者。由於宮崎民藏是位民主社會主義信仰者，並非「直接行動派」成員，其演說內容必然不是以無政府主義思想爲重心。既然演講內容不符「社會主義講習會」的基本理念，且時代氛圍充滿肅殺氣息，因此號召力顯然不及幸德秋水、堺利彥等人。同時又因主其事者的離去或異心，講習會於 3 月 20 日演講會後，乃漸趨沉寂，不復再有召開演講會的記錄。

　　「社會主義講習會」的十回演講會中，中國方面擔任演講者計有：劉師培、張繼、章炳麟、何震、景定成、喬義生、汪公權、陶成章等人。講題可考者有：（1）中國民生問題，（2）憲政之病民，（3）自由結合之意，（4）中國財產制度之變遷，（5）國家學之荒謬，（6）湖北、江蘇農民之苦況，（7）歐美社會黨之分派，（8）無政府之利益，（9）排強權與排外不同，（10）南洋群島華民之苦及中國革命之方法，（11）無政府黨大會，（12）中國經濟界之變遷，（13）基督教社會主義，（14）法律出于宗教說，（15）人之根性惡等十五個論題。

　　日本方面擔任演講者，除幸德秋水外，尚有大杉榮、堺利彥、山川均、宮崎民藏等人。演講題目可考者有：（1）人類社會之變遷，（2）巴枯寧聯邦主義，（3）代議政治與革命，（4）社會主義及無政府主義派別。〔註65〕

　　從講題內容分析，擔任演講的國人，其演說內容大多偏重於對中國社會現存弊病的控訴。至於理論層次的闡釋，似乎多得依賴日本無政府主義者。從早期活動的推展及日後理論的闡揚觀察之，可以發現二十世紀初葉日本無政府主義者於「社會主義講習會」的活動中，扮演著一個極具影響力的角色。因此，當「屋上演說事件」發生，許多日本無政府黨員遭到拘捕，同時日本政府開始積極鎮壓社會主義運動後，「社會主義講習會」在內外交迫下，無力再支撐下去，遂宣告停止活動。〔註66〕

〔註65〕楊天石，〈社會主義講習會資料〉，收入《中國哲學》，（北京，三聯書店，西元 1979 年），第一輯，頁 374～375。

〔註66〕1907 年底吳玉章等人曾於日本創辦《四川》雜誌，吳玉章認爲該雜誌「的思想大抵是愛國主義的，同時并有若干無政府主義的成分。……在當時它卻鼓舞著人們去進行冒險的革命鬥爭。主要作用還是積極的」。但是僅發行三期，即遭日本政府封禁，顯然亦是遭到日本政府鎮壓社會黨行動所波及。參見吳玉章，《辛亥革命》，（北京，人民出版社，西元 1973 年），頁 94～95。

　　《天義》創刊及「社會主義講習會」的發起，創始者之一的何震認為該刊肩負有兩大使命，即：致力男女平等及鼓吹無政府主義。〔註67〕因此，《天義》同仁除了亟力宣揚無政府主義思想外，爭取男女平權及控訴強權壓榨，亦為《天義》集團另一關懷重心之所在。為宣揚無政府主義思想，《天義》報同仁創立「社會主義講習會」；至於鼓吹女權，探查民隱，《天義》報同仁又分別成立「女子復權會」及「農民疾苦調查會」。

　　女權運動是近代中國重要的社會運動之一。〔註68〕中國女權運動起於戒纏足，其後發展至興女學，組織成立婦女團體。清季婦女組織約略可歸為五類，（一）為與政治運動有關的；（二）為與社會運動有關的；（三）為與女子教育有關的；（四）為與婦女職業有關的；（五）為普通的社會團體。〔註69〕何震所創辦的「女子復權會」即屬於第一類。

　　何震是位極為活躍於留日學界的女性，早年於上海愛國女學時代，即曾以中國的「蘇菲亞」自許。〔註70〕後與劉師培於1907年初東渡抵日本時，適逢日本女權運動先驅福田英子創辦《婦女世界》，鼓吹女權。對於初臨東瀛的何震，受此風潮影響，因而於其思想面產生一定程度的影響。同時期何震又積極與其他日本社會黨人交往，與之交換思想心得。譬如：她曾熱情地參加日本無政府主義「直接行動派」的座談會，會後并與幸德秋水、堺利彥等人通信，討論有關女權及社會主義等問題。〔註71〕

　　何震的女權觀，主要本之於眾生平等的精神。因此，何震首先從中國著手，她廣泛深入地檢討中國傳統思想及社會裡所存有的不平等現象，及如何導致女性地位淪喪與慘遭迫害之因。經過輾轉地推演及追根究底的探索，何震發現傳統中國社會裡之所以會產生男女不平等的現象，主要肇因於學術。因為「上古之世，男子以學自私，既以學自私，由是一切之學術，均發明于

〔註67〕根據何震於〈社會主義講習會第一次開會記事〉中，刊載何震演說大綱。

〔註68〕〈自序〉，李又寧、張玉法主編，《近代中國女權運動史料》，（台北，傳記文學出版社，民國64年），上冊，頁III。

〔註69〕同上，〈導言〉，頁XLVII。

〔註70〕何震〈贈侯官林宗素女士〉，曾云：「獻身甘作蘇菲亞，愛國群推馬利儂。言念神州諸女傑，何時杯酒飲黃龍」。刊於《警鐘日報》，1904年7月26日。蘇菲亞（Sophia Perovskaya 1854～1881）為一女俄國虛無黨員，於1881年主持刺殺俄皇亞歷山大二世行動，揚名於世，事蹟曾屢次出現于清季革命報刊中，成為清季女革命黨員或傾心暗殺主義者崇拜的典範。

〔註71〕〈幸德秋水來函〉，《天義》（影印本），第三卷，頁51～52。

男子。故三代之書，均含有輕女重男之說」。〔註 72〕而「秦漢以下之學術，大抵奉儒家爲依歸。儒家之學術，以重男輕女標其宗」。〔註 73〕因此何震沉痛地斥責：「儒家之學術，均殺人之學術」！〔註 74〕而「羞辱女子者，中國之學術也。戕賊女子者，國之學術也。拘縛女子者，亦中國之學術也」。〔註 75〕其對傳統攻擊之激烈，實不亞於五四時期的反傳統之風。

　　至於何震發自於「平等」精神的女權觀，基本上是源自於無政府主義思想中反抗強權的理念，再推衍對歷代中國女性所處不公不義處境之檢討。何震認爲若欲謀求男女平等，首要之務即是恢復女子身爲人的基本權利，因此何震乃挺身而出，籌組「女子復權會」，以倡導女權爲己任。

　　「女子復權會」成立的詳切日期，今已不可考。時間大致於《天義》報創刊前後，參加者約有百餘人左右。〔註 76〕該會所揭示的宗旨，主要是籲請婦女努力奮鬥，恢復人之與身俱來的權利，以打破千年來的男女不平等。〔註 77〕同年 6 月 10 日何震等人創刊《天義》報，鼓吹女界革命遂成爲該刊主要言論之一。〔註 78〕因此於《天義》報簡章中，明白揭示「實行男女之絕對之平等」爲其基本信條之一。〔註 79〕

　　「女子復權會」的活動與初期《天義》報的言論方向，可謂是互爲表裏。因此日後於《天義》報中，持續出現大批鼓吹女權的文章。根據現今能看到的《天義》報進行統計，鼓吹女權的文章，高達總數的 21.1%。〔註 80〕同時「女子復權會」在何震等人的戮力推動下，成績斐然，於留日女學界造成極大的震撼。因而於 1907 年至 1908 年之間，留日的中國女性在思想上逐漸形成兩大陣營：一是以鼓吹教育、培養女國民、建設新社會爲標的者，以留日女學會職員爲主幹，以發刊《中國新女界雜誌》代表之；另一則是提倡無政府主

〔註 72〕何震，〈女子復仇論〉，《天義》（影印本），第三卷，頁 7。

〔註 73〕同上。

〔註 74〕同上，頁 8。

〔註 75〕同上，頁 20。

〔註 76〕同註 50。

〔註 77〕鮑家麟，〈秋瑾與清末婦女運動〉，收入李又寧、張玉法編，《中國婦女史論文集》，（台北，台灣商務印書館，民國 70 年），頁 270。

〔註 78〕同上。

〔註 79〕〈簡章〉，《天義》（影印本），八、九、十卷合冊，頁 174。

〔註 80〕Chang Yu-fa, *The Effects of Western Socialism on the 1911 Revolution in China*," p.83.

義和社會主義，亟力鼓吹男女平權者，以「女子復權會」和《天義》報爲中心。〔註81〕由此可見「女子復權會」發展之速及影響之巨。

至於「農民疾苦調查會」的成立，主要著眼於中國向來以農立國，幅員廣大，農民人數最眾，亦以農民生活最苦。惜農民困厄之狀，鮮有知識份子將其宣於口，筆於書。《天義》報同仁有見於此，本乎無政府主義爲被壓迫者伸張權利的理念，遂將其關懷目光轉向中國農民所罹的疾苦之上，希望透過「農民疾苦調查會」的設立，「舉官吏、富民之虐，據事直陳，以籌農民救濟之方，兼爲申儆平民之助」，〔註82〕期盼經由國內關切農民生活疾苦人士之手，揭發存於農村社會中的種種弊端及陋規，以爲廣大農民謀求更大的福祉。

「農民疾苦調查會」的活動，可分兩大方向進行。一爲廣泛搜集現今中國社會的農業狀況；另一則是探索民隱，爲農民打抱不平。前者活動範疇可依下列三項原則進行：（一）以「本境之人述本境人民之況爲原則」，并希望有心擔任調查者「所陳之事，均以本邑爲限，或以他鄉所目睹之事爲憑」，以示愼重；（二）詳細調查當地耕作田畝實數，農人數字及每畝產穀之平均數，藉此掌握各地農業生產客觀的背景資料；（三）調查糧穀輸出之數，或比較近歲之數與前歲之數，透過比較數據，觀察該地區農業發展的情況。以上三事屬於農業生產實務的調查，偏重於資料收集性質。至於農民所罹之疾苦調查，可由四端進行：（一）爲揭發官吏非法橫征及胥吏苛擾之事；（二）爲調查田主虐待之事及私稅所納之額；（三）爲探索凶荒飢饉之況；（四）爲描述耕耘割穫之苦。〔註83〕

調查會成員均屬自願性質，祇要有心爲困阨的農民謀求福祉者，均可將其所見所聞記錄下，寄交《天義》報社。報社同仁計劃將調查報告及相關資訊，每半年爲一期，依其資料類別彙整成冊，大量印刷散發，以爲農民所受之疾苦伸訴。

「農民疾苦調查會」於 1907 年 10 月下旬發起成立，由於處在草創時期，活動似乎未能全面推展。根據資料顯示，於「社會主義講習會」歷屆演講會中，祇有一次以〈湖北、江蘇農民之苦狀〉爲報導專題。至 1908 年 4 月接續《天義》報的《衡報》出版後，纔於《衡報》上陸續披露「貴州農民疾苦調

〔註81〕 李又寧，〈中國新女界雜誌的創刊及內涵〉，收入李又寧、張玉法編，《中國婦女史論文集》，頁 206。
〔註82〕 〈農民疾苦查會章程〉，《天義》（影印本）八、九、十卷合冊，頁 313。
〔註83〕 同上，頁 313～314。

查」及「川省農民疾苦談」兩篇調查報告，但是對於當時的社會并未產生太大的影響。〔註84〕

　　1908年3月後《天義》報停刊，「社會主義講習會」也終止活動，旅日的無政府主義運動似乎轉趨沉寂。4月間劉師培與章炳麟之間又因私事交惡，對於當時無政府主義的推展，尤為一記沉重的打擊。至於此一事件的來龍去脈，一般說法皆認為劉、章友誼的破裂，主因起於劉妻何震。根據熟悉內情的汪東之說法，劉師培僅是一位單純的讀書人，不太通人情事理，終日祇知埋首著述。至於妻子何震則「既好名，而又多慾」，她一方面利用劉師培能寫文章，嗾動劉師培替她辦《天義》報；一方面又對劉師培不滿足，而行為放蕩，以致引起汪公權趁機勾引。此段私情為章炳麟探知，私下告訴劉師培。不料反而引起劉師培誤會，導致劉、汪、何三人均對章炳麟不滿。〔註85〕結果劉、章之間數載友誼，毀之一夕。另外根據章炳麟本人的說法：

　　　　儀徵劉生（師培）……獨苦年少氣盛，喜受浸潤之譖。自今歲（西
　　　　元1908年）三月後，讒人交構，莫能自主，時吐謠涿，棄好崇仇。
　　　　一二交游為之講解，終勿能濟。〔註86〕

劉章絕交，章炳麟隨即搬離《天義》報社，重回《民報》社。二個月後，章氏於《民報》上發表〈排滿平議〉一文，文中內容已明白表示與無政府主義派徹底決裂。〔註87〕

　　1908年初，張繼離日，不久又相繼發生章劉絕交、《天義》停刊、「社會主義講習會」活動不再等事件，旅日無政府主義同志在此迭次沉重打擊下，無政府主義聲勢遂一蹶不振。但是劉師培却出人意外地於同年4月28日獨力創辦《衡報》，繼續鼓吹無政府主義思想。《衡報》創刊後，為避免日本警方干涉，乃偽稱於澳門出版。至於《衡報》所揭示宗旨有四：（一）顛覆人治，實行共產；（二）提倡非軍備主義及總罷工；（三）記錄民生痛苦；（四）與世界勞工團體及直接行動派的民黨連絡。〔註88〕就其宗旨與《天義》宗旨比較，

〔註84〕吳雁南，〈劉師培的無政府主義〉，貴州社會科學編輯委員會編，《貴州社會科學》，（貴陽，人民出版社，西元1981年），第五期，頁57。

〔註85〕汪東，〈同盟會和民報片斷回憶〉，收入文史資料研究委員會編，《辛亥革命回憶錄》，（北京，文史資料出版社，西元1981年），第六集，頁29～30。

〔註86〕章炳麟，〈與孫仲容書〉，收入《劉申叔先生遺書》，（一），頁9。

〔註87〕陶菊隱，《籌安六君子傳》，頁126。

〔註88〕小野川秀美，〈劉師培の無政府主義〉，收入《晚清政治思想研究》，頁391。

內容大致類同，并無新意。《衡報》出版至第十一期，又因鼓吹無政府主義而
橫遭日本政府封禁。劉師培於迭遭挫折後，乃於 1908 年底返回中國，政治態
度遽變，正式投身滿清大吏端方門下，與無政府主義運動完全斷絕關係。至
於《民報》於 1908 年 10 月發刊第二十四期時，日本政府徇清廷中美聯盟專
使唐紹儀之請，藉口該期中刊載湯公介〈革命之心理〉一文，涉及宣揚無政
府主義，鼓吹暗殺主義，有破壞治安之嫌，遂強行取締封禁。〔註 89〕留日學
界革命氣氛一時間陷於沉寂，昔日聲光交輝的無政府主義運動，盛況亦不再。

第二節　世界社的創立及其活動

　　「世界社」創立于 1906 年，該社機關報《新世紀》週刊則於次年 6 月發
刊。〔註 90〕《新世紀》發刊明白揭示其宗旨為鼓吹無政府主義，並積極於文
字上闡揚發揮，因而成為清季國人有計劃倡導無政府主義思想的另一支，於
革命陣營影響甚鉅，。至於「世界社」所秉持的無政府主義理念，與遠在日
本的同志有異，因其直接來自於近代無政府主義萌發地---法國的啓迪，思想
內涵尤其完整與豐富，因此對於許多人產生頗為深遠的影響，蔡元培即認為：

　　　　（清季）天演論出版後，「物競」、「爭存」等語，宣傳一時，引起一
　　　　種「有強權無公理」的主張。同時，有一種根據進化論的學說，從
　　　　法國方面輸進來，這是高陽李煜瀛發起的。……（他們）發行一種
　　　　《新世紀》的革命報，不但提倡政治革命，也提倡社會革命，學理
　　　　上是以《互助論》為根據。〔註 91〕

　　觀察民國以來，國人行文言談之間，無政府主義慣用的辭彙如：「自由」、
「互助」等，動輒脫口而出，似成不變之宗教，由此可見無政府主義思潮影
響國人之深。

　　「世界社」主要核心成員為：吳敬恆、李煜瀛、張人傑等。由於三人身

　　　　及馮自由，《革命逸史》，第二集，頁 228。
〔註89〕曼華，〈同盟會時代民報始末記〉，收入《民報》，（台北，黨史會，民國 57 年），
　　　　第一冊，總頁 0006。永井算巳，〈民報封禁事件〉，《東洋學報》，第五十五卷，
　　　　第三號，1972 年 12 月，頁 44～47。
〔註90〕李煜瀛，〈石僧筆記〉，收入《李石曾先生文集》，（台北，黨史會，民國 71 年），
　　　　下冊，頁 93。
〔註91〕蔡元培，〈五十年來中國之哲學〉，收入《蔡元培先生全集》，（台北，台灣商
　　　　務印書館，民國 57 年），頁 546。

世、思想背景及環境際遇的不同，以致於「世界社」的創設及奮鬥過程中，各人所扮演的角色及影響層面亦有異。此種歧異性，可由《新世紀》所刊載文字內涵的差異，明顯地透露出。三人之出身背景分別如下：

李煜瀛字石曾，河北高陽人，生於光緒 7 年（西元 1881 年），出身官宦世家。父李鴻藻貴爲帝師，但李鴻藻生性耿介，對於李煜瀛日後行徑，影響頗深。根據李煜瀛回憶：

> 家庭教育中，父之言行「反官僚」，時常不知不覺的流露，或無意識潛意識的表現出來。父親爲人忠厚溫和，惟對作官者之鑽營，深痛惡絕，謂爲「鑽狗洞」等等。在我不知不覺中受了這種影響，已種下不作官的根苗。〔註92〕

後來李鴻藻聘請維新之士齊楔亭擔任家庭教師，教導子姪輩。齊楔亭的教育方法是「廢止館閣體之教育，從事於溫故知新之學，小學、地理、天算以及諸多西學，與週遊世界研習，鼓勵一新之精神」。〔註93〕至於齊楔亭本人，原本是位維新運動信仰者，痛遭戊戌之變刺激，轉而傾心革命。因此時常對李氏子弟講述革命黨人事蹟，而「孫逸仙與吳稚暉大名得聞焉」。〔註94〕受此影響，遂使李煜瀛的思想驟然開通，毅然決心棄絕傳統仕途，遠赴歐洲，求取新知。出身官宦世家的李煜瀛，思想行爲產生如此突變，亦可見啓蒙教育對人們的影響之深。

1902 年，李煜瀛、張人傑等人隨同駐法公使孫慕韓一道前往法國。於上海候船期間，李煜瀛曾與曹汝霖、夏霜秋等連袂拜望心儀久已的吳敬恆。二人一見如故，言之甚歡。〔註95〕李煜瀛於上海登船後，旅途上於「舟中每餐以及朝夕必談革命，另與其他三人於舟中爲一革命團體雛形」。〔註96〕但是此時李煜瀛的革命思想，基本上仍是一種發自於民族主義，而又充滿英雄主義色彩的革命觀。〔註97〕

〔註92〕李煜瀛，〈石僧筆記〉，頁 97。

〔註93〕李煜瀛，〈李著李鴻藻先生年譜重文館藏本題注〉，收入《李石曾先生全集》，下冊，頁 431～432。

〔註94〕同上。

〔註95〕李書華，〈李石曾先生家世及少年時期〉，《傳記文學》，第二十四卷，第一期，民國 64 年 7 月，頁 13。

〔註96〕李煜瀛，〈張靜江先生的革命史蹟〉，《中國一周》，第三十一期，民國 39 年 11 月 27 日，頁 70。

〔註97〕根據李石曾回憶：「初到法後，見軍校學生著制服，丰姿可觀，一時意念之幻

　　李煜瀛抵法後，入蒙達尼城農業實用學校（Ecole Pratiqued' Agriculture, Montargis）預備科就讀。後入巴黎巴斯德學院（Institute Pasteur）隨柏爾唐（Gabriel Emile Bertrand 1867～1962）研究生物化學，特別從事於大豆的研究。遊學巴黎期間，李煜瀛於住家附近的餐廳中，常遇到地理學大師邵克侶（Paul Reclus），并得結識其叔愛利斯‧邵克侶（J. Elisee Reclus 1830～1905）。愛利斯‧邵克侶亦為一地理學大師，與無政府主義運動之核心人物克魯泡特金交誼極深。當克魯泡特金的經典著作《互助論》出版時，即是請愛利斯為序，由此可以證之。二位邵克侶頻將克魯泡特金所著《互助論》、陸謨克（De Monet De Lamarck）所著《生物互助並存論》、居友（J. M. Guqau）所著《自然道德論》，與之介紹宣揚，李煜瀛聞而樂之。〔註98〕李煜瀛思想乃「由學農而研究生物學，由生物學而研究（陸謨克）〔註99〕的動物哲學，又由動物哲學而引到克魯泡特金的《互助論》……信仰《互助論》，幾與宗教家相像」，〔註100〕此一轉變奠定其一生精神、生活及「世界社」理論體系的基礎。〔註101〕

　　張人傑字靜江，浙江吳興人，上海張園主人之子，家財豐贍。光緒26年抵北京，透過黃思永（愼之，李鴻藻門生）、中慧（秀伯）父子介紹，與李煜瀛一見如故而訂交。〔註102〕後夤緣得充清廷駐法使館館員，於1902年與李煜瀛等人，隨同駐法公使孫慕韓一道赴法。後於巴黎成立通運公司，專門經營巴黎、上海之間中國古董貿易，獲利極豐。至於張人傑革命思想始念之萌發，已無明確資料記載可供參考，但是至少於1902年前往法國途中，應已具有強烈的革命傾向。〔註103〕

　　張人傑抵法後，生活形態與李煜瀛迥然不同。其積極從事商業，除創設

　　　　想，擬習軍而達革命之願望」。由此可知李氏當時固有革命的傾向，卻並不具有絲毫的無政府主義氣息。參見氏著，〈擴武自述〉，《李石曾先生文集》，上冊，頁437。

〔註98〕楊愷齡，《民國李石曾先生煜瀛年譜》，（台北，台灣商務印書館，民國69年），頁18。

〔註99〕陸謨克（De Monet De Lamarck）的生平及理論，可參閱拍立耶著，蔣丙然譯，《拉馬克傳》，（台北，台灣商務印書館，民國62年）。陸氏認為「互助」為進化原動力的主張，對於日後克魯泡特金的思想，具有很大的啟示作用。

〔註100〕同註3。

〔註101〕同註9。

〔註102〕陶英惠，〈記民國四老〉，《傳記文學》，第二十三卷，第五期，民國64年5月，頁20。

〔註103〕馮自由，《革命逸史》，第二集，頁223。

通運公司，後又創辦銀行，財力基礎十分雄厚。日後挹注革命，更是不餘其力。至於張人傑的革命理念由早期民族主義式的革命觀，轉而傾慕無政府主義的革命理論。其間轉折過程，從間接資料判斷，李煜瀛居於關鍵地位，是無可置疑的。日後李煜瀛、吳敬恆、張人傑等人，聯合創設「世界社」，并發行《新世紀》週刊，專倡無政府主義，其資本多由張人傑任之，無怪乎馮自由譽稱張人傑爲「《新世紀》主人」。〔註104〕

至於吳敬恆的身世經歷，却與李、張二人大相徑庭，因而也可說明日後所流露的思想傾向，迥然有異之緣由。吳敬恆原爲科舉出身的傳統士子，後來受到甲午慘敗的刺激，轉而傾心康梁的維新變法運動。不久戊戌政變，維新事業全毀。接著是庚子之役的衝擊，吳敬恆乃決定東渡日本，研習新學。當時吳敬恆的思想傾向，仍屬調和緩進，不贊同驟然地全盤變動。他認爲：「新思想者見外國情，歸易與舊想人爭一爭，則半生精力去。不如以新思想勻入舊思想，令舊人漸有新思想，庶國家秩序可常，百年之計可當」。〔註105〕由此可見，其思想中所蘊涵的調和色彩，仍是十分濃厚的。這種調和色彩的思想，若表現於政治上，即是：「雖從溫和的維新黨變成激烈維新黨……終還忘不了要扶持光緒皇帝」。〔註106〕同時對於革命黨人及革命運動的本質，吳敬恆也誤解頗深。〔註107〕1902年吳敬恆因爲保送學生入軍校被拒，與清廷駐日使館發生衝突而被強制遣送回國，思想爲之不變。1903年「《蘇報》案」發生，吳敬恆橫遭通緝，乃倉皇逃離上海計畫遠赴海外。途經香港時，在陸煒士、方子仁、莊思緘等人協助下，決定前往英國。

旅英期間，吳敬恆對於革命運動的演變，并未放棄關注之心。根據吳敬恆日記的記載，1903年至1904年間，吳敬恆透過友人協助，仍可大量地閱讀到《浙江潮》、《游學譯編》、《江蘇》、《醒獅》、《國民日日報》等革命刊物。至於西方的學術思潮，由於初抵英國，受到語言的限制，吳敬恆顯然是沒有

〔註104〕同上，頁224。

〔註105〕吳敬恆，「民前十一年日記」，收入《吳稚暉先生全集》，（台北，黨史會，民國58年），第十二卷，頁668。

〔註106〕吳敬恆，〈我亦一講孫中山先生〉，收入《吳稚暉先生全集》，第七卷，頁302～303。

〔註107〕早期的吳敬恆囿於傳統價值觀，對於孫中山誤解極深，根據吳氏回憶：「起初不滿意孫文，就因爲他不是科舉中人，不是經生文人，并且疑心他不識字。」同上，頁303。

能力吸收西方原典的精義。根據記載雖然他也曾興致勃勃地前往公園聆聽社會黨人的演說，〔註108〕但是卻無任何資料足以證明當時他對於社會主義瞭解的程度，遑論盛行于歐洲大陸的無政府主義思想了。

　　至於當時留歐學界，除比利時一地較爲開通外，由於柏林地區留學生多爲滿人子弟，思想份外保守。巴黎地區環境複雜，留學生則良莠不齊。倫敦氣氛更是閉塞，因此，留歐學界革命氣氛極爲沉悶。〔註109〕及至1904年冬，朱和中、賀子才等人經由旅日的劉禺生居間連絡，邀請孫中山抵歐訪問。孫中山由美抵達比利時，欣然與留學生會面，并且就革命策略、理論及方向，與留學生們展開三日三夜的大辯論。最後確立孫中山日後以連絡知識份子爲主及籌組革命組織的工作方向。不久在孫中山的指導下，歐洲同盟會於比京成立，〔註110〕從此，旅歐留學界的革命氣氛逐漸勃興。

　　由於吳敬恆、張人傑二人皆與李煜瀛熟識，經由李煜瀛居間通氣息，故兩人心儀久矣。1905年7月，張人傑由法抵英，由於兩人皆屬豪邁不羈之人，性格頗爲接近，乃一見如故。同時張人傑邀請吳敬恆擇日前往法國，共商革命大勢。〔註111〕同年8月吳敬恆抵法，與張人傑、李煜瀛晤談未來革命應採何種方式。於討論革命宗旨及策略之際，吳敬恆、李煜瀛二人曾發生激烈的衝突。吳敬恆堅持以「革命排滿」爲奮鬥的原則，李煜瀛則認爲「革命排滿不過民族革命而已。要擴大範圍世界革命，改造社會。主張自由思想，反對一切權力」。強調應秉持「克魯泡特金、巴枯寧理論，進行無政府主義革命」。〔註112〕由於「排滿革命」源自於「種族主義」情懷的延伸，「無政府主義革命」則主張棄絕任何狹隘的種族主義思想。二者間不可規避的緊張性（tension），導致吳敬恆聽罷李煜瀛的主張後，「大爲不悅，想捲起鋪蓋回倫敦」。〔註113〕

〔註108〕吳敬恆，〈日記〉，1904年9月11日，收入《吳稚暉先生全集》，第八卷，頁827。

〔註109〕張玉法，《清季的革命團體》，頁304。另參閱史青，〈留比學生參加同盟會的經過〉，收入《辛亥革命回憶錄》，（北京，文史資料出版社，西元1981年），第六集，頁21。

〔註110〕朱和中，〈歐洲同盟會紀要〉，收入《革命文獻》，（台北，黨史會，民國42年），第三輯，頁117。

〔註111〕同註13，頁21。

〔註112〕蕭瑜，〈李石曾先生〉，收入《李石曾先生紀念集》，（台北，出版時間不詳），頁234～235。

〔註113〕同上。

吳敬恆認爲：「克巴理論雖好，實現恐在三千年後，如今用它，事實上行不通」。李煜瀛則以「行不通的不行，總該向這原則行去」爲由，試圖說服吳敬恆。最後二人折衷約定「最近於原理，無背於事實」的原則。〔註114〕經由此次大辯論，可知「世界社」日後步上鼓吹無政府主義之途，李煜瀛實爲始念的啓動者。

1905 年底張人傑、吳敬恆、李煜瀛等發起籌組「世界社」。次年 12 月張人傑再赴英國，邀請吳稚暉一同返法，〔註115〕正式成立「世界社」。「世界社」社址設於巴黎達盧街二十五號（25, Rue Dareau, Paris），并著手籌組中華印字局於巴黎健康街八十三號（83, Rue dela Sant'e），積極籌備發行畫刊。〔註116〕世界社所揭示的宗旨爲：

> ……圖所以補救之。蓋教育之不可以不平等也，如是方迴顧亞東一隅，有四萬萬人口之中華，其中不識字者，居其大多數；多數識字者之中，僅能爲應用之筆札，而不足以語於學問者，又居大多數；少數學者之中拘牽於古代煩瑣之哲學，摹擬之文詞，而不敢染指於新世界之學術者，又居其大多數；少數之致力於新學術者，求其悅舊莘新，能與世界學術家比肩而爲將來文化之導師，則又大率謙讓而未皇……
> 由今之道，無變今之俗，比附贅之人物，其得免於淘汰也僅矣。

簡而言之，即「傳布正當之人道，介紹眞理之科學」。〔註117〕

世界社成立後，又發行《新世紀》（Le Siecle Nouveau）週刊爲其機關報。《新世紀》創刊於 1907 年 6 月 22 日，發行所在地爲巴黎侶濮街四號（4, Rue Brace, Paris）。紀年則採用新世紀七年，附以西曆，以示不承認清廷。從 1907 年 6 月 22 日至 1910 年 5 月 21 日，《新世紀》共發行一二一號，內中以李煜瀛、吳敬恆二人的文章爲主，二人文章總數超過全數之半。〔註118〕《新世紀》主張發揚人類公理，并鼓吹革命以去除罪惡的政府。因此《新世紀》第

〔註114〕同上。
〔註115〕吳敬恆，〈日記〉，收入《吳稚暉先生全集》，第十二卷，1906 年 12 月 26 日，頁 1017。
〔註116〕同註 9，頁 18。
〔註117〕李煜瀛，〈與吳稚暉發起世界社之意趣及簡章〉，收入《李石曾先生文集》，上冊，頁 217～218。
〔註118〕《新世紀》一二一期中，約有六八七篇文章，其中吳敬恆有一五三篇，約佔總數 22.3%。李煜瀛有二一〇篇文章，約佔總數 30.6%。二人文章合計佔總數的 52.9%，已過半數。

一號發刊趣意中，明揭：「本報議論皆憑公理與良心發揮，冀爲一種刻刻進化，日日更新之革命報……純以世界爲主義，同人之意以爲苟能發願與世界種種之不平者爲抵抗，一切自包其中」。〔註 119〕《新世紀》集團又本之於無政府主義，主張社會革命與政治革命。政治革命方面籲請國人奮起推翻滿清，然而其排滿的理念卻是基於排斥政府體制之原理，并非單純地從種族主義著眼。〔註 120〕《新世紀》同仁雖然一再地斥責軍國主義，但是卻又矛盾地主張應暫時擴充軍備，用以誅除人道之敵，〔註 121〕流露出其部份理念的欠缺週延。關於社會革命方面，《新世紀》同仁主張以罷工對抗資本家，并且提倡大同主義，發揮互助精神，崇尚人道、自由、平等與博愛。〔註 122〕又提倡男女平權，主張改革家庭及婚姻制度。同時也反對現有的宗教及法律，認爲宗教乃是箝制人類心靈的工具。〔註 123〕

《新世紀》同仁所秉持的無政府主義革命觀與民族主義革命派之間，於理論及實踐層次上，必然存有無可規避的衝突焦點。因此，當《新世紀》集團高舉無政府主義大纛之際，引起許多民族主義派革命黨人的疑懼，紛紛斥責《新世紀》集團所秉持的無政府主義理念，擔憂會阻礙革命大業的擴展。1907 年 6 月，當吳敬恆將《新世紀》的宗旨告知友人馬君武時，馬君武即曾企圖阻止吳敬恆等人發行《新世紀》。另外朱和中等人，更是認爲 1907 年至 1908 年之間，巴黎之革命空氣由盛而衰，主要歸咎於「李石曾爲無政府黨所引誘，以浪漫派普魯東、巴枯寧爲神聖，尊崇其說，吳敬恒不通歐洲文字，亦盲從之。對於革命轉趨冷淡，甚至由冷淡而誹謗。所出《新世紀》，反叛孫文、黃興……於是眞革命份子，莫不氣短。豆腐公司亦只成爲商業，無革命之意義……國內民氣已張，反不似巴黎之消沉。思想皆一致，反不如巴黎之雜亂……浪漫派無政府主義之盲從者，仍懵然罔知」，〔註 124〕對巴黎無政府主義派的批評，可謂是極其嚴厲了。

《新世紀》於巴黎積極發刊的同時，張人傑回到上海進行革命宣揚活

〔註 119〕〈新世紀發刊之趣意〉，《重印巴黎新世紀》（以下簡稱《新世紀》），（上海，世界社，民國 36 年），第一號。
〔註 120〕夷，〈致愛新覺羅載澧書〉，《新世紀》，第一百號。
〔註 121〕眞，〈與友人書論新世紀〉，《新世紀》，第三號。
〔註 122〕眞，〈駁新世紀革命叢書附答〉，《新世紀》，第五號。
〔註 123〕〈祖宗革命：家庭革命之一〉，《新世紀》，第二號。
〔註 124〕同註 21，頁 128～129。

動。首先張人傑於上海望平街成立世界社上海分社，責成周伯平、周佩箴主持社務，趙菊椒、趙南士負責財務，發行《世界畫報》，由張人傑之妻姚蕙擔任發行人。第一期即印刊一萬冊，內容「刊載介紹世界名人、近代偉人之學術思想，以及重要科學之發明」，就當時印刷水準而言，刊載圖文相當講究。〔註125〕後來又陸續出刊第二期，並且發行《夜未央》、《鳴不平》等書，闡釋宣揚無政府主義理論。〔註126〕李煜瀛也於1908年返回上海省親時，順道考察社務。據他調查：「近日世界已銷至四千餘份，在滬銷者居半，北京及他省機關均未設。不過帶手賣去幾冊，賣出之數，已能及此，較外交等數年之舊報銷數加倍。是見世界之銷路不爲壞，且滬上世界之聲名爲印刷之冠」。〔註127〕《世界畫報》於上海銷售，就革命運動史而言，尤其另具深意。因爲自「《蘇報》案」後，上海地區重要黨人無法立足，宣傳刊物亦被禁止。當《世界畫報》一出，上海住民深感訝異，〔註128〕革命情緒爲之一振。

　　張人傑於上海時期，極爲活躍。平日與友朋上下古今無所不談，時而講述法國大革命的故事；時而敘述社會黨及無政府黨的活動情形；時而又說明歐洲新聞事業之發展與組織或是世界名人軼事。許多無政府主義理念，經由這些言談間而源源不絕地流入國內，對於這些孤處上海而傾心革命者，影響甚深。日後于右任回憶時，即深感當時自己雖然未能遠赴海外遊，卻能由張人傑處，得以補充世界知識爲樂。〔註129〕

　　張人傑於上海，除了設立世界社上海分社，結交黨人宣揚無政府主義外，并且以財力積極支援革命黨的活動。如：同年7月，革命黨人籌畫於廣西鎮南關舉事，張人傑曾匯五千元至香港《中國日報》社，請代爲轉交。〔註130〕另外張人傑又支持革命黨人於上海辦報，當于右任於上海創辦《民呼日報》，張人傑即應允以世界社爲後盾，全力支援。根據《民呼日報》出版告白云，凡定報半年或全年者，均分別贈送世界社圖書或書券若干，即是爲張

〔註125〕楊愷齡，〈張靜江先生年表節錄〉，收入世界社編，《張靜江先生百歲誕辰紀念集》，（台北，世界社，民國65年），頁8～10。

〔註126〕馮自由，《革命逸史》《，第三集，頁314。

〔註127〕李煜瀛，〈告滬上近狀致吳稚暉函〉，《李石曾先生全集》，下冊，頁290。

〔註128〕劉延濤，《民國于右任先生年譜》，（台北，台灣商務印書館，民國70年），頁144。

〔註129〕同上。

〔註130〕馮自由，《中國革命運動二十六年組織史》，（上海，商務印書館，民國37年），頁45。

人傑、周伯年之餽贈品。〔註 131〕不久《民呼日報》停刊，于右任等又另創《民吁日報》，鼓吹革命。後因觸及清廷禁忌，于右任遭捕下獄，張人傑并延請律師營救。出獄之日，張人傑驅車迎接照料，並且支助于右任東渡日本。〔註 132〕于右任日後回憶時，不禁慨然而云：「（張人傑）不僅爲經濟之挹注，而尤多精神之鼓勵」。〔註 133〕

　　至於《新世紀》同仁與同盟會之間的關係則是極其微妙的，若依據《民報》所揭櫫的六大主義及同盟會所汲汲於奮鬥的目標，革命陣營應是很難包容《新世紀》同仁們所堅持的無政府主義信念。但是於世界社創立前後，吳敬恆、張人傑、李煜瀛等人卻分別陸續加入同盟會。其關鍵之所在，主要緣由孫中山的包容所致。孫中山夙來以勤學博知聞名於世，其很早即對克魯泡特金的《互助論》產生興趣，因爲克魯泡特金《我底自傳》一書，出版於《互助論》之前，克魯泡特金曾將是書陸續發表於流寓英國的俄國革命黨人所辦刊物《十九世紀》（*Nineteen Century*）之上，書中對日後發行的《互助論》之要旨，多有所發揮。當時孫中山適旅居英國，又曾與俄國革命黨人往來，自有可能接觸到《十九世紀》等刊物，因此孫中山應該於此時已涉獵了克魯泡特金思想之微意。〔註 134〕另外根據孫科回憶，早年由於孫中山從事革命，家屬受牽連而於廣州無法居住下去，遂舉家遷往檀香山。旅居檀香山期間，有一日孫中山交與孫科兩本書，皆爲克魯泡特金的英譯著作，即爲《糧食問題之解決》及《互助論》二書。第一本書主要闡釋世界糧食應公平分配，社會纔可能安定，若僅是從節制人口一途著手，其結果亦是枉然。《互助論》則是說人類和其他動物之別，在於是否知道互助，孫中山「當時對這種學說頗有興趣」。〔註 135〕對於無政府主義思想，孫中山的立場更爲超脫。因爲孫中山夙來主張言一問題，必就實際上求其原因結果之關係，必言其所以然，而不僅言其當然。「解決社會問題要用事實做基礎，不能專用學理的推論做

〔註 131〕馮自由，《革命逸史》，第三集，頁 314。

〔註 132〕同註 36，頁 44。

〔註 133〕同註 39。

〔註 134〕吳相湘，〈國父生平研究的二、三心得〉，收入氏著，《近代史事論叢》，（台北，傳記文學出版社，民國 67 年），頁 94～96。另外參見 A.H.赫菲茨，〈二十世紀初俄中兩國人民之間的革命聯系〉一文，刊於《史學譯叢》，（北京，人民出版社，西元 1957 年），第五期，頁 108～117。

〔註 135〕孫科，〈總理愛看的書〉，重慶，《中央日報》，民國 33 年 11 月 12 日。

方法」。〔註136〕因此，他認爲「無政府論之理論至爲高超純潔，有類於烏托邦（Utopia），但可望而不可及，頗似世上說部所談之神仙世界。吾人對於神仙，既不贊成，亦不反對，故即以神仙視之即可」。〔註137〕因爲孫中山的體諒與包容，革命陣營爲尊重世界社同仁思想信仰的立場，往往於支節末流上，儘可能寬容變通。吳敬恆、張人傑、李煜瀛、褚民誼等人因此而陸續加入同盟會。因此二派志士雖然心靈所繫的終極目標有遠近之別，但是統御在反抗暴政壓迫的近程共同目標──「清廷」之下，二派乃巧妙地結合爲一體，同心協力進行「倒滿」運動。尤其「《新世紀》於巴黎斥強權、尊互助，於各國政府皆無恕詞。對滿清更恣情毒罵，雜以穢語，使中國從事帝王神聖之思想，遇之如服峻劑，去其積滯」。〔註138〕至於胡漢民於新加坡《中興日報》上發表〈近代中國革命報之發達〉一文，最足以流露出一般革命黨人對於《新世紀》的觀點：

> 「《新世紀》……以科學爲鏡，以公理爲衡，以進化爲鞭，以人道爲軌，舉現世之所謂政治社會之組織，而反對之。其究極使人各盡所能，各取所需爲歸；其言若過高遠，與言種族革命、政治革命者不能盡同。然其所操本之道術則合……革命之事，千條萬緒，非一端所能盡，要其精神，則一貫而本諸自由、平等、博愛之理。夫是故雖反對軍國主義，然以人民抗政府而興革命軍者，則其所最贊成也。反抗強權爲其必用之方法，而滿政府則爲挾持強權之大蠹。故傾覆滿洲政府，亦其所同意者也。今若謂《新世紀》爲革命報之一，雖不能賅括其內容，然其名實亦自不相悖耳」。〔註139〕

由此可知，晚清革命集團之間，無論是理論認知或手段策略，縱然存有某種理論層面的歧異性，但是統御在倒滿革命的主導理念之下，歧異所衍生的衝突，似乎份外容易調和淡化。

　　《新世紀》創刊未久，因爲內容激進，言辭激越，引起北京清廷的注目。以其煽惑人心爲由，積極籌謀禁阻。擬透過外交途徑，要求法國政府封禁。

〔註136〕胡漢民，《胡漢民自傳》，（台北，傳記文學出版社，民國58年），頁17。
〔註137〕馮自由，《革命逸史》，第三集，頁217。
〔註138〕同註47，頁75。
〔註139〕胡漢民，〈近年中國革命報之發達〉，《中興日報》，新加坡，1909年1月19日。

但因囿於法國法律,未能得逞。〔註 140〕《新世紀》雖然免除清廷禁阻的陰謀,但因世界社不堪長期虧賠,財務狀況陷入困窘之境。1909 年 9 月 22 日擔任財務重責的張人傑深感不堪負擔,乃致函吳敬恆,欲辭去於《新世紀》中所擔任的職務,并要求吳敬恆料理《新世紀》善後。〔註 141〕其後《新世紀》又斷斷續續地出了八期,由於衍期所致,竟然拖了八個月,週刊也幾乎成為月刊。直至 1910 年 5 月 21 日第一二一號出刊後,終因賠累太多,而與《世界畫報》同時停刊。此後吳敬恆重返英國,專事譯著。至於李煜瀛則在 1911 年夏,返回中國,往來北京、天津、上海間,並且積極連絡黨人,在天津創立京津同盟會,推選適被釋放出獄的汪兆銘擔任會長,李煜瀛任副會長,共同主持會務。并於北京創辦《民意報》,積極從事革命活動。武昌革命爆發前後,於中國北方的革命運動中,扮演著一個極為重要的角色。

　　根據京津同盟分會章程,該會以「發起革命軍為目的,故其組織皆帶決死之性質」。〔註 142〕為達此一目的,除設正副會長各一人外,又分設軍事、庶務、財政、司法、文牘、外交、交通、暗殺等八部。其中暗殺部的創設,可謂無政府主義運動中,「行動宣傳」(Propaganda by the Deed)派理念遺緒之體現。他們深信「北方事不易為,惟暗殺較有把握」,〔註 143〕遂成立暗殺部,其有男女同志二十餘人,積極籌劃暗殺計劃,靜待適當時機的來臨,給予清廷致命一擊。最初汪兆銘等人欲藉和平方式聯袁倒清,所以暗殺部暫且按兵不動。〔註 144〕及至武昌革命爆發,聯袁倒清政策遲滯不進。加以灤州起事失敗,京津同盟會會員見於北方軍事革命一時無力再舉,遂革命行動方針轉向為暗殺,乃有刺袁世凱,誅良弼,炸張懷芝諸壯舉。〔註 145〕京津同盟會的三次暗殺活動,最直接的反應,即是袁世凱恍然而放棄依違革命黨與滿清之間的政策,積極進行和議。另外良弼之死,對於保守頑固的宗社黨,

〔註140〕李書華,〈辛亥革命前後的李石曾先生〉,《傳記文學》,第二十四卷,第二期,民國 64 年 8 月,頁 43。

〔註141〕吳敬恆,〈民前三年日記〉,收入《吳稚暉先生全集》,第十二卷,1909 年 9 月 22 日,頁 1101。

〔註142〕〈中國同盟會京津分會章程〉,黨史會庫藏原件。

〔註143〕歐陽雲,〈炸前清內閣紀實〉,收入《開國文獻革命之倡導與發展(五)》,第一編,第十三冊,頁 717～718。

〔註144〕林能士,〈京津同盟會與辛亥革命〉,《中華文化復興月刊》,第十二卷,第一期,民國 68 年 1 月,頁 22。

〔註145〕同上,頁 26。

尤爲一記嚴厲的警告，因而宗社黨人人自危，不敢再公開倡言反對革命。當
袁世凱以「近畿迭出暴舉，足徵革命勢力已及肘腋，此後禍變將防不勝防」
〔註 146〕，恫嚇慶親王奕劻。奕劻告知隆裕太后，清室震驚，由是遜位之局
乃定。〔註 147〕

〔註 146〕馮自由，《革命逸史》，第二集，頁 308。
〔註 147〕同註 55，頁 27。另外參見齊如山，〈自傳〉，收入《齊如山全集》，（台北，聯
　　　　　經出版公司，民國 64 年），第七冊，頁 4081。

第五章　《天義》及《新世紀》的言論分析

　　《天義》報與《新世紀》為清季西方無政府主義思流入中國的兩大脈絡。二者不約而同地出現於 1907 年，固可視為晚清時代思潮步入激進之境後的必然反應。但是，由於始念萌發的不同，環境背景的差異及參與者的個人因素，導致二派雖然皆高舉無政府主義大旗，卻呈現出兩幅截然不同的景象。此種歧異性，可由「社會主義講習會」及「世界社」所扮演的角色及影響，得以證之。至於從其言論內涵及理論取向進行探索分析，尤可因為內在理路的釐清，對於外在變動的緣由，提出更為貼切的答案。如此，不僅可以準確地描繪出清季無政府主義運動的真象；亦可為近代思想界的流變，從另一角度作番詮釋。

第一節　《天義》的言論分析

　　《天義》報的創刊，何震實為關鍵主動者。〔註1〕因此何震的思想取向與轉變，對於《天義》報的言論方向，具有很大的影響力。〔註2〕何震早年曾於

〔註 1〕汪東，〈同盟會和民報片斷回憶〉，文史資料研究委員會編，《辛亥革命回憶錄》，（北京，文史資料出版社，西元 1981 年），第六集，頁 30。

〔註 2〕周作人認為《天義》報由何震出名，劉師培於幕後協助。因為何震扮演著一個極重要的角色，因此何震夙持伸張女權的主張，成為《天義》報初期言論重心之所在。因此周作人稱《天義》報為「女性無政府主義雜誌」。參見周作人，《知堂回想錄》，（香港，三育圖書文具公司，西元 1970 年），上冊，頁 218。

愛國女學就讀，適時上海地區的革命氣氛正值顛峰之際，激進思想瀰漫人心。
〔註3〕當時蔡元培擔任愛國女學經理，於課堂上蔡元培專門講述法國革命史及
俄國虛無黨歷史，藉以激勵學生愛國熱忱，期盼能效法虛無黨精神，獻身革
命，以抗強權。〔註4〕何震深受影響，思想分外激進，因而種下日後宣揚無政
府主義及提倡女權之遠因。

《天義》報創刊於 1907 年 6 月 10 日，一共出版十九卷。其中一、二、
七、十三、十四卷，今已佚失不可見。刊載內容除了社說外，還有圖畫、學
理、時評、記事、譯叢、論說、來稿、雜記、專件、附錄等，每一欄均圍繞
著無政府理念闡釋發揮。當時擔任撰述者除劉師培及何震外，尚有汪公權、
周作人、高亞賓、景定成、蘇曼殊等人。綜觀其等言論主張，或不免大而無
當，或激於情緒，而不能冷靜說理。但是由這些慷慨激昂的言語中，依然可
嗅出一股銳氣及理想。

《天義》報是以破壞固有之社會，實行人類之平等為宗旨，〔註5〕基本立
場本之於平等精神的發揚，〔註6〕透過平等原則全面檢視固有社會的種種弊
端，揭發其罪狀，公諸於世，為《天義》報的基本使命。《天義》報由何震主
其事，因此何震為女子打不平的理念、積極控訴傳統中國社會裡男尊女卑的
弊病，顯然成為《天義》報初期言論重心之所在。

現存《天義》報十四卷，共刊載重要論著約一二八篇，依其內容性質分
析，約略可歸劃為下列各類：〔註7〕

〔註3〕 章士釗，《疏黃帝魂》，（北京，人民出版社，西元 1964 年），頁 232。另參見：
Mary B. Rankin, *Early Chinese Revolutionaries: Radical Intellectuals in Shanghai
and Chekiang, 1902～1911,*（Harvard University Press, Cambridge Mass., 1971），
p.54～57。

〔註4〕 蔡元培，〈我在教育界的經驗〉，收入《蔡元培先生全集》，（台北，台灣商務
印書館，民國 57 年），頁 678。

〔註5〕 〈簡章〉，《天義》（影印本），三卷，頁 1。

〔註6〕 何震認為「幸德君及堺君之意在于實行人類完全之自由，而震意則在實行人
類完全之平等。立說之點，稍有不同」。附於〈幸德秋水來函〉，《天義》（影
印本），第三卷，頁 52。

〔註7〕 Chang Yu-fa, *"The Effects of Western Socialism on the 1911 Revolution in China."*
M.A. Thesis. Columbia University, p.83。

圖表 5-1　《天義》報內容分析表

類別	篇數	百分比
一般革命理論	7	5.4%
世界革命活動	6	4.7%
中國革命活動	4	3.1%
無政府共產主義和虛無主義	20	15.7%
社會主義及無政府主義	13	10.1%
中國社會主義	5	4%
女權	27	21.1%
世界語	2	1.6%
其他	44	34.3%
合計	128	100%

　　根據統計資料顯示，就整體刊載文字而言，鼓吹女權文章所佔比重頗大。但是換一角度，由《天義》報縱的發展觀察，鼓吹女權文章卻並非由始至終皆為《天義》報言論之重心。因為從《天義》報十一、十二卷合冊之後，鼓吹女權的文字逐漸呈現減少的趨勢。探究其因，很可能因為 8 月 31 日「社會主義講習會」的創立，導致《天義》報的理論涵括範疇，亦隨著社會主義講習會的活動而擴大，不再受限於何震的個人因素，而偏重於女權的鼓吹；雖然女權運動仍為《天義》報同仁所關懷。另一原因，可能是 1907 年底，劉師培及何震暫離日本返國，返國後二人曾秘密與滿清大吏端方連絡，而漸萌叛意，〔註 8〕以致於無政府主義的女權理念，對何震而言也就漸失吸引力。因此，當何震再次東渡後，參與態度也就不如草創之初熱衷了。

　　《天義》報初期鼓吹女權，痛斥中國傳統社會壓迫女性的黑暗面。由於言詞激越，論理時常常言人之所未言，因此於國內外得到熱烈的回應。幸德秋水讀罷，亦有感而言曰：「義論雄大，如名將行兵，旗鼓堂堂不可當，若帝王娼妓罵的痛絕如利刃刺骨，何等刺心文字也，敬服之至」。〔註 9〕當時國內有位女性讀者間接得到《天義》報二冊，「誦讀再三，如獲奇珍，所著學說，莫不敬服」。

〔註 8〕 參見〈清末革命史料之新發現—劉師培與端方書〉，收入洪業，《洪業論學集》，
　　　　 （台北，明文書局，民國 71 年），頁 130～133。
〔註 9〕 〈幸德秋水來函〉，《天義》（影印本），第三卷，頁 51。

〔註10〕但是《天義》報自十五卷後，內容逐漸轉向偏重社會主義理論的闡釋，大量地刊載西方社會主義運動的文獻。諸如：恩格思的〈共產黨宣言序言〉，馬爾克斯（即馬克思 Karl Marx）的〈共產黨宣言〉（*Manifesto of the Communist*）、哈因禿曼（Henry Hyndman）《社會主義經濟論》及古魯巴金（Peter Kroptkin 即克魯泡特金）《麵包掠奪》（*La Conquete de Pain*）及馬拉疊斯丹（Errico Malatesta）《無政府共產主義之工人問答》（*A Talk about Anarchist Communism Between Two Workers*）等，由此可知女權的伸張已不再是《天義》報的言論重心。隨著鼓吹女權氣氛的逐漸消退，女性讀者也就日益漸少。根據 1908 年初刊載於星加坡《中興日報》上的一份統計資料顯示，當時的《天義》報讀者數量，明顯地已難與另一份鼓吹女權的刊物《中國新女界雜誌》相比擬。其統計數據如下表：〔註11〕

圖表 5-2　1908 年初東京留學界雜誌發行數量表

名稱	發行數量（份）
《民報》	12000
《新女界》	10000
《雲南》	5000
《復報》	800
《衛生世界》	600
《天義》	500
《新譯界》	300
《醫藥學報》	300
《農桑雜誌》	250
《牖報》	150
《中國新報》	100
《政論》	80

　　另外根據《天義》報歷卷所登錄捐款者的性別比例，亦可發現女性讀者的捐助熱誠隨著《天義》報鼓吹女權的興衰而增減。

〔註10〕〈志淑女士來函〉，《天義》（影印本），第八、九、十卷合冊，頁 292。
〔註11〕〈東京留學界雜誌紀聞〉，收入《中華民國開國五十年文獻》，（台北，中華民國開國五十年文獻編纂委員會，民國 53 年），第一編，第十二冊，〈革之倡導與發展（四）〉，頁 678～680。

圖表 5-3 《天義》報讀者捐款性別比例表

卷次	三	四	五	六	十、九、八	十一、十二	十五
男	50%	50%	0	23%	100%	100%	100%
女	50%	50%	100%	77%	0	0	0

　　何震的無政府主義理念，以平等精神的發揚為重心之所在。因為人生而具有獨立、自由、平等三種天賦權力，其中「獨立、自由二權以個人為本位，而平等之權必合人類全體」。〔註12〕因此若欲為全體人類謀求真正的幸福，當以平等的闡揚為重。甚至，「欲維持人類平等，寧限制個人自由權」。〔註13〕此種過份偏重平等的主張，與西方無政府主義的基本精神，存有很大的歧異性。西方無政府主義者認為無政府主義理想的實現，應該經由對個體自由的尊重危基礎，進而達到個體的解放。當個體不再受到外力侷限，人性本質的至善面乃可油然而生。其間運作關鍵之所在，即為對自由價值觀的肯定。但是此種類型的自由，其基本精神必須奠基於個體自由的相互尊重之上。一旦此種理念確立，整個社會也會逐步邁向合理化。至於不平等、強凌弱等現象，亦會隨之而自動消泯。但是何震卻不贊同此種說法，何震認為自由與平等之間，存有一種以平等為前提的因果關係。惟有種下「平等」之因，始能收得「自由」之果。若是本末倒置，自由將會失去其正面意義，甚至弄巧成拙，反噬戕害自由之真諦，遑論為弱小被壓迫者爭取平等之權。

　　由此觀察，基本上何震是主張無政府主義，但是無政府主義的根本精神在于尊重個體、反對外界人為力量的強加干涉，然而由何震堅持平等的理念觀察，其主張追求平等的過程中，勢必難以排除人為因素的羼入。因此既然主張抗拒干涉，其理論本質卻又充滿著強烈的人為干涉色彩，就理論層次而言，是頗為矛盾的。雖然「天義集團」提倡人道公理，但是由於此種基本理論矛盾的存在，可見其本質與西方無政府主義思想是存有很大的歧異性。

　　何震將其所持的平等精神，發揮於女權的提倡上，最為淋漓透徹。當何震檢討中國歷史上的婦女地位時，目睹種種不平的現象，不禁毅然揭示「實行男女之絕對平等」為《天義》報的奮鬥目標。〔註14〕何震認為中國社會男

〔註12〕〈宗旨〉，《天義》（影印本），第五卷，頁60。
〔註13〕同上。
〔註14〕〈宗旨〉，《天義》（影印本），第十五卷，頁436。

女不平等現象的形成，應從中國傳統學術的發展追究其因。因為傳統中國學術以儒家為主流，儒家思想發自於男子，因此理論依據均以男子的眼光出發。所以「儒家之學術偏于專制，便于男子之自私」。〔註15〕此種思想從漢宋以來一脈相沿，蔚成傳統，而牢固不可破，均以「壓制賤視婦女，屏之人道而外」。〔註16〕至於歷代中國士大夫們卻莫不奉為金科玉律，不悟其非。「黠者援飾其說以自，愚者迷信其說而不疑」。〔註17〕因此何震痛心疾首嚴厲地控訴「儒家之學術均殺人之學術」。〔註18〕

　　何震認為傳統社會壓制女子最嚴厲的工具，即為「三從四德」的規範。男子提倡這種觀念并且賦以「忠貞烈節」的虛名，利用此種迂迴策略以限制女子的發展。同時男子擔憂女子智力的發展，難以駕馭，遂亟力鼓吹女主內的觀念，以拘限女子活動空間的愚智政策，上述諸弊端，皆肇因於傳統學術思想。因此何震厲聲痛斥「禮教實則羞辱而已，名為義理，實則無恥而已」。〔註19〕何震認為儒家思想不僅透過學術思想發出一套迫害女子的理念系統。同時由於法律源於學術，學術本於儒書，〔註20〕故女子於法律上，遂淪於毫無地位之境。因此何震主張「非掃蕩儒書之邪說，則真理無復昌明之期」。〔註21〕

　　由於女子久罹迫害，結果「兵權」、「政權」、「學權」皆遭剝奪。最直接的結果是「無學權則女子日愚，無政權則女子日賤，無兵權則女子日弱，愚則不能自立，賤則不能自伸，弱則不能自衛」，最後將「迫女子于死境」。〔註22〕女子既然慘遭如此無情的迫害，自然必須奮身而起，爭取解放。但是欲以何種方式爭取之，此時何震乃秉持無政府主義原則，斷然否決依賴議會路線。因為「國會政策為世界萬惡之源，女子而欲謀幸福在於求根本之改革，根本之改革不在爭取獲選舉權」。〔註23〕因此女子縱使得以進入議會，但是囿於議會制度本質上所具備的結構性腐化，最後不是徒勞無功，就是與之同流合污，忘卻原本的奮鬥目標，重又墮入議會政策的惡性循環之深淵。因此，

〔註15〕震，〈女子復仇論〉，《天義》（影印本），第三卷，頁8。
〔註16〕同上。
〔註17〕同上。
〔註18〕同上。
〔註19〕同上，頁21。
〔註20〕同上，頁23。
〔註21〕同上。
〔註22〕同上。
〔註23〕震，〈女子解放問題〉，《天義》（影印本），第八、九、十卷合冊，頁187。

為爭取女子眞正的解放,最有效的方法:(一)女子職業之獨立,(二)男女參政權之平等。〔註24〕但是「職業獨立,則女子可以解放,不若謂實行共產,婦女斯可解放」。〔註25〕至於實現男女參政權平等,最佳方法「先盡覆治人,迫男子盡去其特權,退與女平,使世界無受制之,女亦無受制之男。夫是之爲解放女子,夫是之爲根本放革」。〔註26〕因此何震以爲欲恢復女子權益,根本之道必須秉持無政府主義精神,「由運動政府之心,易爲廢滅政府之心」。〔註27〕

《天義》報除了鼓吹基於無政府主義理念的女權運動外,反對現存的政府體制,亦爲《天義》報的另一關懷重心。《天義》報秉持無政府主義原則,根本上反對任何形式的政府,認爲不論帝制、立憲或共和之政府,乃納污之瀦藪,萬惡之源。因爲既有政府,則生統治者;既有統治者,強權壓迫之事則必生。因此《天義》報作者們深信,現今首要之務,即是廢棄任何具有政治功能的機構。〔註28〕但是毀棄政府體制後的社會,應如何維繫運作,是否會產生無法預期的負面狀況,《天義》報作者卻未能深入發揮。

《天義》報作者們秉持根本棄絕政府的理念,因此當他們返視檢討中國現狀後,最直接的行動體現即爲「倒滿革命」。《天義》報所持倒滿的理由爲「因上有君主,而滿清之間權利義務又極不平等,故吾人之對滿人,當覆其君統,削其特權。豈必執迂儒華夏之防,盡驅其人于關左。即使其人盡歸關左,而君統猶存,吾人猶當合吾群力,誅彼獨夫」。因此「滿人而欲滿漢平等,實行大同主義,則當先覆愛新覺羅氏之君統。漢人而欲脫除虐政,誅戮滿酋,當并禁漢人自設政府」。〔註29〕如此一來「人人知革命以後不設政府,無絲毫權利之可圖,而猶欲實行革命,則革命出現其誠」,〔註30〕否則只不過是以暴易暴而已。

至於政府的本質,劉師培亦曾約略探討過,其以漢武帝及王莽爲例而申論之。由於漢武帝曾實行鹽鐵專賣,王莽則倡導土地國有制,因此二者的部

〔註24〕 同上,頁 191。
〔註25〕 同上,頁 192。
〔註26〕 同上。
〔註27〕 同上。
〔註28〕 〈政府者萬惡之源〉,《天義》(影印本),第三卷,頁 40。
〔註29〕 〈保滿與排滿〉,《天義》(影印本),第三卷,頁 40。
〔註30〕 同上。

分政治措施，經常被當時信仰社會主義者所引述。劉師培認為二者的政策固然帶有些許的社會主義色彩，但是探究其本質，鹽鐵專賣造成天下利源被政府壟斷。土地、財產國有，美其名均財，實則易為政府所斂取。因此劉師培據此推論，無論任何措施、學理，一經出于政府之手，其內在意義必會隨之產生質變，由橘成枳。由此更可證明，政府的存在有百害無一利的。至於當時持政府論的革命黨人，在劉師培看來「今日欲設政府又以平均地權愚民者，均漢武、王莽之流」。〔註31〕

　　何震秉持無政府主義中的平等精神，提倡女權，揚棄議會政策。劉師培則根本否定狹隘的種族主義式的排滿及政府體制。這些激進的觀念，不僅不容於思想保守者，就是於革命陣營裡，亦非議群起，因而部份革命黨人乃頻持民族主義革命觀與之詰難。劉師培乃從中國的國情及歷史背景闡釋，說明何以中國可以施行無政府主義。劉師培認為中國一切政治均生於學術，而中國學術主要於儒、道二家。儒、道二家之本質皆不主張干涉，因此中國數千年來之政治偏於放任，人治色彩極輕。至於中國社會，法律不過虛文，官吏不過虛設，政府多消極無為而治，以不干涉為賢。因而雖有政府之名，卻與無政府狀態所差無幾。因此就環境背景而言，中國最適合實行無政府主義。〔註32〕就革命環境而言，「滿人之當排，非以其異族而排之也，特以其盜竊中國、握中國之特權」。〔註33〕至於無政府主義的本質在於抗拒強權欺凌，扶助弱小自立，與今日西方文明強權截然不同。劉師培認為今日「西人之政治，一無可採。故吾人之意，惟望中國革命以後，即行無政府，決不望于革以後，另立新政府，以採用歐美日本偽文明」。〔註34〕因為革命之後若採用歐美日本所行體制，則「多數人民失其幸福及自由，其陷於困難，必較今日為大苦。至於異日欲行無政府，亦較今日為尤難」，因為「放任之政府易于顛覆」。〔註35〕因此為求一勞永逸之計，臻人民於幸福之境，最好利用此一變革之契機，一舉超越障礙，跨入無政府主義的革命之域，避免日後造成接二連三的革命困

〔註31〕申叔，〈西漢社會主義學發達考〉，《天義》（影印本），第五卷，頁94。
〔註32〕震、申叔，〈論種族革命與無政府革命之得失〉，收入張枬、王忍之編，《辛亥革命前十年間時論選集》，（北京，三聯書店，西元1978年），頁947～949。
〔註33〕同上，頁950。
〔註34〕同上，頁956。另參閱：Michael Gasster, *Chinese Intellectuals and the Revolution of 1911,*（University of Washington Press, 1969），P.170.
〔註35〕同上，頁957。

局，徒害生靈。

　　雖然反傳統一直是無政府主義思想裡極重要的一環，可是由於劉師培的緣故，《天義》報所刊載的文字，卻并不具有強烈的反傳統色彩。根據資料顯示，劉師培在倡導無政府主義之際，往往以「國粹」思想，支持他的無政府主義政治及文化立場。〔註36〕固然何震於〈女子復仇論〉中，曾經一再地詆毀儒家傳統思想，但是她所反對的是經後世扭曲後的儒家。故當她與劉師培聯合發表〈論種族革命與無政府革命之得失〉〔註37〕一文時，對於傳統儒家思想的本質，卻是褒揚有加，一反〈女子復仇論〉中的敵視態度。由此可知，何震與劉師培的基本心態，仍帶有濃郁的傳統色彩。他們雖然抨擊傳統，但是主要批評對象是那些經過人為因素羼入後所衍生的傳統。至於傳統的原始本質及根源，「天義集團」卻未採取全盤否定的態度。因此西方的無政府主義思想經《天義》報的傳送後，往往會被刻意地刪添修葺一番，與原貌存有部分的差異。譬如前所分析何震堅持其理論基礎為平等一項，即為最好的例子。另外許多文章裡，劉、何二人也常常以中國傳統作為例證，或引證、或引述、或詮釋、或批評，在在顯示傳統在《天義》報同仁心目中的地位。

　　另外《天義》報在倡導無政府主義理念時，不太刻意地強調暗殺主義，此為《天義》報的另一特色。〔註38〕雖然何震曾經數次提及暗殺運動，但是詳析《天義》報中所載文字，沒有專門為鼓吹暗殺而寫的文字，與《新世紀》所展現的風貌截然不同。此項不同，很可能是主其事者思想、環境背景差異所致。同時亦代表著來自日本及法國的兩支無政府主義思潮，其本質及內涵的歧異。

第二節　《新世紀》的言論分析

　　《新世紀》創刊於 1907 年 6 月 22 日，至 1910 年 5 月 21 日由於世界社財務困窘，被迫停刊。其間發行一二一期中，共刊登六七三篇文章。文章內容廣羅并包，但是多偏重於政治、經濟、社會、文化等方面。根據統計大致可分類如下表：〔註39〕

〔註36〕Edward S. Krebs, *Liu Ssu-fu and Chinese Anarchism 1905～1915*, (University Microfilim International, Ann Arbor, Michigan, 1982) , P.226.

〔註37〕同註 32，頁 947～959。

〔註38〕Chang Yu-fa, *"The Effects of Western Socialism on the 1911 Revolution in China,"* P.120.

〔註39〕Chang Yu-fa, *"The Effects of Western Socialism on the 1911 Revolution in China"*

圖表 5－4：《新世紀》登載文章性質比例表

類別	篇數	百分比
一般革命理論	64	9.5%
世界革命活動	126	18.9%
中國革命活動	20	2.9%
無政府共產主義及虛無主義	107	15.7%
世界社會黨及無政府黨	19	2.8%
中國社會主義活動	4	0.6%
女權	6	0.9%
世界語	12	1.9%
其他	315	46.9%
合計	673	100%

　　於六百七十三篇文章中，吳敬恒共有一五三篇，佔總數的 22.7%，李煜瀛有二一０篇，佔總數的 32.2%，二者言論佔《新世紀》總言論的百分之五四·九。至於其他的 42.1%的文章，亦多是圍繞著吳、李二人的觀點，反覆申辯討論，故可視為吳、李二人文章的延伸。由此可見《新世紀》的言論取向，實以吳、李二人的思想為依歸。〔註 40〕至於二者的言論內容，吳敬恆以自我發揮為主，李煜瀛的文字則大多偏重於譯稿。根據統計六七三篇文章中，譯文多達二０四篇，約佔《新世紀》全部言論的 29.8%，其中李煜瀛即逐譯一五二篇，約佔譯文比例的 77%，佔李氏所有言論的 74.81%。由上述的統計數據，大致可以得到幾點結論：（一）《新世紀》言論以吳敬恒、李煜瀛兩人為主；（二）李煜瀛是傳播西方無政府思想進入中國的關鍵；（三）吳、李兩人著作方向的差異，實源自於二人背景的不同。

　　施樂伯（Robert A. Scalapino）認為由於吳敬恒較為年長且富經驗，因此

M.A. Thesis, Columbia University, P.96～97.

〔註 40〕　《天義》報亦有類似情形。《天義》報由於何震的因素，女權文章竟然高達總數的 21.2%。由於女權問題并非《新世紀》關懷重心之所在，其女權文章比重，降至 0.9%。由此可見二報的言論取向，個人因素實為重要關鍵。至於《新世紀》發行一百二十一期的言論重心及內涵，可參閱洪德先，〈辛亥革命前的世界社及無政府主義思想〉，刊於《食貨月刊》，復刊第十二卷，第二期，民國 71 年 5 月，頁 21～22。

無形中成爲巴黎無政府主義團體中的知識領袖。〔註41〕此一論點是頗值得商権的，因爲依據前章所描述世界社的創立經過，就理論的啓迪及創社始念的萌發，李煜瀛實居關鍵性的地位。〔註42〕另外根據朱和中及蕭瑜的說法，吳敬恒不懂法文，由於語文之障而無力吸收法文原典之菁華，思想與理論自然難以深入掌握住。〔註43〕因此《新世紀》草創之初，觀察吳敬恒所發表的文字，大多偏重於不滿情緒的宣洩，少有堅實理論的論述爲其文章之後盾。後來因爲吳敬恒涉獵進化理論及古生物學等知識，也因爲這些現代知識系統影響，纔擴展深化了吳敬恒革命熱忱的知識領域，并使他避免受困於狹隘的「倒滿」政治情緒，〔註44〕亦開啓了日後吳敬恒於現代中國思想與文化的影響地位。

至於世界社時期的李煜瀛則陸續地譯介普魯東、克魯泡特金等人的著作，對於日後的無政府主義運動，影響極爲深遠，故李煜瀛誠可謂是當代中國無政府主義理論的啓蒙者。於民國時期無政府主義運動推動的核心人物---劉師復，即曾特別推介李煜瀛的譯本，劉師復認爲：

> 克氏（克魯泡特金）實不愧爲吾黨之經典，惟克氏著作等身，茲編特一鱗一爪耳。至其關於無政府共產主義之學說，則以眞民（李煜瀛筆名）所譯「克魯泡特金」之學說爲最詳。〔註45〕

至於李煜瀛手撰的新世紀叢書（包括：《夜未央》、《鳴不平》等），於民國初年的無政府主義運動的潮流中，也成爲無政府主義信仰者們不可或缺的教科書。由此可見李煜瀛於「世界社」時代所譯介的文章，影響之深巨。

當世界社揭櫫宣揚無政府主義，因而首先必須正本清源地闡釋何謂無政府主義。根據褚民誼的說法「所謂無政府者，即無今日政治之劣組織，但是亦非於未來重建一完善之政府。故無政府以無強權之名，反對軍備，行人道之實。無政府以無限制之名反對法律，行自由之實。無政府以無階級之名，

〔註41〕 Robert A. Scalapino and George T. Yu, *The Chinese Anarchist Movement*,（University of California Press, Berkeley, 1961）, p.4.

〔註42〕 吳敬恒曾以猴戲形容世界社，並曾說李煜瀛「是猴子，我們是羊」，羊是聽從猴子指揮的。見李石曾，〈石曾筆記〉，收入《李石曾先生文集》，（台北，黨史會，民國六十九年），下冊，頁 215。

〔註43〕 馮自由，《革命逸史》，第二集，頁 129。

〔註44〕 D. W. Y. Kwok, *Scientism in Chinese Thought 1900～1950.*（New York, Bible and Tannen, 1971）, P.34

〔註45〕 《民聲》，第八號，1914 年 5 月 2 日。

反對名教而行平等之實。無政府以無私產之名，反對資本，而行共產之實。」
〔註 46〕

　　吳敬恒則認為無政府主義者的中心信念，主要即在於喚起人民的公德
心，注意個人與社會間的相互關係，捨棄一切特權，以謀共同長久之幸福。「此
實講教育，而非談革命」，「革命者不過教育普及以後人人拋棄其舊習慣，而
改易一新生活乃為必生之效果，故自效果言之，欲指革命前所實施預備革命
之教育。即所謂提倡革命，即教育而已，更無所謂革命之預備，即以教育為
革命而已」。〔註 47〕李煜瀛則認為「革命無非為求伸公理而已」。〔註 48〕因此
「革命者，進化也。革去一切不進化之障礙物，革去一切違良心背人道之惡
獸強權，以救助眾生同胞生命自由之生活」。〔註 49〕若以此種革命觀返視中國
之現狀，則「中國苟望有進步，不能不革命。中國人今日排外之名詞，并非
用之于兼弱而攻昧，本乃用于抵抗強者。有革命之事業，自然有完全自由」。
〔註 50〕既然《新世紀》倡議革命為謀求公理之途，以此理念回顧中國，將會
面臨無政府主義革命與民族主義革命之間存有的理論緊張性。

　　亦有《新世紀》同仁認為「排滿革命不過除去天然不可避之障害而已，
并無種族之見存于中。因滿洲之皇統既倒，則滿洲人亦得開放，可以自由競
存」。〔註 51〕奠基於此理論邏輯上，當《新世紀》同仁再被人詰難排滿與大同
主義的衝突時，往往會理直氣壯地回應「抱大同主義之人，凡遇執強權者必
排之。排滿者，因滿人執中國之強權耳，滿政府固在必排之列。則中國人之
革命，即以排滿為表幟，乃極正當之名詞」。〔註 52〕至於「他日滿政府既倒，
如再發生第二之『滿政府』，但亦革命而已。此即無政府之真精神」。〔註 53〕

　　雖然世界社同仁堅持無政府主義革命，但是環視清季的革命環境，為避
免因為理論衝突而造成革命陣營不必要的傷害，世界社同仁於理論層上亦會

〔註 46〕民，〈續無政府論〉，《新世紀》，第六十二號，1908 年 8 月 15 日。

〔註 47〕燃，〈無政府主義及教育為革命說〉，《新世紀》，第六十五號，1908 年 9 月 9 日。

〔註 48〕真，〈祖宗革命——家庭革命之一〉，《新世紀》，第二號，1907 年 6 月 29 日。

〔註 49〕留英革命先鋒辛，〈支那立憲黨之模型〉，《新世紀》，第六十六號，1908 年 9 月 26 日。

〔註 50〕革命黨之一份子，〈革命商〉，《新世紀》，第六十五號，1908 年 9 月 19 日。

〔註 51〕夷，〈致愛新覺羅載灃書〉，《新世紀》，第一〇〇號，1909 年 6 月 5 日。

〔註 52〕夷，〈支那近日之輿論〉，《新世紀》，第六十四號，1908 年 9 月 12 日。

〔註 53〕燃料，〈書排滿平議後〉，《新世紀》，第五十七號，1908 年 7 月 28 日。

做某種適度的折衷。譬如《新世紀》即曾企圖在理論上調和與革命黨之間的歧異性，根據吳敬恒的說法：「無政府時代雖決無政治之組織，而亦不能無關連之組織。欲取關連之組織以代統治之組織，非一時可臻於完備。于是推倒滿州政府，固當毫無遲回，即建設共和民政自必目爲平常矣。所以欲堅決革黨之責任心者，莫若革命黨皆兼播無政府主義」。〔註54〕

但是由於無政府主義的基本精神是反對種族主義，故無政府主義者就中國現況而言，認爲「民族革命乃一復仇之革命」，若堅持民族革命，難免會落人口實。《新世紀》遂非難民族主義革命者之始念，認定完全建立在復仇之心，不符人道之原則，〔註55〕因此主張不應提倡民族革命。此一主張提出，馬上引起許多民族主義者的不滿，紛紛來函辯駁。有位「軍魂」氏，乃從列強侵略角度與《新世紀》同仁檢討民族主義，其以圖表示之：

「軍魂」氏認爲「以種族的國家主義
沖開（甲）（乙）二網羅，此後足以
與他國民立于同等之地位，而共求世
界之大同。」

李煜瀛主張聯合世界平民打
倒一切強權

《新世紀》的理論基礎是本之於「進化」的原則，進化的真義乃「以科學真理爲權衡，以社會公益爲目的，以求進化無窮」。〔註56〕至於《新世紀》所信仰的進化史觀，是以「互助爲進化大因，補達爾文生存競爭之缺」。〔註57〕由於

〔註54〕四無，〈無政府主義可以堅決革命之責任心〉，《新世紀》，第五十八號，1908年8月1日。

〔註55〕同上。

〔註56〕真，〈進化與革命〉，《新世紀》，第二十號，1907年11月2日。

〔註57〕克魯泡特金著，真譯，〈互助〉，《新世紀》，第三十一號，1908年1月25日。

《新世紀》派秉持進化觀念，其核心人物李煜瀛乃以此原則分析近代中國的思想變遷，而將其分爲十派：（一）三綱五常派，（二）古義實學派，（三）吏治民生派，（四）洋務西藝派，（五）中西體用派，（六）變法維新派，（七）開明專制派，（八）強種保國派，（九）平等自由派，（十）眞理進化派，〔註58〕且認爲今日中國之落伍世界潮流，皆因舊思想所致，故唯有採用眞理進化派的思想方式，中國社會才能日臻進步，擺脫被淘汰的命運。

根據進化的觀點，世界社同仁對於傳統，採取斷然否定的態度。有位作者於文中就表現出對於中國傳統的極端不滿，公然宣稱：「中國之國粹，是誠無愧然當萬事以進化爲衡之世，是種種者當在淘汰之列。其補助社會文明之功，已屬爲過去之陳跡，其所產生之新文明，已歷歷然。現諸面前，未有不以新產生者爲模範，而仍以未發生新文明以前之舊模型爲師法者」。〔註59〕另有位讀者更是厲聲籲請眾人：「願稍有知識之支那人，以存古保粹爲毒藥。除天然物外，凡支那舊有之事物，多去一分好一分」。〔註60〕此種全盤否定傳統中國文化的思想，比起五四時期的激進知識分子，亦毫無遜色。至於東京的《天義》派的無政府主義同志，對於傳統卻採取緩和尊重的不同立場。因此，引起《新世紀》派同仁的不滿，曾於《新世紀》上一再地發表文章，痛斥社會講習會同志的退化思想與態度，指責他們企圖把社會拉回到野蠻草昧的原始之域。〔註61〕由於世界社採取反傳統思想，因此對充斥中國社會的「三綱五常」價值觀，遂展開嚴厲批判。李煜瀛的主張頗具代表性，他認爲「所謂三綱出於狹者之創造，以僞道德之迷信，保君父等之強權」。〔註62〕打倒強權則是無政府黨員最基本的信條，因此，三綱五常的陋習，他們堅持尤應被破除。

於世界社同仁的眼中，法律向被視爲強權壓迫弱者的工具，故世界社同仁認爲「法律乃資本家之護符，而于人民無益也。諸君而果係改良之革命黨也，則焚燬法律，廢除財產，乃革命之時，最先之義務」。〔註63〕至於「法律

〔註58〕〈進化與革命〉，《新世紀》，第二十號，1907年11月2日。
〔註59〕反，〈國粹之處分〉，《新世紀》，第四十四號，1908年4月25日。另外可參見：Arif Dirlik and Edward S. Krebs, "*Socialism and Anarchism in Early Republican China,*" in *Modern China*, Vol. 7, No. 2, April 1981, p.118～119.
〔註60〕顏氏，〈麟麟爪爪〉，《新世紀》，第七十號，1908年10月24日。
〔註61〕〈無政府黨份子手稿〉，《新世紀》，第二十四號，1907年8月31日。
〔註62〕眞，〈三綱革命〉，《新世紀》，第十號，1907年8月31日。
〔註63〕無譯，〈續法律與強權〉，《新世紀》，第四十七號，1908年5月16日。

爲近世之產物，本非古時所有。今人不考其原，遽認法律爲維持秩序之具，視之爲神聖不可侵犯，信之爲至公無私。遂使居于上者每借法律之名，以行其蹂躪人民之實」。〔註64〕

除了法律外，軍隊更被視爲強權侵凌弱者所成立的工具，《新世紀》的作者們認爲今日軍隊不過是「資本家之看家犬」或「富者之獵犬」。因此「革命之第一要務，即去兵也。自古以來，兵爲腐敗殘殺之物，名爲國家之保障，實爲制人者壓制之具」。〔註65〕之所以根本上反對軍人，主要因爲「軍人貴服從」，遂易於流爲他人作惡之工具。但是作者對於二十世紀的新軍人，卻抱有很大的期盼，因爲「二十世紀軍人本其優等之教育，高貴之品格，行其保障同胞之事業……是而凡有居民賊之地位爲同胞，障害物者，惟軍人能首先起而相詰責」。故曰：「二十世紀者，軍人革之世紀」，因此「軍人能革命又即反對軍國主義之起點」。〔註66〕

對於社會文化方面，「世界社」亦將其目光轉向家庭、宗教、學術等範疇上，秉持著無政府主義的信念，廣泛且深入地探討諸弊端的生成背景及應如何革除與補救。

無政府主義者認爲若欲去除今日社會萬惡之源，最基本的做法，即是去除政府體制。至於檢討政府罪惡的產生與特權形成，主要來自於三方面，即：「殺人以兵，愚人以宗教，制人以法律」。〔註67〕軍人及法律的弊害，前已略做剖析。至於「宗教」，無政府主義者認爲其不僅愚人，甚至能藉宗教之力，控制人心，成爲人類心靈上的枷鎖。因此「無政府黨最反對上帝之名詞，徒爲民賊之護符，而教士即掘除自由性根之孟賊」。〔註68〕反對宗教的理論繼續往上層發展，必然會觸及上帝與生命的問題。世界社同仁以科學的眼光，解析上帝的產生。作者認爲上帝產生之原始意念，發自於上古人類對大自然現象的恐懼感，恐懼乃愚惑之所生也。科學不明之時風雲雷雨皆令人生恐懼，巧者乃乘其恐懼而利用之，此宗教之所以成立，亦政府之初基。至於宗教所

〔註64〕 無譯，〈法律與強權〉，《新世紀》，第四十號，1908 年 3 月 28 日。

〔註65〕 眞譯，〈革命原理〉，《新世紀》，第二十二號，1907 年 11 月 16 日。

〔註66〕 〈二十世紀者軍人革命之世界也〉，《新世紀》，第一一八號，1910 年 2 月 19 日。

〔註67〕 眞譯，〈續革命原理〉，《新世紀》，第二十三號，1907 年 11 月 23 日。

〔註68〕 四無譯，〈無政府是係如何一種人物考〉，《新世紀》，第七十七號，1908 年 12 月 5 日。

扮演的角色，無政府主義及社會主義均標榜以道德為其精神之本源。但是從思想本質、淵源及作用觀察比較，其等表面雖存有形貌上的相似，但是本質上絕對是相反對立的。因為宗教乃是偽道德之迷信，而無政府主義乃是發自於科學之真理。〔註69〕至於宗教與社會主義之差異，「一則利用道德將以固人之迷信，一則依據道德為兩家所公共贊成。或止利用其小部份，或望依據其全部，此從作用上泛論之者也，似其間絕無所矛盾」。〔註70〕

有位《新世紀》的作者，在分析社會強權的起因時，透過層層追溯辨証，發現世間強權均源自於家庭。其推論為：「原人之始本無所謂家也，有群而已。自有家而後各私其妻，于是有夫權。自有家而後有私其子，于是有父權。私而不已則必爭，爭而不已則必亂，欲平爭止亂，于是有君權。夫權、父權、君權皆強權也，皆不容于大同之世界也。然溯其始，則起于有家，故家者實萬惡之原也……則去強權，必自毀家始」。〔註71〕至於毀棄家庭制度後的社會，應該如何維繫男女及親屬倫理，《新世紀》同仁似乎未曾付以太多的關注。以此為例，亦顯示《新世紀》同仁論事辯理之際，往往僅從病態現象去探索批判。卻未能經由全面深入地思考，冷靜成熟地尋求一個較為公允、周延而合乎邏輯的答案。

於學術方面，《新世紀》曾經大篇幅地討論文字問題。世界社同志認為文字之產生，惟在便利而已。應以便利與否，定其程度之高下。「文字為開智第一利器，守古為支那第一病源。漢文為最大多數支那人最篤信保守之物。故今日救支那之第一要策，在廢除漢文」。作者樂觀地認為：「若支那于二十年內能廢除漢文，則或為全球大同人民之先進亦易」。〔註72〕《新世紀》作者主張廢棄漢字，改採世界語以代之。因為「研究萬國和平之道，惟欲萬國平和，必先有統一之語言文字，此所以今日贊成萬國新語之人漸居多數」。〔註73〕

至於世界社的諸多言論中，以不停地鼓吹暴力暗殺行為最為醒目。李煜瀛曾公然宣稱：「吾之主張革命暗殺，不因激烈而避之，因其有益于公理而用之也」。〔註74〕并且從三十二號開始，每號均列有〈萬國革命風潮〉專欄，蒐

〔註69〕真譯，〈續革命原理〉，《新世紀》，第二十三號，1907 年 11 月 23 日。

〔註70〕燃，〈宗教問題〉，《新世紀》，第五十四號，1908 年 7 月 4 日。

〔註71〕鞠普，〈毀家譚〉，《新世紀》，第四十九號，1908 年 5 月 30 日。

〔註72〕〈蘇格蘭君來稿〉，《新世紀》，第六十九號，1908 年 10 月 17 日。

〔註73〕醒來，〈萬國新語之進步〉，《新世紀》，第三十四號，1908 年 2 月 15 日。

〔註74〕真，〈駁新世紀革命叢書附言〉，《新世紀》，第五號，1907 年 7 月 20 日。

集世界各地的暴力暗殺行爲。並且不論內容眞相如何，一律冠以無政府主義志士之行爲。《新世紀》同仁熱衷於鼓吹暗殺，結果許多粗糙不實的資料，荒謬地被《新世紀》同仁輕率地引用。至於爲何《新世紀》同仁不斷地鼓吹暗殺主義，除了受到當時歐美無政府主義者進行暗殺風潮的影響外，爲配合當時中國革命環境之所需，實爲另一重要因素。輕率地引用一些錯誤的知識及傳聞，再以自我需求來拼裝重組，此一情況的發生，亦可謂是近代西方思想、學說爲了適應中國環境之需要，而被刻意地選擇及曲解後的現象。〔註75〕

〔註75〕 Michael Gasster, "*China's Political Modernization*," in Mary C. Wright ed., *China in Revolution: The First Phase 1900～1913.*（Yale University Press 1968）, p.95.

第六章　無政府主義的延續及其影響

　　1908 年於日本發行的《天義》報及《衡報》相繼停刊，社會主義講習會亦於同年初停止活動。至於旅日無政府主義領導者：張繼、劉師培及章炳麟等人，或因遭通緝而遠離他鄉；或因心懷二志而叛離革命陣營；或因思想轉變而放棄無政府主義之信仰。此一變動，致使昔日留日學界聲光交輝、蓬勃發展的無政府主義運動，驟然間陷入沉寂狀態。至於另一支旅居法國巴黎的世界社，其機關報《新世紀》出版第一百二十一期後，亦因財力困窘，無以為繼而宣告停刊。因此，就組織形態而言，1910 年至 1911 年間，可謂是無政府主義運動的沉潛期。雖然組織型態活動陷入低潮，卻並不意味著無政府主義影響的停頓。因為這段時期，許多社會主義講習會及世界社的成員，紛紛整裝歸國，積極投入革命運動。他們期盼經由實際行動的實踐，以完成無政府主義革命的近程目標，此目標即---推翻惡政府(清廷)。同時，由於 1907 年以來大量的無政府主義思想有計劃地被引介入中國後，逐漸於國內著根而發生影響。除了使得國人心靈普遍地籠罩在犧牲奉獻的激進精神之下，此種精神最直接的體現即是接續不斷的爆發暗殺事件，這股潮流一波波嚴酷地衝擊著瀕臨傾覆的清廷。至於日後無政府主義思想的承傳及發揚，則由劉師復任之。由於劉師復早年受《新世紀》影響，乃由民族主義革命觀轉向崇信無政府主義，使得根基於海外的《新世紀》，於國內得到共鳴與回應。同時又因劉師復於民國建立後致力於無政府主義運動的鼓吹與實踐，而將民國前、後的無政府主義運動，於精神及理論實踐連結為一體，就中國無政府主義運動發展史而言，尤具深意。〔註1〕

〔註 1〕劉師復不僅承繼辛亥革命時期的無政府主義思潮；同時對於民國以後蓬勃壯闊的無政府主義運動，尤其具有莫大的啓迪及鼓舞作用，因此稱其為承先啓

第一節　劉師復的承先啓後

　　劉師復爲民國初年無政府主義運動中最具影響力的一人，其承繼清季無政府主義運動之遺緒，於民國初年百家爭鳴的時代裡，綻發出光輝燦爛的一幕。

　　劉師復本名思復，廣東香山縣人。少聰穎好學，十五歲應童子試，補博士弟子員。後受到崇尚新學學者的影響，乃毅然放棄舉業，專研科學及算學，且饒有心得。1901 年劉師復、徐桂柱、劉越航等人，聯合發起籌組「演說社」，〔註2〕提倡社會改革。後又創辦女學堂，以改良社會，振興女權爲己任。〔註3〕1904 年劉師復決定東渡日本，研習新知。旅日期間，劉師復與革命黨人曾往來密切，此時已明顯地流露出革命傾向。1905 年同盟會成立，劉師復亦列名冊籍，後旋即前往橫濱，并從李植生學製炸藥，積極從事暗殺活動的準備。由於當時日本社會尚未形成有組織的鼓吹無政府主義團體，留日學界亦未曾出現專事宣揚無政府主義的團體。因此劉師復之所以決定從事暗殺，很可能受到 1903 年以來流傳於國內外學界的激進思潮氛圍之影響。此種激進思想的來源，龐雜零散，思想內涵則呈含混多樣，不過這股激進思潮基本上仍以大批的俄國虛無黨事蹟衝擊影響爲主。至於這些事蹟及人物多是透過革命報刊的大力宣揚，對於時人必能產生一定程度的影響，但是這些多屬報導性質，鮮有深入、有系統地闡釋理論的著作。因此 1905 年劉師復的傾心暗殺，固可視爲受到無政府主義及虛無黨風潮衝擊後的回應，但是卻不足以證明此時的

　　　　後，實不爲過。參見：鄭鐵，〈卷頭語－紀念師復先生〉，刊於《民鐘》，二卷三期，〈師復紀念專號〉，1927 年 3 月 25 日，收入《五四時期的社團》（四），（北京，新華書店，西元 1979 年），頁 257～258。另見貝馬丁（Martin Bernal），〈劉師復與中國無政府主義－《民聲》雜誌影印本代序〉，刊於《民聲》合訂本，（香港，龍門，西元 1967 年），頁 5～7。

〔註2〕馮自由認爲劉師復於 1901 年創辦演說會，參見氏著，《革命逸史》，第二集，頁 203。但是文定，〈師復先生傳〉及顧文〈師復君行略〉則均指演說會於 1902 年創辦。分別參見《劉師復文集》，（台北，帕米爾書店，民國 69 年），頁 1。及顧文，〈師復君行略〉，收入《民聲》二十三號，1915 年 5 月 5 日。

〔註3〕克瑞伯（Edward S. Krebs）認爲文定〈師復先生傳〉過於誇大劉師復接受無政府主義思的時間。參見：Edward S. Krebs, *Liu Ssu-fu and Chinese Anarchism, 1905～1915,* University Microfilms International, Ann Arbor, Michigan, 1982, P.261 其實「文定」於〈師復先生傳〉中僅言師復於當時鼓吹「急進主義」，此處所指的急進主義并不意味著一定是指無政府主義。文定，〈師復先生傳〉，頁 1。

劉師復，已具有一套堅定完整的無政府主義理念。〔註4〕

　　劉師復於 1906 年回國，不久轉赴香港主持《東方報》筆政。〔註5〕鼓吹急進主義，並且興辦女學，宣揚女子教育。1907 年春季，劉師復與汪兆銘、李紀堂、馮自由等設機關於香港普慶坊，積極從事革命活動。同時，同盟會機關部以軍界同志郭人漳、趙聲等奉調來廣東擔任要職，孫中山又派遣許雪秋、鄧子瑜等於潮惠兩地運動舉事，將次成熟，同盟會乃密設機關於普慶坊。此時粵督岑春煊及水師提督李準見於革命勢力日張，乃日益加緊緝捕黨人。因此黨人決定進行暗殺，以擴張聲勢，此一任務由劉師復擔任執行者。於籌劃準備過程中，劉師復由於裝置炸彈失慎，受到炸傷而事洩，遭清吏逮捕。後因查無實據，乃被判刑解回香山原籍監禁，直至 1910 年始被釋放。獄中三載，劉師復的思想發生關鍵性的轉變，且奠定日後致力倡導無政府主義之基礎。劉師復於獄中，曾以淨慧室居士、廖士、丹水等筆名，於鄭彼岸所主持的《香山旬報》上陸續發表四篇札記。〔註6〕今日猶可見〈淨慧室隨筆〉、〈寒柏齋賸言〉、〈絅庵讕語〉等三篇札記，札記內容明顯地以民族主義為其思想主導。至於當時劉師復所持之民族主義，卻非狹隘的民族主義。因為劉師復認為「民族之撫有國土，不以來居之先後為斷，而必以能建立國家與否為衡」，因此「中國土地不必皆漢人所固有」。〔註7〕至於居住同一地區的各種族，尤須本於自由、平等的精神，和平相處，互尊互重。因此，《天演論》中所一再揭示弱肉強食的說法，劉師復是極不贊同的。依據劉師復的民族主義內涵觀察，可發現其精神本質充滿著尊重個體、強調互助精神的特質。尤其排斥《天演論》物競天擇的觀點，更是與克魯泡特金所秉持的無政府主義互助理念不謀而合。至於日後會傾心無政府主義思想，畢生為其奮鬥，此時已漸露微意了。

　　佛學理論亦為劉師復思想體系裡的另一重要一環。劉師復之所以崇揚佛學，并非出自於宗教範疇的信仰。主要是因為佛學領域中，充滿著平等精神。〔註8〕平等精神又夙為師復理論體系中的一項重要依據，因此師復希望透過佛學中所蘊涵的精義，闡揚擴大及充實平等精神。

〔註 4〕　〈劉師復事略〉，〔手抄本〕，黨史會庫藏史料，著者、時間均不詳。
〔註 5〕　鄭彼岸，〈師復獄中札記四種〉，〈前言〉，刊於《中山文獻》，創刊號，民國 36
　　　　　年，頁 99。
〔註 6〕　同上。
〔註 7〕　劉師復，〈寒柏齋賸言〉，收入〈師復獄中札記四種〉，頁 105。
〔註 8〕　劉師復，〈淨慧言隨筆〉，收入，〈師復獄中札記四種〉，頁 99。

　　觀察劉師復獄中札記內容，於言詞中固然未曾揭櫫無政府主義的各種專有名詞，並且在論理過程及材料運用上，與日後的著作亦有很大的差異，但是仔細分析其內在本質，諸如：反對狹隘的種族主義、提倡自由、平等的精神、拒斥近代對國人影響最為深遠的天演論思想，在在顯示可與日後高舉無政府主義旗幟時期的思想互通。〔註9〕因此，當劉師復接觸到《新世紀》等鼓吹無政府主義的刊物時，必然會有深得我心之感。

　　至於劉師復札記裡偶爾也會流露出些許的虛無主義色彩，因此若透過這種思想因素，往往會導致師復更易接納同類型的無政府主義思想。譬如師復在論述「敢死」一事時，其言辭之間，就充滿著一股濃郁的虛無主義氣息。根據劉師復闡釋所謂的「敢死」，即是：

　　　余近頗不欲談時事，必與之言，則唯有一極簡單之主義，曰「敢死」。
　　　輕死生者，能獨善。能渡眾生，能世間，能出世間，殆無往而不利
　　　者。〔註10〕

劉師復思想中的尊崇自由、平等、互助的理念，再配合上這股「敢死」的衝力，導致他一出獄即決定身體力行，以暗殺行動向扼殺自由、平等的清廷，作最直接、最激烈的抗議。當清廷傾覆，劉師復隨即收歛此股激進氣息，轉而致力鼓吹無政府主義思想。前者激進充滿著暴力色彩，後者卻是和緩又滿懷著聖潔道德的氣氛。就其外在表相觀察，二者似乎截然不同，甚至存有一定程度的矛盾。但是仔細分析劉師復思想本質及其所秉持的信念，以及他所面對時代的變動時，吾人對於此種急劇的變動及差異，遂可恍然大悟。

　　劉師復在石岐服刑時期，正式成為一位無政府主義信仰者，因為在監禁期間師復有機會接觸到許多鼓吹無政府主義的書刊。經過潛心誦讀，劉師復深受其理論之影響，遂轉而尊奉無政府主義，並懸為一生奮鬥的目標。至於何以劉師復於獄中有機會閱讀無政府主義書刊，主要因為劉氏家族為香山地區首富，家世顯赫，於地方頗有影響力。再加上友人鄭彼岸的協助，鄭彼岸當時擔任《北京日報》編輯，由於文筆卓越，深受讀者歡迎，於北京城內頗有名氣，在北京社交界也極其活躍。他與來自廣東地區的京官們，交誼很深。因此，鄭彼岸透過這層關係，積極援救劉師復。在眾人努力下，劉師復於1908年春季，被遣送回石岐故鄉，名為監禁，實同軟禁，待遇極為優渥。石岐服

〔註9〕同上。
〔註10〕同註6，頁103。

刑時期的劉師復，不僅生活優厚，而且還可隨心閱讀任何書籍。〔註 11〕根據莫紀彭的回憶，劉師復就是經由林君復的傳送，得以閱讀大批新知，甚至可以看到《新世紀》等禁書。〔註 12〕

《新世紀》內中所使用的激進文字及有系統地介紹無政府主義，深深地吸引著劉師復的注意力，對其思想產生很大的影響。諸如克魯泡特金的科學結合人道的理念，便是透過《新世紀》所刊載的吳敬恒文章介紹而得之。因此日後劉師復回憶這段時期，他曾明白地指陳，就是因為讀了《新世紀》，因而對其產生極為深遠的影響，從此「思想一變，出獄組織暗殺團，以反抗強權為宗旨」。〔註 13〕秉此信念，他認為反抗強權的行動實踐，即是組織暗殺團，以革命暗殺來抗拒強權。及至民國時期，則發行刊物，籌組社團，鼓吹無政府主義。觀其內涵，依然是本之於反抗強權精神的發揮。由於他的身體力行，成為民初無政府主義運動中，最具影響力的一位。也由於他，肯定了世界社發行《新世紀》的歷史意義及影響。

劉師復的無政府主義思想，於清季即體現於悲壯的暗殺行動之中。至於理論層次的發揮，則須至民國建立以後。1910 年劉師復被釋出獄後，秉持反抗強權的心理，劉師復斷然決定採用最直接、最激烈、最有效的方法，以打擊專制統治者。於聯絡一群志同道合之士，籌組一專司暗殺的組織——支那暗殺團。〔註 14〕暗殺團成立於 1910 年 3 月，計有團員：劉師復、謝英伯、朱述堂、陳自覺、高劍父、程克、陳炯明、李熙斌等八人。由劉師復領導，并由他起草會章。〔註 15〕根據支那暗殺團章程，會員分為執行員及輔助員兩科，設機關於香港般含道十六號。初期經費由蕭連壁捐助百元外，陳炯明亦略有贊助。後又成立分會，徐宗漢、李應生等人亦相繼加入。〔註 16〕

支那暗殺團從創立至武昌革命爆發後結束活動，於劉師復領導下，一共執行三次暗殺計劃。除了謀刺載灃計劃，因連絡不周全而中止外。其他二次，

〔註 11〕 Edward S. Krebs, *Liu Ssu-fu and Chinese Anarchism 1905～1915*, P.95.

〔註 12〕 莫紀彭於 1972 年 6 月 6 日接受克瑞伯（Edward S. Krebs）訪問時所云，轉錄自：Edward S. Krebs, *Liu Ssu-fu and Chiness Anarchism 1905～1915*, P.95

〔註 13〕 劉師復，〈駁江亢虎〉，收入《師復先生文集》，頁 225～226。

〔註 14〕 馮自由，《革命逸史》，第四集，頁 202。

〔註 15〕 李熙斌，〈記同盟會中之一個暗殺團〉，收入《中華民國開國五十年文獻》，〈革命之倡導與發展〉，第一編，第十二冊，頁 33。

〔註 16〕 同上，頁 34。

一次將水師提督李準炸傷，另一次將廣州將軍鳳山炸斃。〔註 17〕兩次暗殺事件，導致廣東清吏惶惶不可終日。因此，當革命軍於武昌揭竿而起，久經震懾後的清吏，乃紛紛倉皇離去，廣州也就在兵不血刃下宣布光復，此亦可謂暗殺功效發揮之極至。

　　當辛亥武昌起義之時，也就是支那暗殺團解散的時刻。同一時刻劉師復爲嚮應武昌革命，改採軍事行動方式配合，遂連絡林君復、莫紀彭等人，運動香山新軍反正，號稱「香軍」，爲武昌革命後第一支進入廣州的革命軍。不久革命大勢底定，劉師復決定脫離軍旅，前往上海，後寓居西湖白雲庵。逾日旋回廣州，組織「心社」，正式以行動出發，宣揚無政府主義。同時又明列十二條戒約，要求社員秉持無政府主義原則信守之，以身作則，身體力行。後又發刊《民聲》，以文字傳播無政府主義理念，成爲民初最主要的鼓吹無政府主義刊物。同時劉師復也肩負著承先啓後的角色，一方面承襲清季統御在革命理念下的無政府主義；另一方面又得面對由於時代背景的變遷，革命主導理念消退的民國新局。處於此一新舊交替之局的劉師復，乃以其幾近宗教家的熱忱，致力於無政府主義的宣揚。由於他的以身作則及剛毅執著的精神，使得師復成爲民國初年無政府主義運動中，最具有影響力的一位領導者。克瑞伯（Edward S. Krebs）曾評述劉師復：「綜觀其一生，確可稱之爲一位眞正的無政府主義者，他藉著個人道德的提昇，以供領導之典範」，〔註 18〕可謂是極爲中肯之評。

第二節　無政府主義運動對於辛亥革命的影響

　　清季無政府主義思想的闡揚，對於當時國人的心靈及動向，產生一定程度的影響。也由於《天義》報及《新世紀》的極力鼓吹，崇尚公理、反抗強權的理念，逐漸滲入人心。

　　就革命實行方法而言，無政府主義對於革命黨人最大的啓示，即是暗殺主義的鼓吹與傳播。〔註19〕高慕軻（Michael Gasster）認爲中國「無政府主義

〔註17〕馮自由，《革命逸史》，第四集，頁 203～210。
〔註18〕Edward S. Krebs, *Liu Ssu-fu and Chinese Anarchism 1905-1915*, P.229.
〔註19〕清季無政府團體中，「世界社」明顯地傾心暗殺主義，鼓吹暗殺的文字此起彼落地出現於《新世紀》的各期中。諸如：眞，〈駁新世紀革命叢書附答〉，《新世紀》，第五號，1907 年 7 月 20 日。以及醒來，〈五十年中元首喪其元首〉，《新

者在信念上是激進的行動主義，贊成暴力，甚至謀殺」。〔註20〕根據福爾曼（James D. Forman）、伍考克（George Woodcock）及貝馬丁（Martin Bernal）等人的意見，〔註21〕西方無政府主義運動發展至二十世紀前後，尤其在地中海地區國家，固然發生過許多次的政治暴力事件，甚至馬拉疊斯達的「行動宣傳」（Propaganda by the Deed）理念，亦於此時完成，但是暴力暗殺決非無政府主義的惟一主張。從西方到日本，無政府主義者行動固然激烈，但未嘗認定暴力行爲是無政府主義實踐的惟一手段。尤其身居砥柱的克魯泡特金，其思想體系完全建構在和平的《互助論》之上，〔註22〕尤其反對暴力行爲。至於中國無政府主義思想的偏重於暗殺主義之提倡，主要是與時代環境互爲因果所致。無政府主義組織中，何震等人固然曾因激憤，輕率脫口，鼓吹暗殺。至於有系統，且接連不斷鼓吹暗殺者，當推「世界社」。李煜瀛認爲「革命暗殺乃犧牲個人性命，以除人道之敵，以伸世界之公理」。陶成章則從現實角度著眼，亦認爲「如不用暗殺，轉用地方起兵，喪民費財，禍莫大焉。一有不愼，必引起外國人之干涉」。〔註23〕

　　暗殺風氣的興起，主要導源於激進思想的高漲。早期戊戌變法失敗後的梁啓超對於暗殺手段亦十分贊成，其所推理由是（一）政府有兵，革命黨無以爲抗；（二）惟有中央革命可成；（三）革命不能得多數人支持；（四）財力不足；（五）暴動非人多則不足以成；（六）暴動不易守密。〔註24〕及至 1903 年國人受到「拒俄運動」的刺激，思想份外急進。大量地俄國虛無黨、無政府黨的革命暗殺事蹟，普遍地流傳於國內。時任愛國女學經理的蔡元培，亦覺得革命祇有兩途：一是暴動，一是暗殺。〔註25〕蔡元培除了在課堂講授虛無黨事蹟外，

世紀》，第十四號，1908 年 3 月 28 日等文章，均一再地鼓吹暗殺。

〔註20〕 Michael Gasster, *Chinese Intellectuals and the Revolution of 1911*,（University of Washington Press, 1969），p.177.

〔註21〕 George Woodcock, *Anarchism,*（New York, 1962），p.1～34., and Martin Bernal, "*Triumph of Anarchism over Marxism,*" in Mary C. Wright（ed.），*China in Revolutionary： the First Phase 1900-1913,*（Yale University Press, 1968），p.98 ～99. James D. Forman, *Anarchism,*（New York, 1970），p.36～38.

〔註22〕 眞，〈駁新世紀叢書革命附答〉，《新世紀》，第五號，1907 年 7 月 20 日。

〔註23〕 陶成章，〈陶成章手札〉，收入吳相湘，《孫逸仙先生傳》，（台北，遠東圖書公司，民國 72 年），頁 32～35。

〔註24〕 張朋園，〈梁啓超之迎拒虛無主義〉，《大陸雜誌》，第三十八卷，第八期，頁 18～19。

〔註25〕 蔡元培，〈我在教育界經驗〉，蔡元培，《蔡元培自述》，（台北，傳記文學出版

自己亦曾親自習製炸彈。同時成立的「對俄女同志會」，於創立辦法中明列「訪求俠客，實行暗殺，如有應募者，不論成敗，願傾家百萬以酬之」，〔註26〕公然招募刺士，進行暗殺活動。吳樾更是宣稱「夫排滿之道有二：一曰暗殺，一曰革命。暗殺爲因，革命爲果。暗殺雖個人而可爲，革命非群力即不效。今日非革命之時代，實暗殺之時代」。〔註27〕雖然孫中山亟力反對暗殺主義，認爲革命之道：「不獨暗殺而也」，并且認爲「以暗殺手段不免有缺光明，其結果定不良」。〔註28〕但是暗殺主義發展至此，於國人心目中隱然已認定爲無政府主義思潮中之一支，此一認知對於日後無政府主義的信仰者影響極大。他們往往會因爲國內環境所需，誤導一些旁支末流的學理回國，倒將其核心精華給遺漏了。

當李煜瀛、張人傑、吳敬恆等人創立世界社之際，歐洲無政府主義派中的暗殺主義信仰者，正於歐美各地展開一連串的暗殺活動。而李煜瀛適於革命暴動行爲鼎盛之際來到法國，必然亦會遭此氣氛的感染。因此對於克喪友（Savto T. Casecio）刺殺法國總統一案，李煜瀛即曾給予極高的評價。李煜瀛盛贊克喪友「貌秀美，性溫和而堅忍，而無政府主義之激烈，正出于溫和和博愛之性」。〔註29〕吳敬恆對於俄國革命黨的暗殺行爲，也極爲贊賞。他認爲俄國革命黨「個人直接行動力過強，故人人希望廓清政付之妖孽，全仗炸彈與匕首，俄人遂成爲世界刺客之原料」。〔註30〕褚民誼對於暗殺主義，亦持審愼的贊同。〔註31〕由於《新世紀》的三位主要理論家均贊同暗殺主義，因此，在其發行的一百二十一號中，最醒目的就是不停地鼓吹暴力暗殺行爲。李煜瀛公然宣稱「吾之主張暗殺，因其有益于公理」。〔註32〕并且《新世紀》從三十二號開始，每號均列有〈萬國革命風潮〉專欄，蒐集世界各地所。

社，民國 65 年），頁 39。

〔註26〕楊天石、石學莊編，《拒俄運動》，（北京，中國社會科學出版社，西元 1979年），頁 10。

〔註27〕吳樾，〈暗殺時代〉，張玉法編，《晚清革命文學》，（台北，經世書局，民國 70年），頁 215。

〔註28〕田桐，〈革命閒話〉，（手抄本），黨史會庫藏，頁 19。

〔註29〕眞譯，〈續法國無政府黨之一段歷史〉，《新世紀》，第六十五號，1908 年 9 月19 日。

〔註30〕燃，〈續俄羅斯警界之醜劇〉，《新世紀》，第八十七號，1909 年 1 月 23 日。

〔註31〕民，〈此之謂共和政府〉，《新世紀》，第八十七號，1909 年 1 月 23 日。

〔註32〕眞，〈駁新世紀革命叢書附答〉，《新世紀》，第五號，1907 年 7 月 20 日。

圖表6-1：二十世紀前後發生于歐美的無政府主義的暴力行為

姓名	時間	國別	事件
Francois Kouigstein	1892	法	於街道投擲炸彈
Roulino Pullas	1893	西班牙	刺殺將軍
Santiago Salvador	1893	班班牙	於戲院投擲炸彈
Auguste Vaillant	1893	法	投炸彈入法國眾議院
Emile Henry	1894	法	投炸彈入咖啡館
Savto Teroninco Casecio	1895	義	刺法總統
Michele Angiollo	1896	義	刺西班牙總理
Luigi Luccheni	1898	義	刺奧女皇
Graetano Bresci	1900	美	刺義王
Leon Colgusz	1901	美	刺美總統

資料來源：James D. Forman, *Anarchism*, （New York, Dell Publishing Co., 1976）, p.28～72. George Woodcock, *Anarchism: A History of Liberation Ideas and Movements*, （New York, World Publishing Co., 1972）, p.399～425.

發生的暴力案件，均刊佈其上，不論內容對象，一概冠以「無政府志士之義行」。甚至美國總統林肯（Abraham Lincoln）被刺及美國黑手黨的幫派火拼，竟然也被列入無政府主義革命運動中。〔註33〕由此可知世界社不加選擇地將暗殺訊息傳回國內，主要目的是希望經由這些暴動訊息，能激發國內讀者起而效行。但是由於急功心切，於選材上似乎也就流於輕率。

　　清季革命黨人的暗殺活動，曾先後兩度形成高潮，即：1903年至1904年、1907年至1908年。第一個高潮肇因為「拒俄運動」，導致留學生運動正式進入反清革命的新階段。各個革命小團體相繼成立，革命刊物的基調也明顯的激烈起來。其間的《蘇報》、《江蘇》、《浙江潮》、《女子世界》、《中國白話報》等，均曾先後刊載鼓吹革命暗殺的文章及大量有關俄國虛無黨的活動情形。1904年劉師培亦以「激烈派第一人」的筆名，於《中國白話報》上發表〈論激烈的好處〉一文，亟力鼓吹激烈的暗殺主義。白話道人（林獬）亦於《中國白話報》上發表〈國民意見書：論刺客的教育〉，文中更是詳述如何培育暗殺人才及進行暗殺。吳樾炸五大臣及甲辰三等暗殺案件，就是在這股風潮激

〔註33〕眞，〈萬國革命之風潮〉，《新世紀》，第三十四號，1908年2月15日。

勵、影響下出現。〔註34〕1907 年至 1908 年為另一個暗殺活動的高潮。主要因為在這兩年間陸續爆發的武裝革命舉事相繼失敗，革命黨人企圖以暗殺活動來激勵鬥志，振奮精神。而且由于俄國 1905 年革命的刺激、歐美各國革命史上的暗殺案例，對國人也具有很大的吸引力。在這段期間主要刊物有：《民報》、《漢幟》、《中國新女界雜誌》、《河南》、《新世紀》、《天義》報等，都連篇登載鼓吹暗殺的文章。其中鼓吹最力者為《民報》及《新世紀》。1907 年 4 月出版的《民報》增刊〈天討〉，發表吳樾的〈暗殺時代〉一文，則是這時期思潮動向的代表作。此篇文書和作者吳樾本人的捨身實踐，對當時的人心動向，產生極為廣泛的影響。〔註35〕

從 1900 年史堅如謀炸署兩廣總督德壽起，至 1912 年彭家珍炸斃良弼為止，發生於中國的暗殺事件不下五十餘起。可依其性質約略區分為下列數類型：〔註36〕（一）擔任武裝起事的先聲或響應；（二）懲處叛徒或奸細的行動；（三）武裝起事失敗後的行動；（四）喚醒國人的行動。清季暗殺活動案例，可以上述分類列表如下：

圖表 6－2：清季暗殺事件統計表

	參與者	暗殺對象	時間	目的
第一類	史堅如	德壽	1900	配合惠州之役
	楊卓林	端方	1906	
	楊振鴻	丁振鐸	1906	
	徐錫麟	恩銘	1907	
	河南黨人	齊耀琳	1911	
	李燮和	王秉恩	1911	配合黃花崗之役
	丁開嶂	王懷慶	1912	配合鐵血會起事
第二類	張伯歧	胡鍾聲	1906	
	陶成章	胡道南	1908	以其出賣秋瑾
	王金發	汪公權	1909	以汪擔任密探

〔註34〕嚴昌洪，〈辛亥革命的暗殺活動及評價〉，收入湖北歷史學會編，《辛亥革命論文集》，（湖北人民出版社，西元 1981 年），頁 193。
〔註35〕同註 16。
〔註36〕同註 16，頁 199～200。

第三類	范傳甲	余大鴻	1908	欲以身殉
	汪精衛	載灃	1910	
	林冠慈、陳敬岳	李準	1911	
	李熙斌	鳳山	1911	
第四類	萬福華	王之春	1904	以其出賣廣西權益
	楊卓林	周馥	1904	以其將金陵獅子山租給德
		鐵良	1904～1908	至東南搜括財富沿途屢遭暗算
	吳樾	五大臣	1905	
	陳與燊	盛宣懷	1910	
	酈佐治	載洵	1911	

　　從這波波相續、悲壯的暗殺史實，在在顯示出晚清的人們，經由無政府主義思潮的浸染，毅然以己身犧牲奉獻地投入革命大業。由此亦可證明無政府主義，對於近代國人的思想影響之深鉅。

　　辛亥革命時期無政府主義思想傳入中國，除了導致暗殺理念的瀰漫人心，成為革命黨人屢遭武裝起義的挫敗後，獻身於革命行動最具代表性的體現外；無政府主義思想裡所蘊涵痛斥政府體制、抗拒強權、追求公理正義的理念，透過信仰者涓滴細流地引入，逐漸普遍而又深入地影響著人心。胡漢民即認為，當時的無政府黨人「斥強權，尊互助，於各國政府皆無恕詞。對滿州更恣情毒罵，雜以穢語，使中國從來帝王神聖之思想，遇之如服峻劑去其積滯」。[註37]影響所及甚至已皈依佛門的太虛大師，也深受克魯泡特金、巴枯寧等人鼓吹公理的精神所感動，潛心於無政府主義理論的研讀與鼓吹。[註38]由於無政府主義精神之所在，主要是強調公理、正義。對於現實政權，更是採取敵視否定的立場。職此之故，伴隨著無政府主義思想的日益高漲，相形之下政府的地位也就如同江河日下。當國人秉持此一理念返視現實世界，所見到的僅是一個顢頇無能而又專制的異族政權。處在高漲的民族主義及外力入侵後所產生危機意識的雙重壓迫下，蟄伏久已的不滿情緒油然而生，致使國人對於清廷充滿著不滿

〔註37〕胡漢民，《胡漢民自傳》，（台北，傳記文學出版社，民國58年），頁75。
〔註38〕印順，《太虛大師年譜》，（台北，正聞出版社，民國70年），頁36～37。Holmes Welch, *The Buddhist Revival in China*,（Harvard University Press, 1968），p.20.

與離心。尤其是 1910 年日本無政府主義運動領導者幸德秋水等十二名，被日本
警方以謀刺天皇之罪，遭到逮捕。後來全數被判處絞刑，是爲日本社會主義運
動史上最著名的「大逆事件」。〔註39 由於幸德秋水的思想主張與行動，於中國
無政府主義運動的萌芽期裡，一直扮演著極具影響力的角色。〔註40〕因此，此
一事件頗受國人關注。當時於上海發行的《民立報》，曾就此事件的來龍去脈及
幸德秋水的思想體系，作了數篇翔實完整的報導。於報導中作者一再地以沉痛
的筆調痛斥日本政府的暴虐。〔註41〕後來聞知幸德秋水等人皆被判處絞刑後，
《民立報》更是公開揭示，認爲：「日本幸德秋水之獄，人咸爲幸德冤，而不知
固無冤也。以幸德秋水之才而生于日本，求仁得仁，其又何憾？」〔註42〕並且
亟力宣揚幸德秋水的思想道德及無政府主義的內涵。經過此一事件的衝擊，無
政府主義思想無形中於國內廣被宣揚。受此影響，人們心目中「政府」的角色，
彷彿就是代表一種壓迫。至於北京城內既是異族身份兼具專制性格的清廷，無
論是聲望或形勢，經此衝擊後，於國人心目中，更是低落的一蹶不振。同時由
於時代思潮的轉向，無形中爲日後革命的來臨，預伏下一條捷徑。

　　於清季，固然因爲無政府主義思想的瀰漫，深深地影響著革命黨人而紛
紛獻身暗殺義舉；也因爲無政府黨員的實際參與革命活動，諸如李煜瀛等人
於北方籌組「京津同盟會」，在武昌革命爆發後，爲支援南方而於清廷心臟部
份給予最沉重的打擊。〔註 43〕最後迫使宗社黨氣餒，清帝的自動退位。但是

〔註39〕町田辰次郎，《日本社會變動史觀》，（東京堂書店，大正 13 年），頁 64～65。
〔註40〕劉師培、張繼等人旅日期間創設「社會主義議習會」，主要就是受到幸德秋水
　　　的影響。參見本論文，第肆章，第一節。另外幸德秋水的思想影響中國思想
　　　界也頗深，及至民初新文化運動期間，反基督教的聲浪日益膨脹。而於此反
　　　基督教運動中，朱執信曾發表一篇〈耶穌是什麼東西〉的文章。其理論依據
　　　有二：一爲海凱爾的《宇宙之謎》（馬君武譯）；另一則爲幸德秋水的《基督
　　　教抹殺論》，由此可見幸德秋水的思想影響國人之深遠。見陸丹林，《革命史
　　　譚》，（南京，獨立出版社，民國 34 年），頁 124。
〔註41〕大衰，〈天聲人語—人道之不幸〉，《民立報》，1910 年 12 月 15 日。作者將幸
　　　德秋水與托爾斯泰并列，云：「噫！托爾斯泰死矣！幸德秋水囚矣！何主持人
　　　道者之不幸也。予謂今歲世界史家無事可紀，有可紀之價值者，惟此二事耳。
　　　此二人者，其宗旨同，其懷抱同然。而俄政府尚能容托氏終老於林泉。而日
　　　政府則竟置幸德秋水於極典。兩政府相去如此之遠，誰謂俄國之不仁也」，痛
　　　斥日本政府的無道蠻橫。
〔註42〕无，〈小奢摩室詩話〉，《民立報》，1911 年 3 月 29 日。
〔註43〕胡鄂公，《辛亥革命北方實錄》，（上海，中華書局，民國 37 年），頁 120～125。

吾人皆知辛亥革命時期的主導理念是革命，於派系林立的革命陣營裡，在民族主義派與無政府主義派之間，縱使存有國家、民族主義與無政府、世界主義等，無可規避的理論緊張性。但是統御在「革命」的主導理念之下，均可化成無形。〔註44〕但是當武昌革命爆發後，南北對峙之際，由於主、客觀形勢的轉變，昔日維繫革命陣營爲一體的主導理念頓失。人們面臨最現實的問題是應該如何結束革命爆發後的亂局、如何建立起新秩序、新體制，至於昔日統御在革命理念下而隱伏的分歧意見，此時也因現實糾葛而紛紛浮出顯現，導致各派系相互爭執不下。〔註45〕

就無政府主義派而言，無政府主義者堅信，革命後的局面以「《新世紀》的眼光看來，且不曉得祖國不祖國，只曉得人道」。〔註46〕政體的何去何從，非其關懷的重心。至於無政府主義革命的核心內涵，就是「進化也，革去一切不進化之障礙物，革去一切違良心背人道之惡獸強權」。〔註47〕因此依據無政府主義理念，可將各派革命理念可歸納如下：〔註48〕

新世紀	掃除一切政府 純正自由	廢官止祿 無有私利	棄名絕譽 專尚公理
新舊過渡時代	傾覆舊政府 建立新政府 此勝于彼	黨魁 院紳 甘言運動	犧牲利祿 飢渴名譽 銅像峨峨
舊世紀	易朝 改姓 以暴易暴	大封功臣 維新三傑	名利雙收 升官發財

無政府主義派秉此上述新世紀革命觀，故當武昌革命爆發後，南北雙方重兵對峙不下，上海和議又陷入僵局，內戰隨時會再度爆發之際。部份無政府黨人秉持著「廢官止祿、棄名絕譽」的主張，挺身呼籲，斷然宣稱革命黨

〔註44〕譬如《天義》第二卷曾刊載志達〈保滿與排滿〉一文，就採取調和二派化解衝突的立場。此文於《新世紀》，第二十一號（1907 年 11 月 9 日）中，亦被全文轉載。由此可見此種立場爲旅居巴黎及東京的兩派中國無政府主義者所接受。

〔註45〕譬如胡漢民對於劉師復所統率的「香軍」，於武昌起事後所扮演的腳色，流露出強烈地不滿。參見胡漢民，《胡漢民自傳》，頁76。

〔註46〕燃，〈續小共和報中國革命談〉，《新世紀》，第二號，1907 年 6 月 29 日。

〔註47〕留英革命先鋒辛，〈支那立憲黨之模型〉，《新世紀》，第六十六號，1908 年 9 月 26 日。

〔註48〕〈新世紀之革命〉，《新世紀》，第一號，1907 年 6 月 22 日。

人若爲政權而延長戰爭，將無可自恕。〔註 49〕因此對南京的革命軍政府頻頻施加壓力，最後導致孫中山迫於現實，委曲求全，採取妥協立場而拱手將革命的果實讓與袁世凱，〔註 50〕換取全國的和平統一，以結束革命後之亂局。但是此舉卻種下日後袁世凱劫奪民國的因素之一，此可謂是無政府主義者於辛亥革命運動中，所造成的另一深鉅之影響。

　　至於李煜瀛、吳敬恒、蔡元培、汪兆銘等人，於民國建立之後，有鑑於革命近程目標已完成，放眼中國現實環境之所需，乃共商議決，號召有志一同者秉持無政府主義的信念，向無政府主義的另一境界邁進，遂發起「進德會」與「八不會」。二會成立主旨是希望會員們能以道德品性相互砥礪，以正人心，內中規約充滿著無政府主義的道德特質及理想。由於參與者均屬社會名流，聲望顯著，因而於民初政壇形成一股清流，對於紛亂的民初社會與人心，一時之間也產生了一定程度的影響。〔註 51〕

〔註 49〕郭廷以，《近代中國史綱》，（香港中文大學出版部，西元 1980 年），頁 420～421。

〔註 50〕孫中山，〈在日本組織中華革命黨致鄧澤如函〉，民國 3 年。收入中國國民黨黨史會綱，《國父全集》，（台北，中華民國各界紀念國父百年誕辰籌備委員會，民國 54 年），第二冊，頁 9～197。

〔註 51〕李煜瀛，〈發起進德會會約〉，收入中國國民黨黨史會編，《李石曾先生文集》，（台北，中央文物供應社，民國 69 年），上冊，頁 175～178。

第七章　結　論

　　鴉片戰爭以來中國面臨一個前所未有的變局，按二連三的衝擊，使得傳統中國的文化、政治、社會、經濟體系，呈現崩潰之勢。因此「亡國」的陰影常常縈繞在有志之士的心頭，從而衍生出「救亡圖存」的理念。在「救亡圖存」理念的激勵下，國人努力於西學的吸取，因此西方的文化、思想學說，有若潮水般地湧入中國。國人在學習模仿的過程中，歷經器物、制度層次的挫敗，西方的思想學說遂成為二十世紀前後，國人關注期盼之焦點。這可由清季翻譯西書的重心，從應用科技轉向法政得以證之。因此一時之間中國的思想界成了歐美各種主義、學說雜陳競逐的局面。〔註1〕由於時代氛圍之使然，尤其是當時盛行於歐美的社會主義思想，對於國人更具誘惑力。梁啓超即樂觀地認定「社會主義其必磅礴於二十世紀也明矣」。〔註2〕至於無政府主義思想可謂是近代西方社會主義巨潮中之一支，因此其訊息也隨同社會主義涓滴地進入中國；祇是早年尚無人有系統地將其介紹給國人。

　　至於清季中國所面臨的現實問題，是直接來自於外力的挑戰，尤其是政治與經濟的侵略。由於清廷拙於應付，無法滿足國人的期盼，導致國權淪喪、民生日窘。加以清廷內部保守力量的作梗阻撓，改革運動屢遭挫折。從此政治活動的重心乃從「維新保皇」轉向「革命排滿」。

　　「革命排滿」可謂是民族主義情緒高漲後最具體的展現，譬如《復報》社即公然揭示其成立宗旨是因為「本社同人痛恨國之已亡，憤異族之無狀……發

〔註1〕王德昭，〈同盟會時期孫中山先生革命思想的分析研究〉，收入吳相湘編，《中國現代史料叢刊》，（台北，正中書局，民國49年），第一冊，頁182～183。

〔註2〕飲冰子，〈飲冰室自由書〉，《新民叢報》，第十七號，光緒38年9月1日。

揮民族主義，傳播革命思想爲國人之霜鐘」。〔註3〕在民族主義的激勵下，伴隨
著內憂外患層次的逐步提高，益發刺激國人步上激進之途。由於當時的一般中
國革命黨人咸認爲中俄兩國的革命黨都是爲公理正義奮鬥，因此盛行於俄國的
無政府主義及虛無黨的活動事蹟，經由國人蓄意的鼓吹、頌揚，再配合這股激
進思潮，他們的行徑遂成爲人們效法的對象。雖然當時的一般國人甚至於無法
分辨出二者之不同。〔註4〕同時於二十世紀初葉，大批學子湧往歐美、日本，
求取新知。留學生們進入海外新世界，認知感受截然不同於往昔的傳統知識份
子，思想體系可謂與世界思潮同流。尤其是留學界的革命氣氛日益高漲後，傾
心革命的留學生紛紛於西方法政理論中搜尋可以適用於中國者。至於當時的西
方社會適值無政府主義與社會主義運動之巔峰，又由於無政府主義的內在精神
與方法策略，均能與清季激進主義思潮相契合。在此背景下，一群旅居法、日
兩國的留學生，深受無政府主義思想的影響，遂起而倡導，並分別於兩地發行
刊物鼓吹之。從此，無政府主義乃有系統、有組織地在中國推展開。

　　討論當代中國無政府主義運動，爲了正確地掌握此段歷史，首先必須以
1911年辛亥革命爆發及民國建立爲斷限。〔註5〕至於辛亥革命時期的無政府主
義運動又可以1907年爲分期，1907年以前的無政府主義一直以零碎含混的型
態流傳於國內，以致國人常把無政府主義、虛無主義與社會主義混爲一談。
認知模糊最明顯的反應，即是國人往往爲適合己用，任意截取零星理念。甚
至於使用錯誤的傳聞，導致完全背離事實原旨。譬如楊篤生受到煙山專太郎
的影響，一再地使用無政府主義或虛無主義的名詞敘述俄國革命，但是他本
人卻并不贊同無政府主義。〔註6〕至於吳樾雖然吸收了俄國革命黨人的方法應
用於中國，但是他的目標是純政治的，毫無觸及無政府主義最基本的觀點。〔註
7〕至於1907年以後，鼓吹無政府主義者可分爲兩大系統，旅居日本的「社會
主義講習會」及流寓法國巴黎的「世界社」。前者在劉師培、何震、張繼的領
導下，密切地與日本的無政府黨員往來，并且深受其等影響，發行《天義》
爲其機關報。後者則在李煜瀛、張人傑、吳敬恒等的領導下，以《新世紀》

〔註3〕　〈復報社廣告〉，刊於於《民報》，第七號。
〔註4〕　譚彼岸，〈俄國民粹主義對同盟會的影響〉，收入《歷史研究》，1959年，
　　　　　第一期，頁36。
〔註5〕　同上，頁40～41。
〔註6〕　同上，頁35～45。
〔註7〕　Martin Bernal, *Chinese Socialism to 1907,* p.207。

週刊宣揚其理論。由於思想淵源及環境背景的差異，使得二派間存有某種層次的理論差異。《天義》報的言論，由於劉師培及何震的緣故，傾向於女權的鼓吹，并帶有濃郁的傳統色彩。尤其劉師培往往爲達到鼓吹無政府思想之目的，乃從傳統文獻中搜尋材料，甚而穿鑿附會，任意比擬。若就無政府主義理論的鼓吹闡揚而言，此派貢獻不大。因此當1908年張繼被迫離日，劉師培與何震驟間雙雙投身滿清大吏端方門下，此派遂瞬間煙消雲散，不復再有任何影響力。至於「世界社」同仁，由於適處於無政府主義運動重心之所在地，李煜瀛等人不僅有能力接觸到原典；甚至與克魯泡特金等無政府主義的宗師們亦曾有過直接書信的往來。〔註8〕因此在理論的掌握、發揚及運動的擴張上，是頗具影響力。《新世紀》與《天義》所展現的言論內容最大不同處，在於面對傳統中國文化的立場。《天義》於鼓吹無政府主義時，往往從傳統裏蒐尋證據。因此老子、鮑敬言等人，乃被《天義》的作者譽之爲中國無政府主義的啓蒙者；但是《新世紀》的作者們卻堅持進化的原則，根本上是排拒、否定傳統的價值，并且堅信科學才是社會進化的正途。另外《新世紀》中大量地翻譯西方的理論，對於清季國人的思想影響尤鉅。劉師復日後致力於無政府運動的推展，主要就是受到《新世紀》的影響。

　　雖然《天義》與《新世紀》兩大無政府主義團體於理論上存有歧異，但是卻不致於嚴重地傷害雙方的情感。最主要的原因是因爲他們皆統御在革命的時代主導理念之下，秉持獻身革命、完成革命的近程目標，因此遠程目標及理論的歧見，皆可淡化之。

　　清季的時代主導理念是革命，因此人們的思維、行動均有意無意地發自於革命。孫中山早年倡導種族革命，後來雖然以民權主義、民生主義加以延伸擴充，并且認爲：「觀大同盟罷工與無政府黨、社會黨之日熾，社會革命其將不遠」。〔註9〕但是探索清季革命的基本精神，誠如同盟會機關報《民報》所揭示的：「民族主義爲人性所故有……羅馬帝國瓦解後，民族主義代世界主義而興」，〔註10〕乃是本之於民族主義的擅揚。但是無政府主義的基本理論是反對種族主義的，因此無政府主義派與民族主義革命派之間必然存有著不可規避的理論緊張性。

〔註8〕李煜瀛，〈僑學發凡〉，收入黨史會編，《李石曾先生文集》，（台北，中央文物供應社，民國70年），上冊，頁294。

〔註9〕孫文，〈民報發刊詞〉，《民報》，第一號，頁2。

〔註10〕精衛，〈民族的國民〉，《民報》，第一號，頁3。

但是二派統御在革命的大原則下，民族主義革命派視清廷為壓迫人民的異族政權，理應推翻；在無政府主義者的眼中，滿清政權即代表著政府強權，尤應共棄之。因此，由於近程目標的一致，二派之間縱使存有終極目標的衝突，但是皆可暫時得以化解。尤其是無政府主義者一再地鼓吹革命暗殺，對於部份於武裝起義屢遭挫敗的革命黨人，更是具有著無比的誘惑力。於是革命志士前仆後繼地獻身於革命暗殺壯舉，雖然他們的手段充滿無政府主義色彩，但是他們的核心目的卻是倒滿革命。〔註11〕在此風潮下，爆發一連串的暗殺事件，導致革命情勢的扭轉。這種相輔相成之效，也可謂是無政府主義於革命運動中頗具深遠的影響。〔註12〕另外在理論層次上，無政府主義思想的盛行，對於革命陣營的理論層面，也產生了很大的衝擊。由於無政府主義思想的擴散，導致革命理論呈現多樣性。最直接的反應即是從 1907 年至 1911 年之間，孫中山的民生主義由於無政府主義思潮的橫溢而淹沒不彰。〔註13〕

及至武昌革命爆發，民國建立。由於南北對峙，和議不成，國家瀕臨分裂割據之局面。部份無政府黨員秉持「功成身退，敝屣榮利」的主張，亟力促請南方革命政府顧全大局儘速與袁世凱妥協，最後導致孫中山將總統一職拱手相讓。對於日後的政局，更是造成了無比深遠的影響。

至於清季輸入中國的無政府主義，就理論內涵而言，若是透過詳析會發現與西方的原貌存有很大的差別。若再深入探究產生差異的原因及意義，主要導源於清季國人引介無政府主義的基本出發點，在於如何適用於中國的環境，因而，往往是實用性高於理念本身的信仰。至於西方無政府主義的本質

〔註11〕湖北歷史學會編，《辛亥革命論文集》，（湖北人民出版社，西元 1981 年），頁 201。

〔註12〕由於歷史背景及理論衝突，共黨史家對於無政府主義思想夙持嚴厲的批判立場。但是就無政府主義者於辛亥革命時期所扮演的角色，中共史家也不得不承認地說：「西歐無政府運動在中國資產階級革命派內部的反映，它的理論是空幻的，不切實際的，乃至是反動的」。但是「一些言行在當時歷史條件下，具有一定進步意義」。參見彭英明，〈評辛亥革命前的無政府主義思潮〉，《文匯報》，1980 年 2 月 25 日。吳玉章也認為：「1907 年末，《四川》即以其鮮明的革命姿態與世人見面了，……它的思想大抵是愛國主義的，民主主義的，同時並有若干無政府主義的成份……而無政府主義思想，誰都知道對共產主義思想說來是一種反動的思潮，但在當時，它卻鼓舞著人們去進行冒險的革命鬥爭，主要的作用還是積極的。」參見吳玉章，《辛亥革命》，（北京，人民出版社，西元 1973 年），頁 94～95

〔註13〕張玉法，《清季的革命團體》，頁 363。

及眞諦，倒不是吸引國人擷取引介的主要原因。因此被扭曲或與原貌存有某種程度的差距，這也是必然的。但是透過此一現象，亦可證明近代國人的吸取西學，具有強烈的「工具」色彩。此種思想傾向，也導致近代中國思想界的混淆雜亂。

徵引書目

一、中文部份

（甲）報　刊

1. 《女學報》，東京，光緒 29 年。
2. 《天討》，《民報》第十二號增刊，1907 年 4 月 25 日。
3. 《天義》，東京，光緒 33 年～34 年。
4. 《中國日報》，香港，光緒 33 年。
5. 《中興日報》，新加坡，光緒 33 年～宣統元年。
6. 《民立報》，上海，宣統 2 年～民國 2 年。
7. 《民吁日報》，上海，宣統元年。
8. 《民呼日報》，上海，宣統元年。
9. 《民報》（月刊），東京，光緒 31 年～宣統元年。
10. 《江蘇》（月刊），東京，光緒 29 年～30 年。
11. 《東方雜誌》，上海，光緒 29 年～民國 37 年。
12. 《俄事警聞》，上海，光緒 29 年。
13. 《洞庭波》，東京，光緒 32 年。
14. 《浙江潮》（月刊），東京，光緒 29 年。
15. 《國民日日報彙編》，台北，中國國民黨中央黨史委員會（以下簡稱黨史會）影印本，民國 57 年。
16. 《國民報彙編》，台北，黨史會影印本，民國 57 年。

17. 《清議報》,橫濱,光緒 24 年～27 年。

18. 《黃帝魂》,台北,黨史會影印本,民國 57 年。

19. 《湖北學生界》,東京,光緒 29 年。

20. 《新世紀》(週刊),巴黎,1907 年～1910 年。

21. 《新民叢報》(半月刊),橫濱,光緒 28 年～33 年。

22. 《萬國公報》,上海,同治 13 年～光緒 32 年。

23. 《漢幟》(月刊),東京,光緒 32 年。

24. 《譯書彙編》,東京,光緒 26 年～27 年。

25. 《蘇報》,上海,光緒 29 年。

(乙)專 書

1. 丁文江編,《梁任公先生年譜長編初稿》,台北,世界書局,民國 51 年。

2. 于右任先生百年誕辰紀念籌備委員會編輯,《于右任先生文集》,台北,國史館,民國 67 年。

3. 中國科學院哲學研究所中國哲學史組編,《中山縣志初稿》,台北,台灣學生書局,民國 62 年。

4. 《中國大同思想資料》,北京,中華書局,1959 年。

5. 中國國民黨黨史會編,《革命文獻》,第一輯至第四輯,台北,民國 42 年。

6. 中國國民黨黨史會編,《國父全集》,六冊,台北,民國 46 年。

7. 中國國民黨黨史會編,《革命先烈先進傳》,台北,民國 54 年。

8. 中國國民黨黨史會編,《黃克強先生全集》,台北,民國 57 年。

9. 中國國民黨黨史會編,《國父年譜》,增訂本,台北,民國 58 年。

10. 中國國民黨黨史會編,《吳稚暉先生全集》,民國 58 年。

11. 中國國民黨黨史會編,《革命人物誌》,第一～八集,民國 58 年至 60 年。

12. 中國國民黨黨史會編,《李石曾先生文集》,台北,民國 69 年。

13. 中國國民黨黨史會編,《張靜江先生文集》,民國 71 年。

14. 中華民國各界紀念國父百年誕辰籌備委員會編,《國父年譜》,台北,民國 54 年。

15. 中華民國開國五十年文獻編撰委員會,《中華民國開國五十年文獻》,第一、二編,台北,民國 51 年至 54 年。

16. 戈公振,《中國報學史》,台北,學生書局,民國 70 年。

17. 文史資料研究委員會編,《紀念辛亥革命七十週年史料專書》,上、下冊,廣東人民出版社,民國 70 年。

18. 文史資料研究委員會編，《辛亥革命回憶錄》，第六集，北京，文史資料出版社，西元 1981 年。

19. 文史資料出版社編，《回憶辛亥革命》，北京，新華書店，西元 1981 年。

20. 方漢奇，《中國近代報刊史》，山西人民出版社，西元 1981 年。

21. 巴克譯，克魯泡特金，《麵包與自由》，台北，帕米爾書店，民國 64 年。

22. 世界社編，《張靜江先生百歲誕辰紀念集》，台北，世界社，民國 65 年。

23. 亓冰峯，《清季革命與君憲的論爭》，中國學術獎助委員會，民國 56 年。

24. 王爾敏，《晚清政治思想史論》，台北，台灣學生書局，民國 58 年。

25. 王爾敏，《中國近代思想史論》，台北，華世出版社，民國 64 年。

26. 王樹槐，《外人與戊戌變法》，台北，中研院近代史研究所，民國 54 年。

27. 王蘧常，《民國嚴幾道先生復年譜》，台北，台灣商務印書館，民國 70 年。

28. 毛思誠，《民國十五年以前之蔣介石先生》，香港，龍門書店，西元 1965 年。

29. 司特普尼克，巴金譯，《俄國虛無主義運動史話》，上海，文化生活出版社，民國 25 年。

30. 安嘉芳，《新世紀始末及其言論之分析》，文化大學史研所碩士論文，打印本，民國 66 年。

31. 甘友蘭、鄭樞俊，《社會主義運動史》，香港亞洲出版社，民國 46 年。

32. 左舜生，《中國現代名人軼事》，香港，自由出版社，民國 46 年。

33. 左舜生，《萬竹樓隨筆》，香港，自由出版社，民國 57 年。

34. 左舜生，《黃興評傳》，台北，傳記文學出版社，民國 57 年。

35. 石錦，《中國現化代運動與清末留日學生》，台北，嘉新水泥公司文化基金研究論文，民國 70 年。

36. 田桐，《革命閒話》，手抄本，黨史會藏。

37. 印順，《太虛大師年譜》，台北，正聞出版社，民國 70 年。

38. 李又寧、張玉法主編，《近代中國女權運動史料》，台北，傳記文學出版社，民國 64 年。

39. 李又寧、張玉法編，《中國婦女史論文集》，台北，台灣商務印書館，民國 70 年。

40. 李書華，《碣廬集》，台北，傳記文學出版社，民國 56 年。

41. 李劍農，《中國近百年政治史》，台北，台灣商務印書館，民國 64 年。

42. 《李石曾先生紀念集》，出版時間、地點不詳。

43. 中央研究院近代史研究所，《辛亥革命研討會論文集》，台北，中央研究院近代史研究所，民國 72 年。

44. 吳天任,《黃公度先生傳稿》,香港中文大學,西元 1972 年。

45. 吳玉章,《辛亥革命》,北京,人民出版社,西元 1973 年。

46. 吳玉章,《吳玉章回憶錄》,北京,中國青年出版社,西元 1978 年。

47. 吳相湘,《民國史事論叢》,台北,傳記文學出版社,民國 57 年。

48. 吳相湘,《宋教仁》,台北,傳記文學出版社,民國 60 年。

49. 吳相湘,《民國政治人物》,台北,傳記文學出版社,民國 71 年。

50. 吳相湘,《孫逸仙先生傳》,台北,遠東圖書公司,民國 72 年。

51. 余英時,《歷史與思想》,台北,聯經出版公司,民國 66 年。

52. 余英時,《史學與傳統》,台北,時報文化出版公司,民國 71 年。

53. 何香凝,《回憶孫中山和廖仲愷》,北京,中國青年出版社,西元 1957 年。

54. 何幹之,《近代中國啓蒙運動》,重慶,生活書店,民國 36 年。

55. 宋教仁,《我之歷史》,台北,文星書店,民國 51 年。

56. 杜呈祥,《鄒容傳》,台北,帕米爾書店,民國 41 年。

57. 辛亥革命史研究會編,《辛亥革命史論文選》,北京,三聯書店,西元 1981 年。

58. 汪榮祖,《晚清變法思想論叢》,台北,聯經出版公司,民國 73 年。

59. 克魯泡特金,巴克譯,《我底自傳》,台北,帕米爾書店,民國 64 年。

60. 克魯泡特金,天均等譯《無政府主義》,,台北,帕米爾書店,民國 66 年。

61. 呂芳上,《朱執信與中國革命》,中國學術著作獎助委員會,民國 67 年。

62. 林言椒編輯,《中國歷史學年鑑》,北京,人民出版社,西元 1981 年。

63. 林維紅,《同盟會時代女革命志士的活動（西元 1905～1912 年）》,台大史研所碩士論文,打印本,民國 62 年。

64. 林毓生,《思想與人物》,台北,聯經出版公司,民國 72 年。

65. 周作人,《知堂回想錄》,香港,三育圖書文具公司,西元 1960 年。

66. 阿英,《晚清小說史》,香港,太平書局,西元 1966 年。

67. 金耀基,《中國現代化與知識份子》,台北,言心出版社,民國 66 年。

68. 侯外廬,《近代中國思想學說史》,上海,生活書局,民國 36 年。

69. 胡適,《四十自述》,台北,世界文摘出版社,民國 43 年。

70. 胡漢民,《胡漢民自傳》,台北,傳記文學出版社,民國 58 年。

71. 胡濱,《中國近代改良主義思想》,北京,中華書局,西元 1964 年。

72. 洪業,《洪業論學集》,台北,明文書局,民國 71 年。

73. 榮孟源,《中國近百年革命史略》,北京,三聯書店,西元 1954 年。

74. 徐文珊，《北方之強——張繼傳》，台北，近代中國出版社，民國71年。

75. 徐啟智譯，尼斯貝著，《西方社會思想史》，台北，桂冠圖書公司，民國68年。

76. 徐詠平，《民國陳英士先生其美年譜》，台北，台灣商務印書館，民國69年。

77. 徐復觀，《中國思想史論集》，台北，學生書局，民國69年。

78. 徐復觀，《學術與政治之間》，台北，學生書局，民國69年。

79. 梁啟超，《飲冰室全集》，台北，中華書局，民國49年。

80. 宮崎滔天著，宋越倫譯，《三十三年落花夢》，台北，中華書局，民國66年。

81. 海隅孤客，《解放別錄》，台北，文海出版社，民國57年。

82. 容閎，《西學東漸記》，台北，廣文書局，民國50年。

83. 容肇祖，《魏晉的自然主義》，台北，台灣商務印書館，民國59年。

84. 張文伯，《稚老閒話》，出版時間、地點不詳。

85. 張文伯，《吳敬恒先生傳記》，台北，黨史會，民國53年。

86. 張玉法，《清季的立憲團體》，台北，中央研究院近代史研究所，民國60年。

87. 張玉法，《清季的革命團體》，台北，中央研究院近代史研究所，民國64年。

88. 張玉法，《中國現代史》，台北，東華書局，民國66年。

89. 張玉法主編，《中國現代史論集》，台北，聯經出版公司，民國69年。

90. 張玉法編，《晚清革命文學》，台北，經世書局，民國70年。

91. 張君勱，《社會主義思想運動概觀》，台北，張君勱先生獎學金基金會，民國67年。

92. 張朋園，《梁啟超與清季革命》，台北，中央研究院近代史研究所，民國56年。

93. 張枬、王忍之編，《辛亥革命前十年間時論選集》，北京，新華書店，西元1960年。

94. 張東蓀，《思想與社會》，台北，盧山出版社，民國63年。

95. 張靜廬，《中國近代出版史料》，初編，二編，上海，群聯出版社，西元1954年。

96. 張繼，《張溥泉先生全集》，台北，中央文物供應社，民國41年。

97. 《張溥泉先生百年誕辰紀念集》，台北，中華民國史料研究中心，民國70年。

98. 陸丹林，《革命史譚》，南京，獨立出版社，民國 36 年。

99. 陸保璿輯，《滿清稗史》，台北，文海出版社，民國 60 年。

100. 《民國章太炎先生炳麟自訂年譜》，章炳麟，台北，台灣商務印書館，民國 69 年。

101. 章開沅，林增平主編，《辛亥革命史（上、中、下）》，北京，人民出版社，西元 1980 年。

102. 郭廷以，《近代中國史綱》，香港中文大學出版社，西元 1980 年。

103. 郭湛波，《近代中國思想史》，香港，龍門書店，西元 1967 年。

104. 陶希聖，《中國社會與中國革命》，台北，食貨出版社，民國 64 年。

105. 陶菊隱，《籌安六君子傳》，北京，中華書局，西元 1981 年。

106. 舒新城，《中國留學史》，台北，中國出版社，西元 1973 年。

107. 曹亞伯，《武昌革命眞史》，民國 18 年。

108. 孫常煒輯，《蔡元培先生全集》，台北，台灣商務印書館，民國 66 年。

109. 陳固亭，《國父與日本友人》，台北，幼獅書店，民國 54 年。

110. 陳演生編著，黃居素增訂，《陳競存先生年譜》，香港，龍門書店，西元 1980 年。

111. 陳獨秀，《實庵自傳》，台北，傳記文學出版社，民國 56 年。

112. 陳萬雄，《新文化運動前的陳獨秀》，香港，中文大學出版社，西元 1979 年。

113. 湖北省歷史學會編，《辛亥革命論文集》，湖北人民出版社，西元 1981 年。

114. 馮自由，《社會主義與中國》，香港，社會主義研究所，民國 9 年。

115. 馮自由，《中國革命運動二十六年組織史》，上海，商務印書館，民國 37 年。

116. 馮自由，《華僑革命開國史》，台北，台灣商務印書館，民國 42 年。

117. 馮自由，《革命逸史（一、二、三、四、五集）》，台北，台灣商務印書館，民國 42 年。

118. 馮自由，《中華民國開國前革命史》，台北，世界書局，民國 43 年。

119. 楊幼炯，《中國政治思想史》，台北，台灣商務印書館，民國 69 年。

120. 楊愷齡，《民國李石曾先生煜瀛年譜》，台北，台灣商務印書館，民國 70 年。

121. 楊愷齡，《民國張靜江先生人傑年譜》，台北，台灣商務印書館，民國 70 年。

122. 楊天石、劉彥成，《南社》，北京，中華書局，西元 1980 年。

123. 黃福慶，《清末留日學生》，台北，中央研究院近代史研究所，民國 64 年。

124. 褚民誼，《褚民誼最近言論集》，上海，大東書局，民國 18 年。

125. 鄒魯編，《中國國民黨史稿》，台北，台灣商務印書館，民國 54 年。

126. 劉大杰，《魏晉思想論》，上海，中華書局，民國 28 年。

127. 劉伯驥譯，《丁韙良遺著選錄》，台北，中華書局，民國 70 年。

128. 劉禺生，《世載堂雜憶》，，台北，長歌出版社，民國 65 年。

129. 劉師培，《劉申叔先生遺書》，，台北，京華書局，民國 59 年。

130. 《劉師復事略》，毛筆抄件，黨史會藏。

131. 劉師復，《劉師復文集》，台北，帕米爾書店，民國 68 年。

132. 劉焜燡編輯，《廣東辛亥革命史料》，廣東人民出版社，西元 1981 年。

133. 劉揆一，《黃興傳記》，台北，帕米爾書店，民國 41 年。

134. 趙淑敏，《永遠與自然同在──吳稚暉傳》，台北，近代中國出版社，民國 71 年。

135. 蔡元培，《蔡元培自述》，台北，傳記文學出版社，民國 56 年。

136. 黎澍，《近代史論業》，北京，學習雜誌社，西元 1958 年。

137. 蔣永敬，《現代史料論集》，台北，台灣商務印書館，民國 67 年。

138. 蔣永敬，《近代人物史事》，台北，台灣商務印書館，民國 68 年。

139. 蔣星煜，《中國隱士與中國文化》，台北，龍田出版社，民國 70 年。

140. 蔣夢麟，《西潮》，台北，世界書局，民國 61 年。

141. 錢穆，《中國思想史》，台北，學生書局，民國 66 年。

142. 錢穆，《中國近三百年學術史》，台北，台灣商務印書館，民國 69 年。

143. 龍冠海，《社會思想史》，台北，三民書局，民國 56 年。

144. 薛君度，楊慎之譯，《黃興與中國革命》，香港，三聯書店，西元 1980 年。

145. 蕭公權，《中國政治思想史》，台北，聯經出版公司，民國 71 年。

146. 蕭瑜，《五書先生聯話》，台北，新天地書局，民國 62 年。

147. 蘇曼殊，《蘇曼殊全集》，台北，大中國圖書公司，民國 56 年。

（丙）論　文

1. 王樹槐，〈清季的廣學會〉，《中研院近史所集刊》，第四期，上冊，民國 62 年。

2. 田夫，〈陳獨秀與無政府主義的鬥爭〉，《史學月刊》，開封，人民出版社，三期，西元 1982 年。

3. 石錦，〈早期中國留日學生的活動與組織（西元 1896～1901 年）〉，《思與言》，第六卷，第一期，民國 57 年。

4. 余英時，〈意識型態與中國現代思想史〉，《中國時報》，民國 71 年 8 月 11

日～16 日。

5. 李石曾,〈張靜江先生的革命史蹟〉,《中國一週》,第三十九期,民國 39 年。

6. 李書華,〈李石曾先生家世及少年時代〉,《傳記文學》,第二十四卷,第一期,民國 64 年。

7. 李書華,〈辛亥革命前後的李石曾先生〉,《傳記文學》,第二十四卷,第二期,民國 64 年。

8. 李喜所,〈清末留日學生人數小考〉,《文史哲》,第三期,西元 1982 年。

9. 李潤蒼,〈章太炎與日本的無政府主義〉,《學術月刊》,第六期,西元 1981 年。

10. 吳玉章,〈吳玉章自傳〉,《歷史研究》,第四期,西元 1981 年。

11. 吳雁南,〈劉師培的無政府主義〉,《貴州社會科學》,第五期,西元 1981 年。

12. 林能士,〈京津同盟會與辛亥革命〉,《中華文化復興月刊》,第十二卷,第一期,民國 68 年。

13. 胡秋原,〈由俄羅斯之虛無主義到共產主義〉,《大陸雜誌》,第五卷,第四期,民國 44 年。

14. 郭正昭,〈從演化論探析嚴復型危機感的意理結構〉,《中研院近史所集刊》,第七期,民國 67 年。

15. 陶英惠,〈記民國四老〉,《傳記文學》,第三十三卷,第五期,民國 64 年。

16. 張玉法,〈興中會時期的革命宣傳〉,《女師專學報》,第四期,民國 62 年。

17. 張玉法,〈同盟會時代的革命宣傳〉,《國立師範大學歷史學報》,第二期,民國 63 年。

18. 張朋園,〈梁啟超之迎拒虛無主義〉,《大陸雜誌》,第三十八卷,第六期,民國 58 年。

19. 張朋園,〈清末民初的知識份子〉,《思與言》,第七卷,第三期,民國 58 年。

20. 張朋園,〈辛亥革命時期領袖群的進取與保守〉,《中華文化復興月刊》,第四卷,第七期,民國 60 年。

21. 張朋園,〈廣智書局一九○一～一九一五〉,《中研院近史所集刊》,第二期,民國 60 年。

22. 張朋園,〈時報－維新派宣傳機關之一〉,《中研院近史所集刊》,第四期,上冊,民國 62 年。

23. 陳旭麓,〈中國近代史上的革命與改良〉,《歷史研究》,第六期,西元 1980

年。

24. 湯志鈞，〈關於亞洲和親會〉，收入《辛亥革命史叢書》，第一輯，北京，中華書局，西元 1980 年。

25. 彭英明，〈評辛亥革命前的無政府主義思潮〉，《文匯報》，西元 1980 年 2 月 25 日。

26. 曾叢英，〈民元前後的江亢虎和中國社會黨〉，《歷史研究》，第六期，西元 1980 年。

27. 楊天石編，〈社會主義講習會資料〉，《中國哲學》，第一輯，北京，三聯書店，西元 1979 年。

28. 楊世釗、王永祥，〈建黨初期旅歐中國共產主義者反對無政府主義的鬥爭〉，《南開學報，第六期，西元 1982 年。

29. 賈世杰（Don C. Price），〈俄國與辛亥革命之起源〉，《中國現代史專題研究報告》，第三輯，台北，中華民國史料研究中心，台北，民國 62 年。

30. 赫菲茨（A. H. ），〈二十世紀初俄中兩國人民之間的革命連繫〉，《史學譯叢》，第五期，西元 1957 年。

31. 蔣永敬，〈同盟會民報的言論與辛亥革命〉，《中華文化復興月刊》，第十二卷，第一期，民國 68 年 1 月。

32. 鍾兆麟，〈什麼叫做虛無主義〉，《國立中央大學半月刊》，第六期，民國 19 年 1 月 1 日。

33. 譚彼岸，〈俄國民粹主義對同盟會的影響〉，《歷史研究》，第一期，西元 1959 年。

二、日文部份

1. 丸山松幸，《中國近代の革命思想》，東京，研文出版，西元 1982 年。

2. 小山弘健，《日本社會運動史研究史論―文獻目錄とその解説一八九九～一九五六》，東京，新泉社，西元 1979 年。

3. 小林壽彦，〈小說『東歐女豪傑』の作者〉，《東洋學報》，第五十五卷，第三號，西元 1972 年 2 月。

4. 小野川秀美，《晚清政治思想研究》，東京，西元 1969 年。

5. 中村英雄，《最近の社會運動》，東京協調會出版，昭和 5 年。

6. 平野義太郎，〈中國革命報『天義』の日本における發刊――日中の初期社會主義の交流〉，附於《天義》（影印本），東京，大安株式會社，西元 1966 年。

7. 北一輝，《支那革命外史》，東京，內海文宏堂，昭和 13 年，增五版。

8. 永井算巳，〈社會主義講習會と政聞社〉，《東洋學報》，第五十一卷，第三號，西元 1968 年 12 月。

9. 永井算巳，〈民報封禁事件〉，《東洋學報》，第五十五卷，第三號，西元 1972 年 2 月。

10. 吉野造作編，《明治文化全集》，東京，日本評論社，昭和 4 年。

11. 里井彥七郎，《近代中國における民眾運動とその思想》，東京大學出版會，西元 1978 年。

12. 町田辰次郎，《日本社會變動史觀》，東京，東京堂書店，大正 13 年。

13. 赤松克麿，《日本社會運動史》，岩波書店，西元 1952 年。

14. 高畠素之編，《社會問題辭典》，東京，新潮社，西元 1927 年。

15. 松本健一，《評傳北一輝》，東京，大和書房，西元 1976 年。

16. 辛德秋水，《社會主義神髓》，東京，由分社，明治 38 年，第七版。

17. 荒畑寒村，《平民社時代——日本社會主義の搖籃》，東京，中央公論社，西元 1973 年。

18. 菊池次郎，《近世日本社會運動史》，東京，白揚社，西元 1934 年。

19. 隅谷三喜郎，《日本の社會思想——近代化とキリスト教》，東京大學出版會，西元 1970 年。

20. 景梅九著，大高巖、波多野太郎譯，《留日回顧——中國アナキストの半生》，東京，平凡社，西元 1965 年。

三、英文部份

1. Bernal, Martin. *Chinese Socialism to 1907*. Cornell University Press, 1976.

2. Carter, Aqril. *The Political Theory of Anarchism*. London, Routledge & Kegan Paul Press, 1971.

3. Chan, Fook-lan Gibert. *A Chinese Revolutionary: The Career of Liao Chung-kai 1878-1925*. Dissertation of History, Columbia University, New York, 1975.

4. Chang, Yu-fa, "*The Effects of Western Socialism on the 1911 Revolution in China,*" Submitted in partial fulfillment of the reguirements for the degree of Master of Arts, Columbia University, New York.

5. Cheng, Shelley Hsien. "*The Tung-meng-hui: Its Organization, Leadership and Finances, 1905～1912.*" Unpublished Ph. D, Dissertation. University of Washington Press, Seattle, 1962.

6. Cole, G.D.H. *Socialhsm Thought, Marxism and Anarchism 1850～1890.* London, The Mac Millan Press, 1954.

7. Dirlik, Arif, and Edward S. Krebs. "*Socialism and Anarchism in Early*

Republican China." in *Modern China*, April 1981.

8. Feuerwerker, Albert, and Rhoads Murphy, Mary C. Wright（eds.）, *Approachs to Modern China History*, University of California Press, Berkeley and Los Angeles, 1969.

9. Furth, Charlotte （ed.）. *The Limits of Change: Essays on Conservative Alternatives in Republican China.* 台北，虹橋翻印本，1976.

10. Galai, Shmuel. *The Liberation Movement in Russia 1900-1905.* Cambridge University Press, 1973.

11. Gasster, Michael. *Chinse Intellectuals and the Revolution of 1911.* University of Washington Press, Seattle, 1969.

12. Gray, Jack （ed.）. *Modern China's Search for a Political Form.* Oxford University Press, 1969.

13. Hsiao, Kung-chuan. *A Modern China and a New World Kang Yu-wei, Reformer and Utopia 1858-1927.* University of Washington Press, Seattle, 1975.

14. Johnson Chambers （ed.）, *Ideaology and Politics in Contemporary China.* University of Washington Press. Seattle, 1973.

15. Kaplan, Lawrence. （ed）. *Revolution: A Comparative Study.* New York, Vintage Books, 1973.

16. Krebs, Edward Skinner. *Liu Ssu-fu and Chinese Anarchism, 1905-1915.* Ph. D. dissertation, University of Washington, Seattle, 1977. University Microfilms International, Ann Arbor, Michigan, 1982.

17. Kwok. D.W.Y. "*Anarchism and Traditionalism: Liu Shih-pei*". 香港中文大學，中國文化研究所學報，第四卷，第二期。

18. Kwok. D.W.Y. *Scientism in Chinese Thonght 1900-1950.* New York, Bible and Tannen, 1971.

19. Li, Yu-ning. *The Introductiion of Socialism into China.* Columbia University Press, 1971.

20. Pennock, J. Roland and John W. Chapman. *Anarchism.* New York University Press, New York 1978.

21. Price Don. C. *Russia and the Roots of the Chinese Revolution 1896-1911.* 台北，虹橋翻印本.1976.

22. Rankin, Mary B. *Early Chinese Revolutionaries: Radical Intellectuals in Shanghai and Chekiang 1902-1911.* Harvard University Press, Cambridge, Mass., 1971.

23. Salvadori, Massimo （ed.）. *Modern Socialism.* New York, Harper Torch Book, 1968.

24. Scalapino, Robert A. and George T. Yu. *The Chinese Anarchist Movement,* University of California Press, Berkeley, 1961.

25. Schiffrin, Harald Z. *Sun Yat-sen and the Origins of the Chinese Revolution.* University of Califonia Press, Berkeley, 1970.

26. Schwarz, Fred. *The Three Faces of Revolution.* The Capital Hill Press, Washington D. C. 1973.

27. Seligman, Edwin R.A.（ed.）*Encyclopaedia of the Social Sciences.* New York, The Mac Millam Company, 1967.

28. Wakeman Jr., F. and C. Grant （eds.）. *Conflict and Control in Late Imperial China.* University of California Press, Berkeley, 1975.

29. Wang, Y. C. *Chinese Intellectuals and the West.* University of North Carlorina Press, 1969.

30. Welch, Holmes. *The Buddhist Revival in China.* Harvard University Press, Cambridge, Mass., 1968.

31. Wilbur C. Martin. *Sun Yat-sen: Frustrated Patriot.* Columbia University Press, New York, 1976.

32. Wright, Mary C. （ed.） *China in Revolution: the First Phase 1900～1913.* Yale University Press, 1968.

33. Wilson, George M.. *Radical Nationalist in Japan: Kita Ikki 1883～1937.* Harvard Univessity Press, 1969.

附錄一：劉師復與中國無政府主義運動

壹、前　言

　　1912 年 11 月中國社會黨因路線之爭，正式宣告分裂。以沙淦爲領導的無政府主義信仰者，另行籌組社會黨，以推動無政府共產主義爲宗旨，此爲無政府主義在國內以組織型態進行活動的開始，但未久即被袁世凱政府禁止。民國舞台上活躍的無政府主義者，遂以提倡道德與教育的「進德會」及「留法儉學會」爲重心。迨二次革命爆發，因政治環境大變，進德會形同虛設，留法儉學會也因政府的干擾而停辦，一時之間，具有無政府主義色彩的活動，頓時陷入沉寂。當下沈悶之際，劉師復挺身而出，號召同志，高懸主義，組織「晦鳴學舍」，發刊《晦鳴錄》，宣揚無政府理念，擔負起承先啓後的重任。

貳、承先啓後的劉師復

　　辛亥革命期間，由於革命浪潮的激盪，無政府主義頗爲盛行。但是活動重心主要集中在日本東京和法國巴黎兩地；當時分別成立「社會主義講習會」及「世界社」，發行《天義》與《新世紀》以爲喉舌。國內雖有劉師復等人的活動，但是影響不大。1908 年、1910 年《天義》、《新世紀》分別停刊，不久劉師培、何震、汪公權等人回到上海，投身兩江總督端方門下，叛離革命。〔註 1〕民國建立後，由於主、客觀環境的改變，張靜江、李煜瀛、吳敬

〔註 1〕參閱洪德先，〈辛亥革命時期的無政府主義運動〉，師大歷史研究所碩士論文，民國 73 年。

恆等人的行止，亦有別於往昔。劉師復對這些無政府主義運動先驅者的改變及向現實妥協的態度，深感不滿。認為：「張繼既作議員，吳稚暉亦時週旋于國民黨間，既與政黨日益接近，既與社會無政府黨日漸疏離。」不禁痛心要「爲無政府主義痛哭！」〔註2〕由於《新世紀》已不復刊，無政府主義的前輩們對於主義的宣揚，也不如往日積極；雖然他們於辛亥革命時期的文章與言論仍具有強大的影響力，且爲日後無政府主義者理念的啓迪、理論的依憑及宣傳的利器。但是民國建立以後，由於他們大多逐漸淡出，民國時期的無政府主義運動遂轉由新的一代承擔，重要人物有：劉師復、梁冰弦、鄭佩剛、區聲白、黃凌霜、朱謙之、巴金等。他們秉持著信仰的熱忱，於多變的民初時期，創造一段光輝耀目、影響頗爲深巨的政治運動。根據現有資料顯示，從1912年至1931年間，中國無政府主義團體即成立一二七個，〔註3〕發行書刊達二二六種。〔註4〕由於眾多組織的成立，大量宣傳刊物的出版，無政府主義對當時社會、文化、政治產生的影響不小。

無政府主義的影響，可以民初中國社會黨的分裂爲例。究其分裂的原因，就是該黨黨員的政治信念可劃分爲贊同或反對無政府主義兩派，由於理念的對峙，最後導致分裂。當時真正有組織、有系統地推動無政府主義運動，且爲運動核心擔負承先啓後角色者，乃是劉師復及其同志們。

師復原名紹彬，因立志反滿，光復故國，改名爲劉思復，信仰無政府主義後，廢姓改名師復，三個名字代表三個不同時期的思想。〔註5〕師復于1884年6月27日生于廣東省香山縣都溪角村，劉家是當地世家，父親思想非常開通，維新運動時，創辦香山縣第一所學校，組織「天足會」，並大量印贈維新派人士的宣傳刊物，日後師復的思想發展，父親的特質應有一定的影響。十五歲考中秀才，名列全縣第一。後厭惡考場黑暗，放棄舉業，從事社會活動，成立演說社、閱書報社，並創辦香山第一所女校——嶺德女校。1904年赴日本，1905年加入同盟會，1907年回國，準備刺殺水師提督李準，安置炸彈不

〔註2〕 劉師復，〈致吳稚暉書〉，《劉師復文集》，（台北，帕米爾書店，民國69年），頁131。

〔註3〕 參見洪德先，〈民國初期的無政府主義運動1912～1931〉，師大歷史研究所博士論文，民國86年，附錄一。

〔註4〕 同上，參見附錄二。

〔註5〕 劉石心，〈關於無政府主義活動的點滴回憶〉，收入葛懋春編，《無政府主義思想資料選》，（北京，北京大學出版社，西元1984年），頁927。

慎引爆，事發被捕。由於左手因爆炸受傷遭致截肢，故有人撰聯曰：「稚暉五體投地，師復隻手回天」，描述師復的人格及影響。當時由於刺殺案查無實證，僅被判監禁。獄中三年，因家人財力疏通，故雖身處縲絏，但仍有相當自由，可以自由閱讀書報，其中包括《新世紀》等，思想因之幡然轉變，由昔日純粹之民族主義革命黨，思想開始轉向，確立了以後信仰無政府主義的方向。〔註6〕1909 年出獄後，即去香港，組織「支那暗殺團」，成員有陳炯明、謝英伯、高劍父、朱述堂、李熙斌、鄭彼岸、林冠慈、丁湘田等人。該團章程以「反抗強權」為宗旨，取單純破壞之手段。「雖未嘗標揭無政府之主張，然敢自信確為反抗強權之革命黨，而非復政治之革命黨。」師復自認為：「此後皆獨立運動，與同盟會亦幾無關係矣。」〔註7〕1911 年林冠慈狙擊李準及李沛基炸死廣東將軍鳳山兩役，均係該團所為。後計劃赴北京刺殺攝政王載灃，途經上海時，因滿清已被推翻，遂取消暗殺計劃，偕鄭彼岸、丁湘田轉赴杭州。旅次杭州期間，師復思考未來的方向。根據其胞弟劉石心的描述：「師復很聰明，遇事愛動腦筋，但也很偏激，容易走極端，他看到社會上和新政權中的一些問題，便對政治產生了厭惡情緒，認為任何政府和官吏都是不好的，要想消除這些弊病，只有搞無政府共產主義。」至於應該如何著手？師復認為：「必須從宣傳和加強個人道德修養做起。」〔註8〕日後籌組「晦鳴學舍」及「心社」的輪廓，此時已大致成形。

　　早期師復的無政府主義理念，較傾向追求退避式自給自足的小型公社。因此，辛亥革命之後，師復一度企圖「約同志到鄉村居住，半耕半讀，曾在新安的赤灣，覓得一地，從香港航行，約兩小時可到，面臨零丁洋，右停宋帝陵，有田七十畝，荔枝五百株，擬名紅荔山莊，後來又成了泡影。」〔註9〕放棄消極退避式的悠游生活，不辭辛勞地籌組「晦鳴學舍」及「心社」，除了受到《新世紀》及托爾斯泰的影響外；辛亥革命前後時局的矛盾、混亂現象，也是一個關鍵因素。諸如廣東光復後，胡漢民與陳炯明之間的矛盾衝突，師復等人居間調停，但無效果，令他對現實政治深感失望。於浙江、江西、安徽等地，黨人為了都督位置，也是爭鬥不休，湖南新任都督焦達峰甚至被殺。

〔註 6〕師復，〈駁江亢虎〉，《民聲》，14 號，1914 年 6 月 13 日，頁 4～5。
〔註 7〕同上。
〔註 8〕同註 5，頁 931。
〔註 9〕文定，〈師復先生傳〉，收入《劉師復文集》，頁 4。

至於地方上爭權奪利之事，更是頻傳不斷，致使師復放棄浪漫生涯的安排，投身於無政府運動中。

1912年5月師復創立「晦鳴學舍」，設於廣州西關存善東街八號。該學舍實為中國內地傳播無政府之第一團體。〔註10〕也是師復腦海裡的無政府理念與現實社會矛盾混亂交錯下，所走出的第一步，成員有劉師復、莫紀彭、劉石心、林直勉、梁冰弦、鄭彼岸、鄭佩剛等。〔註11〕由於受到本身理論水平的限制，故最初祇能利用既有的無政府書刊，重新編印，作為傳播理念的工具。譬如1912年編印《無政府主義粹言》一書，收錄自《新世紀》中的十八篇文章。不久又翻印《新世紀叢書》，共七冊，分別為《革命》（眞民著）、《思審自由》（眞民譯）、《告少年》（克魯泡特金著）、《秩序》（克魯泡特金著）、《世界七個無政府家》（愛斯露著）、《無政府共產主義》（克非業著）、《萬國革命暗殺圖》（眞民著）。1913年重印《軍人之寶筏》，同時又收錄〈工人無政府主義談〉、〈告少年〉等八篇譯文，匯集成《無政府主義叢刊》。分析上述書刊，幾乎全部來自昔日「世界社」的出版品或《新世紀》的文章，顯示此時「晦鳴學舍」同仁在理論方面尚未能建立一套完整的體系；由此亦可證明，吳敬恆、李煜瀛等人早年在巴黎鼓吹無政府主義，對日後中國無政府主義運動的影響是非常深遠的。故論者謂《新世紀》為民國前後「最有力之無政府主義七日報，中國無政府主義之發流，多導源於此。」〔註12〕「《新世紀》所下之種子，至是乃由晦鳴學舍為之匯漑而培植之。」〔註13〕師復認為經由「晦鳴學舍」同仁的努力，「一時風氣頗為披靡，凡一般研究社會主義者，皆知無政府社會主義之完善，且知國家社會主義之無用矣。」〔註14〕

1912年7月，劉師復又約集鄭彼岸、莫紀彭等人于廣州東園商議，議決秉持無政府主義自由結合的精神，創設「心社」，作為個人修身處世法則。透過個人人格行為的砥礪，感化群眾、社會。依據無政府主義精神，該社沒有章程、規則、不收社費、也不設社長及幹事。其宗旨是「破除現社會之僞道

〔註10〕劉師復，〈致無政府黨萬國大會書〉，《劉師復文集》，頁259。

〔註11〕鄭佩剛，〈鄭佩剛的回憶〉，收入高軍編，《無政府主義在中國》，（長沙，湖南人民出版社，西元1984年），頁513。

〔註12〕克勞，〈吾人二十年來之宣傳〉，收入張允侯等編，《五四時期的社團》，第四冊，（北京，三聯書店，西元1979年），頁325。

〔註13〕師復，〈致無政府黨萬國大會書〉，《劉師復文集》，頁259。

〔註14〕同上。

德、惡制度，而以吾人良心上新道德代替之。」另訂有社約十二條，即一不
食肉、不二飲酒、三不吸煙、四不乘轎及人力車、五不用僕役、六不婚姻、
七不稱族姓、八不作官吏、九不作議員、十不入政黨、十一不作海陸軍人、
十二不奉宗教。完全履行社約者為「社員」，履行一部份者為「贊成人」。時
人對「心社」宗旨，毀譽參半，但反應非常熱烈。當時梁冰弦任《平民報》
編輯，師復遂於《平民報》、《天民報》及上海《神州日報》闢〈心社析疑錄〉
專欄。〔註 15〕師復於專欄裡討論「心社」戒約的真諦及相關問題，後匯編成
單行本。但付梓時，適逢龍濟光查禁「晦鳴學舍」，承印書店懼禍，將文稿付
之一炬。〔註 16〕燼餘僅留下〈不吸煙不飲酒與衛生〉、〈不用僕役不乘轎及人
力車與平等主義〉、〈廢婚姻主義〉、〈廢家族主義〉四篇。至於師復本人為表
示身體力行，率先廢姓。故以後皆以「師復」名之。數年後周恩來等人創立
「覺悟社」，社員秉持無政府主義廢姓氏精神，以數字抓鬮作為稱謂，周恩來
抽得五號，從此以「伍豪」相稱，此一作風明顯地是受到「心社」的影響。〔註
17〕之所以有「心社」的誕生，除了師復腦海裡潛伏已久的無政府主義思想外，
另因師復有見於辛亥革命近程目標已完成，但是所呈現的卻是更激烈的名利
徵逐。雖然同盟會裡具有無政府主義思想者，如李煜瀛、蔡元培、吳敬恆、
汪兆銘等曾發起「進德會」、「六不會」（不作官、不作議員、不嫖、不賭、不
吃鴉片、不納妾），似乎成效不彰。師復乃企盼透過自我要求，以渡化周遭，
進而引領眾人往無政府主義的終極目標邁進。故「心社」的出現，可視為民
初這股思潮更進一步的發揮。雖然也有人認為「無政府主義派的高蹈遠引─
─把革命的中堅、純潔的青年引到脫離政治的地步。」〔註 18〕此言固有部份
屬實，但在民初社會秩序、道德價值混淆之際，高層次道德目標的樹立，其
所產生的正面功效，應是更具時代意義。

　　「世界語」（Esperanto）是師復宣揚無政府主義時的另一重點。師復認為
推動「世界語」「一方面傳達世界語於支那，一方面披布支那社會之真相於全

〔註 15〕師復，〈答凡夫〉，《劉師復文集》，頁 245。
〔註 16〕鄭學稼，〈劉師復和他的思想〉，收入《劉師復文集》，頁 71。
〔註 17〕以覺悟社為例，成員受到無政府主義廢姓氏影響，以編號數互稱，如：一號
　　　　鄧穎超，名逸豪。五號周恩來，名伍豪。四十一號諶小岑，名施以。二十九
　　　　號馬駿，名念久。參見：〈覺悟社社員名單〉，收入張允侯編，《五四時期的社
　　　　團》，第二冊，頁 305。
〔註 18〕吳玉章，〈辛亥革命的經驗教訓〉，轉引自李振亞，〈中國無政府主義的今昔〉，
　　　　《南開學報》，西元 1980 年 1 期。

世界，復以世界語及華文兩者徵集文件，互譯而並載之，使東西兩文明日益接近，行將導東亞大陸之平民與全世界平民攜手而圖社會革命之神聖事業。」〔註 19〕由此可知師復對於世界語的功能，界以極大的期望。

「世界語」為一波蘭眼科醫生柴門霍夫（L. L. Zamenhof 1859～1917）於 1889 年所創，他希望經由一種人為設計的語文字，便於學習使用，使得人人輕易可學，藉此建立世界共通語言，以幫助國際上溝通。由於世界語具有打破種界、文化藩籬的功效，因之往往被抱持世界主義理想的人們，視為達到目標的利器。有一位世界語的鼓吹者就認為「世界語不僅語文底本身精密完備，並且具有一種神聖的理想，就是所謂『世界語主義』（Esperantism），就是要打破部落思想促進人類互助的愛世精神，所以……要結合全世界勞工團體，除了世界語再沒有更適當的工具了。」〔註 20〕而「世界語是全人類直接間接交換思想傳達情感的工具，而且這工具更涵有弭人群慘禍，泯國際戰爭，聯五州感情，促世界大同的偉大效能。」〔註 21〕

師復首先於廣州西關寶源路的「平民學校」附設「世界語夜學」，由法國歸來的許論博任教。師復、彼岸等六十多人參加。同年秋，於廣州東堤東園前，成立「世界語學會」，與會者約三百餘人，年底於東堤廣舞台戲院召開世界語大會，到會者更多達千餘人。選出師復、許論博為正、副會長。不久師復又被「環球世界語學會」（國際總會設在瑞士）任命為「環球世界語廣會廣州分會」會長，復受派為該會駐廣州代表（或譯作通訊員、理事）。1914 年「民聲社」遷往上海後，師復於法租界白爾路租一屋，成立「世界語講習所」，由葉紐芳、蘇愛南主持。〔註 22〕

1913 年 8 月，師復創辦《晦鳴錄》，又名《平民之聲》。其「以倡導社會革命，促進世界大同為宗旨。」並宣示其基本信念為「共產主義、反對軍國主義、工團主義、反對宗教主義、素食主義、語言統一、萬國大同。」此外「一切新發明之科學，足為生活改良人類進化之母者，亦得附載。」〔註 23〕

〔註 19〕 師復，〈編緝緒言〉，《晦鳴錄》，第一期，1913 年 8 月 20 日，頁 2。

〔註 20〕 袁壽田，〈工人與世界語關係的深切〉，《覺悟》，民國 13 年 3 月 15 日。朱執信，〈送回俄羅斯去〉，《覺悟》，民國 9 年 3 月 6 日，據朱執信言，當時在上海，有俄國人以世界語聯絡工人，鼓吹工人運動。

〔註 21〕 王野平，〈世界語學者蔣愛眞的事略及其年譜〉，《進化》，1 卷 4 期，西元 1936 年 8 月，頁 320。

〔註 22〕 鄭佩剛，〈鄭佩剛的回憶〉，頁 512～513。

〔註 23〕 師復，〈師復啓事〉，《晦鳴錄》，第 2 期，西元 1913 年 8 月 27 日，頁 1～3。

《晦鳴錄》於此時創刊，除了爲宣揚無政府主義外，與其所處的時局，亦有密切的關聯。因爲正逢國民黨發動二次革命失敗，袁世凱已無顧忌，乃「借事下令解散非無政府之中國社會黨，殺其北京黨員陳翼龍。……社會黨憤憤復以他事被槍殺於通州。當此疾風捲地、狂濤滔天之時，吾等鼓吹無政府之機關報《晦鳴錄》乃適出現。」〔註24〕以筆舌之力，以抗拒現實世界的惡政府。同時「晦鳴學舍」同仁爲求更有效地宣揚無政府主義，以擴大影響力，乃將該社印製的書刊、印刷品、免費寄送各地，如各地報館、會社、省議會、縣議會等。當時《晦鳴錄》不僅在國內發行，於香港、南洋群島也頻見其蹤影。根據筆名「歐西」的報告，民國以前南洋地區並沒有太明顯的無政府主義活動，僅於 1905 年時曾流傳一本名爲《小熱昏》的刊物，但因其以韻文撰寫，故傳佈不廣，影響有限。民國成立之後，來自國內的無政府主義者分赴各地，組織群眾，宣揚理念。如「客公」於吉隆坡、「消生」於怡保、「顯純」於檳榔嶼、「冰弦」於仰光及荷屬東印度群島。他們皆以《民聲》爲理念傳播的工具，因此於很短期間南洋各重要地區，都有《民聲》的蹤跡，故就「五四時期」以前的無政府主義運動而言，《民聲》實具有關鍵性的影響。〔註25〕

　　1913 年 7 月二次革命爆發，隨即被袁世凱敉平。從此袁世凱對國內各政治勢力，進行強力鎮壓。但師復仍堅持《晦鳴錄》第二期於 8 月 27 日出版。因獲悉龍濟光已下令搜查「晦鳴學舍」，師復祇得於 26 日晚把印刷器材、鉛字等重要工具移往澳門南環四十一號，該處昔日曾爲同盟會機關所在，並更改刊名爲《民聲》，於 12 月 20 日才出版第三期。同時「晦鳴學舍」也更名爲「民聲社」。《民聲》創刊時間雖然很短，卻引起國際無政府主義團體間極大重視。俄國的克魯泡特金（Peter Kropotkin），波蘭的柴門霍夫（L. L. Zamenhof），美國的高德曼（Emma Goldman），法國的格拉佛（J. Grave）、荷蘭的克羅克（A. Kloek）、西班牙的羅森戎（Julro Mangada Rosenorn）及日本的大杉榮等都曾來函贊揚鼓勵。於英、澳、法、西、義、俄、日等地報刊對於「晦鳴學舍」的活動均有詳細的報導，師復也與各國無政府組織進行刊物交換，根據報導，與之交換的刊物達四十六種之多，遍及歐美、日本。〔註26〕

〔註24〕師復，〈我輩向前進〉，《劉師復文集》，頁 61。
〔註25〕歐西，〈南洋無政府主義運動之概況〉，《民鐘》2 卷 1 期，西元 1927 年 1 月 25 日，收入葛懋春等編，《無政府主義思想資料選》，頁 722～724。
〔註26〕〈風雨雞聲錄〉，《民聲》，3、4 號。西元 1913 年 12 月 20 日～21 日。

由於《民聲》爲中國國內第一本以宣揚無政府主義爲志職的刊物，遂引起世界無政府主義陣營的關注。許多外人紛紛來函表示願意擔任撰稿或通信報告者。根據記載於 1913 年底，就有三十七位外人自願擔任此職。其中俄人九位、荷蘭六位、德法各四位、西班牙三位、匈牙利、義大利各二位、日本、美國、巴西、葡萄牙、波蘭、波西米亞、瑞士各一位。〔註27〕

由於《民聲》鼓吹無政府主義，傳播革命思想，因而在澳門出版兩期後，北京政府透過葡萄牙駐華公使，龍濟光也令廣東省民政長照會葡萄牙領事，要求禁止《民聲》出版。澳門當局接受中國官方要求，查禁《民聲》，並派人監視師復，因此《民聲》被迫遷往上海發行。師復則於 1914 年舊曆一月乘「泉州」輪至香港，再轉乘太古公司的「安徽」輪赴上海。師復抵上海後，隨即於成都路樂善里租一屋，繼續編印《民聲》。成員則增加盛國成及一位日本籍無政府主義者山鹿泰治等。當時《民聲》封面註明於東京印刷，可能以假託外國出版地址方式，爲了避免法律糾紛及外力干涉。從第四期到二十二期，皆爲師復主持，除第四期出版時間恐怕與注明時間有問題外，從第五期至二十二期是 1914 年 4 月至 8 月每週準時出版的，後因師復罹病日重，「民聲社」的同志們咸認爲「《民聲》爲東亞唯一傳播機關，關係吾黨主義前途至巨，極宜設法維持。」〔註28〕故由林君復、梁冰弦相繼接任編輯職務。但因人力、物力等因素，至 1916 年 11 月乃宣告暫停出刊。直到 1921 年 3 月，在莫紀彭、劉石心、鄭佩剛等人的努力下，《民聲》以月刊方式於廣州復刊。復刊號銜接第二十九期，但至同年七月第三十三期出版後不再出版。〔註29〕

「民聲社」爲傳播《民聲》，陸續出版師復的《無政府淺談》和《平民之鐘》二書，後又匯集師復在《民聲》上批評江亢虎的文章，以《伏虎集》之名出版。也出版梁冰弦編譯《世界的風雲》、《世界工會》兩本有關工人運動的書。同時根據《新世紀》上文章，依其性質，匯集成《眞理叢刊》、《工人寶鑑》、《安那其共產主義討論集》等，以爲宣傳之媒介。

根據從「晦鳴學舍」至「民聲社」期間的出版品及其言論內容觀察，大致可以分爲兩個階段，前一階段的出版品，幾乎全部翻印《新世紀》的舊作品；新編的書刊，其內容亦皆摘錄、整理《新世紀》上的文章。當時師復及

〔註27〕《晦鳴錄》，第 2 期，西元 1913 年 8 月 27 日，頁 6。
〔註28〕〈記師復君追悼會事〉，《民聲》，23 號，西元 1915 年 5 月 5 日，頁 3。
〔註29〕同上，頁 6。

其同志們的思想，並未能清晰地呈現。故嚴格論之，此一時期的無政府主義運動，就理論體系而言，可謂完全承襲《新世紀》之遺緒。但於《民聲》出刊後，就其內容觀察，來源十分多樣。有直接譯自西方的原典，譬如冰弦譯介克魯泡特金的《麵包略取》（*Conquest of Bread*）；也有理念的闡釋與辯駁，譬如：〈無政府淺說〉、〈駁江亢虎〉；還有些針對現實環境，說明自我立場等等。這些文字流露出最大的意義，就是「民聲社」同仁已逐步脫離《新世紀》窠臼，而能以其為基礎向更高層次的理論發揮。故於《民聲》創刊後，彷彿「叩晨鐘於永夜，撥障翳於光天，而學派以明，真理以彰，異說以寢，遂令吳（敬恆）、李（煜瀛）諸先輩所下種子，得以發榮滋長，蓬蓬勃勃，幾有沛然莫禦之勢。」〔註30〕

就民國以來無政府主義運動的第一階段〔註31〕而言，無論是組織團體，或是理論體系的建立，師復實為關鍵性的核心人物。因此當師復病逝，大大的削弱了中國無政府主義運動的推展，其間雖然斷斷續續又出版一些書刊，但理論建設，組織推動，後繼無人。〔註32〕

師復除了在無政府主義理論體系建構與闡釋上具有承先啟後的地位外，另外在其號名下，原本夙以自由放任，不重組織的無政府主義者零星散布各地，以致在主義的宣揚及運動的推展上一直無法有效開展的困窘現象，也開始有了改變。早在 1914 年 3 月時，李煜瀛曾致函師復，討論中國無政府主義運動的進行方針，李煜瀛明確表示反對「設立機關，招人入黨」，他以歐美無政府主義運動為例說明之，李煜瀛認為無政府黨「與尋常政黨不同，似不宜有形式之組織。歐洲同志之結合，或自由交接，或相識者約集討論，」〔註33〕因為李煜瀛深信，當無政府黨若以組織型態進行活動，組織乃建立在權力之上，因此雖然最初目標為無政府理想，往往最後會產生「異化」（Alienation），導致權力利害等因素會抹殺了原先的理想。至於如何規避此現實人性之宿命，李煜瀛認為正本清源的方法就是反對如同其他政黨以組織型態進行活動。但是李煜瀛也並非完全排除所有形式的團體，他認為：「為同志之交通機關者，報社似已足用。」另外「若為作用計組織他種團體，自無不可。（如教育會、科學會），似宜標明

〔註30〕〈本報哀告〉，《民聲》，23 號，西元 1915 年 5 月 5 日，頁 3。
〔註31〕湯庭芬，〈五四時期無政府主義的派別及其分化〉，收入劉其發編，《近代中國空想社會史論》，（北京，華夏出版社，西元 1986 年），頁 242。
〔註32〕同註 21，頁 949。
〔註33〕〈附錄真民先生與師復書〉，《民聲》，6 號，西元 1914 年 4 月 18 日，頁 11。

主義之名誼。」〔註34〕李煜瀛的主張在今日觀之似乎過於浪漫，但是就當時而言，無論歐美或中國，無政府主義運動皆處於實驗時期，不具任何實務經驗，因此，一廂情願、不切實際的浪漫想法產生，也是可以理解的。

雖然李煜瀛夙來是師復於無政府主義方面所尊重的前輩，但是 1914 年的中國環境，誠如師復在〈致萬國大會書〉中所分析，當時在中國推動無政府主義有二易，其中之一即「中國向無社會民主黨，亦無人倡集產主義之學說，至（於）江亢虎所倡立社會政策，則自『中國社會黨』解散後，聲響已寂⋯⋯信者絕稀。」〔註 35〕因此，於此之際適逢中國社會主義運動的理論及組織之空窗期，故師復主張成立組織以結合散漫、分佈各地的無政府主義者，當各地小組織陸續成立後，就可設立更高層次機關，以爲連繫。但是師復也注意到應防備因以組織型態宣揚主義而導致運動方向被誤導以致變質，因此師復認爲必須秉持無政府精神推動之，無論各層次組織，其性質「祇爲吾黨交通聲氣之樞紐，而決非權力集中之主體，而無統轄各分會及各小團體之權。」〔註36〕秉持原則，再配合當時中國的環境，師復遂決定號召散佈海內外無政府主義者。首先依其活動地區成立組織，結合分散力量以推動主義的宣揚。

1914 年 7 月 14 日師復在上海組織「無政府共產主義同志社」（Anarkikomunisto Grupo），對外聯絡名稱爲「A. k. G.」（乃社名縮寫），譯名是「區克謹」。師復揭示無政府共產主義「主張減除資本制度，改造共產社會，且不用政府統治者也。質言之，即求經濟及政治上之絕對自由。」〔註37〕明示其欲推翻之目標有三：「資本制度」、「政府」及「強權」。因爲「資本制度」乃罪惡之源，一切物資的掠奪、人與人的欺壓、不平皆起因於此。「政府」是侵奪人民自由的最高形式。人類天生具備自治本能，祇要發揮人之本能，無須另設制度。因爲後天人爲制度並非建立在人性自由上，故最後必會淪爲欺壓的工具。「反對強權」提出是希望經由反對具有強權的惡制度，本乎自由、平等、博愛精神以達理想之境。此理想之境即爲無地主、無資本家、無首領、無官吏、無代表、無宗長、無軍隊、無監獄、無警察、無裁判所、無法律、無宗教、無婚姻等。

〔註34〕同上。
〔註35〕師復，〈致萬國大會書〉，《劉師復文集》，頁 263。
〔註36〕同上，頁 264。
〔註37〕〈無政府共產主義同志社宣言書〉，《民聲》，17 號，西元 1914 年 7 月 14 日，頁 1～3。

　　至於如何達到目標，師復認為唯一手段為「革命」，但此「革命」非指狹隘地發動革命軍進行武裝革命，而是指秉持無政府主義精神，喚醒人民，以覺醒的人民力量，發揮人性內在的自由合作本能，團結起來，對抗強權。

　　根據該社宣言顯示他們深信無政府境界必可到達，因為「無政府乃社會進化必至之境。近世紀科學之發明與夫進化之趨勢，皆與無政府之哲理相吻合」，故「無政府」必可實現。至於今日在中國宣揚無政府主義是否會引起他國干涉？該社同志認為「無政府黨、萬國聯合」，故世界各國聯合一體，自然可制止強權干涉中國。因此主張無政府主義則應「聯合全體，一致進行，實為今日惟一之要務。」主義信仰者「當各在其所在地與宗旨相同者聯絡為一，相其情勢，創設自由集合之團體（或為秘密之組織或為表面研究學術之機關）以為傳播主義、聯絡同志之機關，以為將來組織聯合會之預備。」因此，今日普遍成立各組織，待他日成熟，各小組織聯合起來成為一體，社會將可進入無政府之境。〔註38〕秉此原則於上海成立「無政府共產主義同志社」後，劉石心於廣州成立「無政府共產主義同志會」，南京楊志道等成立「無政府主義討論會」、蔣愛真於常熟成立「無政府主義傳播社」、梁冰弦在星加坡主持「養正學校」，並出版《正聲》月刊；鄭彼岸組華人工會，並與趙畸合辦《勞動月報》。〔註39〕一時之間，於海內外都有無政府主義團體出現。當時各團體的處境十分險惡，譬如南京、常熟等地組織　處於張勳、馮國璋勢力下；至於廣州更是龍濟光的勢力範圍。海外地區，梁冰弦與鄭彼岸也因宣揚無政府主義而被驅逐出境。面對挫折不斷，中國無政府主義的發展卻仍不絕如縷。

　　無政府主義的基本理念，其中之一就是反對人為的組織。因此當 1914 年各地無政府主義者紛紛成立組織之際，無政府主義的理論家們首要任務就是必須闡釋籌設社團的合理性。首先他們確信無政府主義者成立團體，其目的有二，一為同志分散各方，在精神上必須有一團結之法，然後可以相互砥礪，追求進化；另一為力量分散，則事難成，故須有一團結堅固團體，才可致力主義傳播。〔註40〕但是人們不禁會產生懷疑，既然無政府，怎麼又倡組團體？無政府主義者認為無政府的組織與一般政黨組織不同。「無政府黨之團體視猶

〔註38〕同上。

〔註39〕鄭佩剛，〈《香山旬報》及其創辦人鄭岸父〉，《廣州文史資料》，25 輯，（廣州人民出版社，西元 1982 年），頁 154。

〔註40〕〈廣州無政府共產主義同志社告同志書〉，《民聲》，19 號，西元 1914 年 7 月18 日，頁 9～10。

各個人之集合體,各個人均有自由自主之權,雖爲同群合一之運動,而仍與個人主權未嘗衝突,既無首領以爲統治,復無階級以列高下……團體內之分子,各有完全之自由。」〔註41〕依其論點無政府主義者祇要秉持自由互助的精神,摒除階級結構下所成立的團體,將會具有團體的正面功能,卻又可免除團體抹殺個人存在之弊,因此無政府主義團體乃陸續成立。

此一階段所成立無政府主義組織數量,若以 1912 年至 1931 年期間的總數爲基數進行比較,所佔比重並不高。但是就日後的發展觀之,從 1918 到 1923 年無政府主義運動蓬勃發展期的核心人物及理論,皆是以此期爲基礎而發展成的。〔註42〕

參、劉師復的思想與主張

由於劉師復扮演著承先啓後的角色,故其理論體系爲民國初期無政府主義運動者所本。至於劉師復的思想並非一成未變,也曾隨著時空環境的變動,有過數次劇烈的轉折。從同盟會時期的「純粹之政治革命黨」,因暗殺李準未果,入獄兩年「經種種刺激及研究……思想一變」。故「雖未嘗標揭無政府之主張,然敢自信確爲反抗強權之革命黨,而非復政治之革命黨。」〔註43〕迨辛亥革命爆發,不久南北和議達成,師復「以爲可以乘此機會散布社會革命之種子,而單純破壞轉非所亟。」〔註44〕因此劉師復改變以往以暗殺爲進行革命的方式,並且一度計劃「約同志到鄉村居住,半耕半讀」,以公社方式,身體力行,實踐主義。〔註45〕其後劉師復和幾個同志爲相互砥礪以發揮無政府主義,乃組織「心社」,立十二戒約。〔註46〕企圖透過道德的自我約束,追求無政府主義的實踐。其後師復又從十二戒約衍生發揮成「廢婚姻主義」及「廢家族主義」主張。〔註47〕分析此時期劉師復的思想,較傾向於個人主義退避式自給自足的小型公社觀念。至於劉師復對日後無政府主義運動產生深

〔註41〕同上。

〔註42〕同註 3。

〔註43〕師復,〈駁江亢虎〉,《民聲》,14 號,西元 1914 年 6 月 13 日,頁 4～5。

〔註44〕同上。

〔註45〕文定,〈師復先生傳〉,收入《劉師復文集》,(台北,帕米爾書店,民國 69 年),頁 3。

〔註46〕同上,頁 5。

〔註47〕同上,頁 107～125。

遠影響的整體無政府主義理念，大致成形于《民聲》雜誌發刊期間，即 1913 年至 1915 年間，其基本內容大致可歸納成下列幾點：

一、無政府共產主義的基本原則

民國成立前後人們對於無政府主義的認知十分混亂；又常以「極端社會主義」、「純粹社會主義」、「世界社會主義」、「無治主義」等名目稱之，更是增加困擾。故師復認為應該秉持克魯泡特金（Peter Kropotkin）的理念，正本清源地為無政府主義釐清，樹立基本理論體系。因此，師復參考西方有關無政府主義書刊，發表一連串的文章，如〈無政府主義淺說〉、〈無政府共產主義釋名〉、〈論社會黨〉、〈無政府共產主義宣言書〉、〈無政府共產黨之目的與手段〉等文章。〔註 48〕於文中，師復確信無政府共產主義社會是人類社會進化發展的終極目標，是人類最理想的社會。這樣的社會必須具備兩個基本原則：第一，廢除政府，個人完全自由。師復首先闡釋「政府」對社會而言，猶如贅疣，因為「吾人飢則食，寒則衣，能耕織以自贍，能築室以自安，能發明科學以增進社會之幸樂，無取乎政府之指揮也，亦無需乎政客之教訓也，自有政府，乃設為種種法令以絕吾民，一舉手，一投足，皆不能出此網羅陷阱之中，而自由全失。全世界人類皆兄弟也，吾人本能互相親愛，政府乃倡為愛國之論，教練行凶殺人之軍隊，以侵凌人國為義務，於是宇宙之同胞為仇敵而和平全失。是故政府者，剝奪自由擾亂和平之毒物也。」〔註 49〕政府之所以能為惡，導源於其產生的本質。因為政府「起於強權，野蠻之世，一二梟悍者自據部落，稱為己有，奴役其被征服之人，復驅其人與他部落戰，互為敵國，此國家之由來，政府之從出。」〔註 50〕由於政府為罪惡之本源，因而政府透過制定法律以維護既得利益，遂形成階級現象，階級造成人間的不平等及一切罪惡。當政府被毀滅後，社會沒有法律、沒有軍隊、沒有監獄、沒有警察、沒有官吏、沒有首領、沒有代表、沒有家長、沒有強迫與限制；甚至人們自願組織的公會也沒有領導人、職員、章程，屆此時，社會則昇華邁入絕對自由的境界，也就是完美世界的實現。

第二，廢除資本制度，實行共產主義，建立各盡所能，各取所需的社會。師復首先明言：「資本制度，平民第一之仇敵，而社會罪惡之源泉也。」「吾人

〔註 48〕這些文章均收入《劉師復文集》。
〔註 49〕師復，〈無政府淺說〉，收入《劉師復文集》，頁 13～14。
〔註 50〕同上。

之反對資本制度，乃主張廢除資本之私有，非但反對大資本家而止，故中國尚無大資本家，社會革命非所急務之說亦不足以阻吾人之前進也。」〔註51〕師復主張廢除一切私有財產，「凡一切生產機關，今日操之少數人之手者（土地、工廠及一切製造生產之器械等等），悉數取回，歸之社會公有，本各盡所能各取所需之義，組織自由共產之社會，無男無女，人人各視其力之所能，從事於勞動，勞動所得之結果（衣食房屋及一切生產），勞動者自由取用之，無所限制。」〔註52〕師復深信共產主義社會必可達到，其信心建立在其所持的人性論上。師復可謂性善論的支持者，他認為人類有一種先天存在的「良心」。今日因為後天而生的政府，利用各種方式剝奪了人們的自由，致使人類本性亦被戕害殆盡。但是未來無政府時代來臨，「無私利之可圖，無金錢之可爭，吾人本來之良心，自然發達，相互扶助，各事其業，以工作為幸樂，以無業為恥辱，斷無不盡所能而徒取所需之人。」〔註53〕當取回一切生產機關，由勞動者秉持與生俱來的「良心」，「自由使用此生產機關，共同勞動，以致力生產，凡所生產亦全歸之公共，若是者謂之共產主義。」〔註54〕但是亦有人質疑，若是進入共產社會，但仍需有人擔任分配、管理之事，若如此不又重蹈政府出現的覆轍。師復則解釋稱「共產之世，各取所需，一切物品，人人皆可自由取用，故無所謂分配之人，若管理之責，不過保存運輸等等……可直視為勞動之一種，而絕無絲毫管轄命令之意味，亦無絲毫特別之權力，與官吏絕不相同。」〔註55〕根據上述資料，可知劉師復浪漫地以人性本善為基礎，進而推演共產主義社會必會來臨。過於浪漫的一廂情願，面對複雜的人性及時空轉換飛速的環境，似乎也說明無政府主義與現實世界必然會產生隔閡。

二、無政府主義運動的內容與方法

對於無政府主義運動的內容與方法，師復與同時代的無政府主義先驅們存有頗多差異。也由於這些不同，遂更能凸顯師復的特質。吳敬恆及社會黨人皆視普及教育為推展無政府主義運動的主要內容。師復的看法則不同，師復認事物有本末先後，若秩序顛倒，其所生之意義也會迥然有異。師復認為

〔註51〕師復，〈無政府共產主義同志社宣言書〉，收入《劉師復文集》，頁53。
〔註52〕同上。
〔註53〕師復，〈答李進雄〉，收入《劉師復文集》，頁183。
〔註54〕師復，〈答李傲霜〉，收入《劉師復文集》，頁297。
〔註55〕師復，〈答規梟〉，同上，頁197。

處於今日環境下，寄望普及教育爲津梁，以達無政府主義之彼岸，可謂緣木求魚，本末倒置。因爲「今日教育之不能普及，由于經濟之不平等，經濟之不平等，由于政府之保護私產，故有政府之世，斷無教育普及之理。」縱有「政府之教育，大抵與自由教育之原理相反，一般國家主義軍國主義等盲學說盤踞於人心，實無異爲無政府之敵。故謂教育普及而後可實行無政府者，無異謂地球諸星盡滅而後可無政府也。」〔註56〕但是師復並非反對教育，師復對教育是十分肯定的，他認爲「教育爲社會進化之原動，亦爲吾人傳播主義之良法。」〔註57〕推展教育的重點方法有二，即：「科學教育」及「平民教育」。師復認爲「所謂科學乃眞理的科學，而政治、法律、軍事等無用之學不與焉。」〔註58〕由於科學非中國所長，故師復主張應鼓勵國人赴歐美留學，以「養成多數他日改造社會之匠，實爲教育上之根本大計。」〔註59〕其次關於「平民教育」方面，師復認爲政府所施行的教育「祇能得皮相之教育，而決無精神之可言，甚或足爲眞理之障礙。」〔註60〕平民教育則以平民學校推展之，平民學校的目的不祇是教人簡易識字，更重要是教授「淺易實用之科學」、演講、歌唱等藝術方面亦並重，再配合環境特質，決定教育重點。如於都市地區以工廠、製造技術爲主，鄉村則以農業知識爲主。譬如蘇愛南於上海北四川路設「平民學校」，男女兼收，參與者有百人之多。〔註61〕

　　師復認爲無政府主義運動首當以破壞爲主，唯有徹底破壞毀滅既有的一切，始可擺脫一切既成的罪惡枷鎖，重建一個嶄新的新世界。故師復明言「無政府黨方竭其心力以謀推翻強權之不暇，尚有何餘力有何餘財以作此補苴彌縫、舉一漏萬之建設乎？」「無政府黨則以推倒強權爲職志，除傳播主義實行革命之外，皆非無政府黨所有事。」〔註62〕因此師復認爲凡是與直接實行無政府主義無關的行動都不應參與。也因而當師復面對現實社會的變動，其所持的立場遂與一般大眾之間，存有寬廣的鴻溝。辛亥革命時期的無政府主義者，如《新世紀》派與《天義》派，均將現實社會裡的「革命倒滿」目標

〔註56〕同註7。
〔註57〕師復，〈答悟塵〉，同上，頁287。
〔註58〕同上。
〔註59〕同上。
〔註60〕同上。
〔註61〕〈風雨雞鳴錄〉，《民聲》，29號，西元1916年11月28日，頁11。
〔註62〕師復，〈論社會黨〉，收入《劉師復文集》，頁44。

與其所秉持的無政府反強權理念相結合。但是民國建立以後的師復卻並不然，師復的態度絕非與社會產生疏離後所衍生的冷漠，而是篤信無政府主義理念而生成的執著與堅持。

當《晦鳴錄》創刊之際，正值國民黨發動反袁世凱政權的二次革命進行的如火如荼之時。當時的《晦鳴錄》在立場上，卻另有所堅持。吳敬恆認為二次革命乃「官僚與黨人之交銳，如用最不肖之心理待人，以為皆有富貴之野心，此乃可確可不確。」不過「國事之維持，不必盡恃袁、黎之一系，而民權之保障，亦不必盡託孫、黃之一系。」〔註63〕因而吳敬恆主張「暫停政黨、內閣之議者亦五年。」，然後推舉中立「身份」的伍廷芳為總統，以張謇為總理，如此即可跳出袁世凱、孫中山之爭。〔註64〕由此可知，二次革命在吳敬恆眼中根本無對錯問題，祇有因政治鬥爭而孳生的動亂。故儘快結束亂象，始為上上之策，師復認為吳敬恆之言「自真正社會主義論耳。」〔註65〕至於有人認為討袁行動乃是「抗強權爭自由之一種，與社會主義無背」，師復則駁之曰：「去袁之後，是否仍立政府？仍設總統？政府總統是否強權？當有強權之世，人民能否有真正之自由？」若是倒袁成功「亦不過其惡之大小略有比較，如五十步與百步之說耳。」因此師復對於二次革命的兩造，明言：「吾對於兩方面，均不以為然！」〔註66〕師復之所以對於現實政治表現如許冷淡，主要基於無政府主義根本認定政治是污濁的，政治鬥爭祇不過是政客爭權奪利的工具，不能為人民帶來任何益處。因此反對建立有紀律有組織的政黨，所以反對建立政黨、設黨綱、立章程。主張絕對自由，「只有自由聚集之場所，而無全體固定之機關，其性質不過如俱樂部，其作用則傳播聚談而已，其集合亦完全自由，而無一切手續。……無政府黨之行事，皆自由獨立，不受指揮，不俟全體之議決。」〔註67〕因為師復堅信任何組織、紀律及章程，最後一定會異化成束縛自由的強權，故唯有絕對自由纔可豁免陷於罪惡輪迴之困境。

因傳統宣揚主義的方法不可行，故師復秉持無政府主義原理提出鼓吹無

〔註63〕吳敬恆，〈野心體面正義〉，《吳稚暉先生全集》，八卷，（台北，中國國民黨中央黨史委員會，民國60年），頁436。

〔註64〕同上。

〔註65〕師復，〈政治戰鬥〉，收入《劉師復文集》，頁60。

〔註66〕同上，頁67。

〔註67〕同註20，頁45。

政府主義的方法，大致可分爲三點：第一，「用報章、書冊、演說、學校等等，傳播吾人主義於一般平民，務使多數人曉然于吾人主義之光明，學理之圓滿以及將來組織之美善，及使知勞動爲人生之天職，互助爲本來之良德。」〔註68〕故無政府共產革命可透過「平民革命」完成。因爲往昔的「政治革命」爲英雄革命，爲少數人革命，以二、三英雄運用手段而成功，大多數平民均不知，故革命後須組織機關、定法律等，從此又墮入惡性循環。「平民革命」亦可稱「社會革命」，透過前所述的各種方法，促使大多數人明瞭主義之眞諦。革命一旦成功，則以眞理爲天然之法律，故不會產生爭端，亦無須設組織負責。由於眾人皆能明瞭及秉持無政府共產主義眞理，社會乃成爲一個絕對自由的社會，故能行「各盡所能，各取所須」，而臻於無政府共產主義的社會。〔註69〕第二，「當傳播期中，各視其時勢與地方情形，可兼用兩種手段：（1）抵抗，如抗稅、抗兵役、罷工罷市等；（2）擾動，如暗殺暴動等。」〔註70〕第三，當「平民大革命，即傳播成熟，眾人起事，推翻政府及資本家，而改造正當之社會也。」由於大環境已告成熟，一國首揭無政府主義革命成功，則必會產生連鎖效應，「其餘諸國必皆聞風響應……亦當接踵而起，其成功之迅速，必有不可思議者。」〔註71〕故師復把無政府主義分爲兩階段，即傳播階段和平民大革命。至於當時中國的情況，師復認爲「或印刷物、或演說、或教育、或戲劇以及其他種種，皆爲由今日以達至無政府之傳播期中不可一日或息之事業。激烈行動則行之于一時，遇有可用之機乃始爲之耳。且中國目前之情勢，此等機會似尚未至，故吾人於現在最近之時期，當先致力於口舌筆墨之首要。」等待歐美社會無政府主義革命爆發，引領世界步上「世界平民大革命」，屆時中國則可順應此時代巨潮，一併進入無政府境界。〔註72〕

師復宣揚無政府主義兩階論外，後來又提出工團主義以補原先理論之不足，因爲工團主義在理論上有許多主張可和無政府主義理念互通。工團主義（syndicalism）理念源自法國，主張勞動者組成團體，以直接行動（Direct Action）方式消滅資本制度及一切國家組織，而非依賴政黨運作或立法途徑。

〔註68〕師復，〈無政府共產主黨之目的與手段〉，收入《劉師復文集》，頁46。
〔註69〕同註15，頁9。
〔註70〕同註26，頁47。
〔註71〕同上。
〔註72〕師復，〈答恨蒼〉，同上，頁280。

在廢除一切既有體制後的新社會，其生產、消費、管理都由勞動者自由組合後的組織擔任。〔註73〕此種主張早在 1907 年張繼翻譯《總同盟罷工》一書時，即被介紹給國人。劉師培亦曾企圖把歐洲工團主義的理念轉嫁運用在中國的農民身上，故曾於《天義》報上發起組織「農民疾苦調查會」，組織「農民協會」，宣揚工團主義。〔註74〕至於師復早先將其活動重心完全投置在理論宣傳之上，於《晦鳴錄》第一期的〈編輯緒言〉中，曾列舉「工團主義」爲綱要之一。〔註75〕由於當時中國社會勞工運動氣氛不張，勞動權力意識淡薄，縱使偶有數次勞工運動，隨即遭受鎮壓迫害。〔註76〕因此民初中國勞動運動除少數幾件孤立事件，如：1913 年漢陽兵工廠罷工、1915 年安源煤礦的罷工等，較引人注目外，其他地區可謂一片沉寂。〔註77〕即使是「五一」勞動節，「勞動同胞則皆在沉酣鼾睡中，不獨寂然無聲，抑且不知吾神聖之 5 月 1 日爲何物？」〔註78〕因此師復對當時勞工力量並不看好，師復曾痛曰：「吾親愛之同胞乎，爾其何時始出今日萬丈之地獄乎？爾其何時始從好夢中蓬然覺醒奮臂力戰以鋤此人類萬惡魔王之資本主義？」〔註79〕而且師復於廣州創辦「晦鳴學舍」時，其成員多屬士紳階層，活動重心亦多偏重心靈道德層面，並沒有資料顯示與勞工階層及勞動運動有所關聯。因此「工團主義」對師復而言，祇是接受來自西方的無政府主義理論之一，並非因其於中國具有實用價值。但是 1914 年劉師復抵上海後，由於上海是早年中國工人聚集最多的地區，〔註80〕也是早期勞動運動較活躍地區。因此，雖然沒有資料顯示師復曾直接與當時的勞工運動有直接關聯，但是於《民聲》裡，已明顯地出現關心勞工的文字。譬如 1914 年 10 月至 11 月間，大上海地區陸續爆發怡和、太古、招商局三家航商的客房侍役、廚役大罷工、上海的漆工、木業

〔註73〕〈工團主義〉，《自由人》，西元 1924 年 4 月 5 日，頁 8～11。

〔註74〕洪德先，〈辛亥革命時期的無政府主義運動〉，師大歷史研究所碩士論文，民國 73 年，頁 120～121。

〔註75〕師復，〈編輯緒言〉，《晦鳴錄》，第 1 期，西元 1913 年 8 月 30 日，頁 3。

〔註76〕〈粵民梁劍泉控訴漢陽兵工廠無理慘殺工人代表〉，第二歷史檔案館編，《中華民國史檔案資料匯編》，第三輯，〈民眾運動〉，（江蘇人民出版社，西元 1991 年），頁 11。

〔註77〕鄧中夏，《中國職工運動簡史》，（北京，人民出版社，西元 1949 年），頁 4。

〔註78〕師復，〈五月一日〉，《民聲》，8 號，1914 年 5 月 2 日，頁 1。

〔註79〕同上。

〔註80〕方慶秋編，《民國社會經濟史》，（北京，中國經濟社，西元 1991 年），頁 44～45。

工人相繼罷工。〔註81〕劉師復認為這些工人運動，雖然聲勢頗大，但究其內涵，仍不脫離傳統範疇，僅關心提高工資，並非真正勞動者的覺悟。至於手段及方法，更是舊日故技，如遊行時工人「手執香火或肩神牌或高提魯班先師之燈籠如此等等可笑之舉。」〔註82〕難怪為一般人所輕視訕笑；官吏也指其為流氓所蠱惑煽動。師復認為此類勞工運動缺乏社會基礎及目標，因而得不到效果，之所以如此，主要導因於「工人智識缺乏之故」。〔註83〕工人缺乏智識又種因於經濟地位低落，無能力求知識。故師復認為要在中國推動工人運動，首要之務乃是「增進工人之智識」。如何增進？師復認為應透過下列步驟，此亦可謂師復的「工團主義」理論之核心。即一、「結團體，求知識」。但此團體必須是勞動者自組的工團，與資本家的公會不能有任何關聯。二、費用由團員自行分擔，若人數太少，可結合數行業合組一工團。三、工團的首要任務就是成立「平民學校」，利用工餘，針對各團體特質施與教育。四、辦工人報、廣為宣傳。五、各個工團加緊聯繫、再依性質組成「工團聯合會」或「總工團」。當工人們經過上述五階段後，工人有知識，工團有組織，師復認為工人運動始可有成。〔註84〕此外師復又針對中國現狀，提出三點應注意事項，即一、由於目前中國人知識尚幼稚，尚未達到反抗資本主義制度層次，故應著重於「平民學校」設立，以增進工人知識，待工人具備知識，乃生自覺，始可與資本家相抗。二、工團之組織，無政府黨及社會黨皆可贊助，但仍應以各業工人為主。三、工團之宗旨當以革命的工團主義為骨髓，不可含有政治意味。以英美各國為例，每當勞動黨加入政界，遂為政黨利用，致使失去原先目標而變質。〔註85〕

「工團主義」的提出，意味著師復已能感受到未來中國社會結構重心的轉移，象徵著師復所倡導的無政府主義，不再是狹隘地局限在個人道德完美的追求；或是以無政府主義為追求個人政治目標實踐的工具。也因為師復把克魯泡特金的無政府共產主義與流行歐洲的工團主義相結合，以工團主義為手段，以無政府共產主義為目的，此乃構成師復無政府主義的一大特色。至於師復倡議的「平民學校」、「辦工人報」等主張，更成為日後人們推動勞工運動的重要方法之一。

〔註81〕〈社會風潮〉，《民聲》，21號，西元1914年8月2日，頁9。
〔註82〕師復，〈上海之罷工風潮〉，《民聲》，23號，西元1919年5月5日，頁9。
〔註83〕同上。
〔註84〕同上。
〔註85〕同上。

三、對於其他社會主義派別的看法

為了宣揚無政府共產主義，師復認為必須徹底澄清無政府理論體系及與其他社會主義派系之異同、優劣。故師復曾言：「無論其為國家主義或國家社會主義，均為無政府之障礙，吾人欲實現吾主義，一方面與政府戰，又一方面與此種謬說戰，必先戰勝此種謬說，然後吾主義能得平民多數贊同。」〔註86〕因此，師復於《民聲》中，曾以大幅的文字批判其他各派主張。

民初承襲辛亥革命時期鼓吹社會主義的潮流，社會主義一時蔚為風尚，甚至夙持反對立場的上海《時事新報》、《東方雜誌》、北京的《公論報》和《國民公報》均更弦易轍極力鼓吹社會主義。〔註87〕馮自由也不禁慨然認為「中國已進入了社會主義的新時代」。〔註88〕當時於中國提倡社會主義以孫中山和江亢虎二人最具影響力，故師復為求與其他派系的社會主義劃清界線，進而凸顯無政府主義體系的完美性，遂對孫、江二人的主張提出嚴厲的批判。〔註89〕

師復首先闡釋社會主義的涵義。師復認為社會主義的基本內涵就是反對私有財產，主張將生產機關（土地、器械）及其產物（衣食房屋等）歸之社會共有。依據當時對社會主義的一般觀點，大多以生產物分配方法之不同，以區別成各派別。師復因此認為社會主義大略可分為二：「一曰共產社會主義，一曰集產社會主義。共產社會主義者，主張以生產機關及其所生產之物全屬之社會，人人各盡所能以工作，各取所需以享用之。集產社會主義則主張生產機關屬之公共，其所生產之物，則由社會或國家處理而分配之，其分配法亦有種種不同，然大致不外視其人工作之多寡，酬給因人而異，各人所得之酬給，即為個人私有物。」〔註90〕至於集產社會主義主張「按各人勞動之多寡而異其酬給，則是強有力者將享最高之幸福，能力微弱者將至不足以贍其生。」〔註91〕因而師復認為集產主義與社會主義追求「公平」、「均」的精神是全然背離的，因此師復認為此乃「社會政策」而非「社會主義」。

孫中山認為社會主義可分為四大類，即（一）共產社會主義，（二）集產

〔註86〕師復，〈答蔡雄飛〉，收入《劉師復文集》，頁 273～279。

〔註87〕同上。

〔註88〕馮自由，《社會主義與中國》，（香港，社會主義研究所，民國 9 年），頁 2。

〔註89〕Martin Bernal, "*Chinese Socialism before 1913*", from Jack Gray ed., *Modern China's Search for A Political Form*, (Oxford University Press, 1969) , p.89～90。

〔註90〕師復，〈孫逸仙江亢虎的社會主義〉，收入《劉師復文集》，頁 22～23。

〔註91〕同上。

社會主義，（三）國家社會主義，（四）無政府主義。依其性質可歸納成兩部份（一）集產社會主義：包括集產社會主義及國家社會主義。（二）共產社會主義：共產社會主義及無政府主義。孫中山首先肯定「共產主義本為社會主義之上乘。」〔註92〕「然今日一般國民道德之程度未能達於極端」，各盡所能，各取所需的理想過高，恐難遵行。〔註93〕故共產主義僅能「行於道德知識完美之後」，孫中山很實際地辯稱「斯時人民，道德智識即較我人為高，自有實行之力，何必我人之窮思竭慮，籌劃於數千年之前乎。」〔註94〕因此孫中山主張唯有國家社會主義才符合今日中國之所需。〔註95〕

根據師復對社會主義涵義之界定，認為孫中山根本誤解社會主義的真諦，以致誤認集產主義、單一稅制、鐵道及生利事業收為國有等「社會政策」即為社會主義。

至於江亢虎，雖然早在辛亥革命時期曾流露出無政府主義傾向，提出無宗教、無家庭、無國家的「三無主義」。但其思想與一般無政府主義之間存有很大歧異，尤其他堅持「無國界而有政治之說。」〔註96〕故於辛亥革命爆發未久，江亢虎發起中國社會黨，與無政府主義理念分道揚鑣。後因江亢虎在環境因素影響下，逐漸傾向國家社會主義路線。雖然 1913 年 8 月中國社會黨被袁世凱政府查禁，但「他們的理論，總有多少流布國中，且很為無政府共產主義宣傳的障礙。《民聲》對于這種歧說，曾再三出力糾正他，經此之後，群眾的觀念愈加清明。」〔註97〕

江亢虎認為無政府「共產主義恐未易遽見施行」，且「無機關、無組織、無契約之說未感深信」，因為若真成為上述所描述的無政府境界，則世間必將成為一片混亂。因此江亢虎深信「無政治即無系統、無契約、無機關，如此之世界，誠以吾人設身處地思之，能安居乎？能進化乎？」因為「無比較即無競爭，無競爭即無進化。」〔註98〕無進化人類社會將陷入退步狀態之困境，

〔註92〕 孫中山，〈社會主義之派別及方法〉，收入《國父全集》，第 2 冊，（台北，中國國民黨中央黨史委員會，民國 60 年），頁 285。

〔註93〕 同上。

〔註94〕 同上。

〔註95〕 孫中山，〈對于勞資問題及社會主義之意見〉，《國父全集》，第 2 冊，頁 859～861。

〔註96〕 江亢虎，《江亢虎文存》，初編，頁 148。

〔註97〕 《民聲》小史〉，《民聲》，30 號，西元 1921 年 3 月 15 日，頁 3。

〔註98〕 江亢虎，《洪水集》，轉引自《劉師復文集》，頁 187。

更遑論社會進化。另外江亢虎認爲無政府主義在反現有體制理念下，必會出現反現有教育體制的反智傾向。反現有教育體制，結果將會對人類社會進化產生不利的影響。

師復對江亢虎的論點提出強烈的反駁。首先師復根據克魯泡特金學說闡釋無政府主義涵義，認爲「無政府之世眾人結合而同活于社會中，不本於強權之管轄，而本于眾人之協約。……而政府之世，法權全滅，信權不滅，仍有契約，爲眾人志願所認可。保此信權者，共同工作，互相協助，雖有不肖，不敢犯眾也。眾人協約組合而爲群，無須強爲協約之條款。無罰律，無裁判，惟以公共之工作大眾之熱誠行之，有不踐行者，可爲眾人所摒斥。……無政府之世，以自由組織爲社會之新法。……由工作者自經營之，自組織之。將來之社會，即以代今日之政府。」〔註 99〕由此可知無政府主義並非盲目空談無機關、無組織、無系統。其所反對「乃國家統治機關之所尙，政權統一即強權集中之謂。無政府黨之極端排斥者即在於此。」〔註 100〕無政府之組織，秉持自由組合原則，以各盡所能各取所需爲社會生活的基礎，至於教育更爲無政府主義之所重，主張人人皆受完全高等教育，以教育爲基礎，追求社會進化。至於反對目前教育制度，主要基於統御在現實政府體制下的教育，教育成爲統治者迷惑人們思想的工具，完全離背離教育的眞諦。最後師復從三方面批評江亢虎的理論謬誤：（一）江亢虎不主張機關公有，不主張廢私產，違背社會主義之原則。（二）江亢虎對於政治主張限制軍備，採用單稅，對於產業主張營業自由財產獨立，皆屬國家的社會政策，故決不能竊社會主義之名。（三）江亢虎既主張社會政策，與無政府共產主義相去太遠，故不惜詆共產爲阻滯進化，詆無政府不能安居，不能進化，職此之故，吾人不能認其爲反對黨。〔註 101〕

至於馬克思主義理論雖然早在辛亥革命時期即有人介紹給國人，但是直到民初，一般人仍視馬克思主義衹是社會主義裡的一支，並無特別之處，也無人有系統地進行介紹。一般無政府主義者對於馬克思主義的認知也十分含混，褒貶不一。如 1912 年景梅九於山西大學「夏期講演會」介紹社會主義給學界，後來景梅九把演講內容編成《社會主義概說》一書，文中敘述社會主

〔註 99〕師復，〈答李進雄〉，收入《劉師復文集》，頁 188～189。
〔註 100〕同上。
〔註 101〕同上，頁 190。

義興起、流變及派別，其中對於馬克思的「剩餘價值說」評價甚高。〔註 102〕
1914 年景梅九擔任西北大學農校校長，更藉講述經濟學之際，把馬克思《資
本論》與普魯東等無政府主義理論並列，畀以頗高評價。〔註 103〕至於師復本
人，並無資料顯示其曾系統地閱讀馬克思著作，也未見師復專門撰寫反對馬
克思主義的文章。師復祗是在批評孫中山和江亢虎的文章中涉及馬克思主義
時，曾對馬克思提出批評。首先師復把馬克思歸類爲集產主義者，依師復的
定義，集產主義「生產機關歸公，而所生產之物仍屬私有，是僅得財產公有
之半面，即不啻不完全之社會主義，不啻爲失其眞相之社會主義矣。」〔註 104〕
其次師復反對按勞力分配階段，認爲「集產者主張按各人勞動之多寡而異其
酬給，是則強有力者將享受最高之幸福，能力薄弱者將至不足以贍其。」〔註
105〕最後反對馬克思主義的國家學說及無產階級專政理念。師復認爲上述理念
象徵馬克思主義即國家社會主義。師復主張「社會主義當向社會謀解決，不
當向政治謀解決，以社會問題而乞靈于政治，是自失其社會主義之價值。」〔註
106〕故師復以爲馬克思主義的國家學說決無能力解決社會問題，至於無產階級
專政更是違背無政府主義追求絕對自由的精神。

　　民初之際，馬克思主義尚未有系統地被介紹入中國，絕大多數的無政府
主義者也不明瞭第二國際時期馬克思與巴枯寧的歷史恩怨及理念對立。但是
觀察師復對馬克思主義的批評，雖屬於間接性質的零文短語，但是已經觸及
馬克思主義的部份核心。迨日後無政府主義派與馬克思主義派大決裂，雙方
爭辯的重心，即爲師復觀點的延續發揮，無怪乎有位無政府主義者於師復逝
後數年，對於師復的理念仍緬懷不已，譽之爲具有「縛馬（克思）伏虎（江
亢虎）之效的降魔破障之法」。〔註 107〕因此，早年師復編印的刊物及言論，更
是一再地被翻印，諸如：《師復文存》等。〔註 108〕雖然也有人對於師復的思想

〔註 102〕景梅九，《罪案》，（北京，國風日報社，民國 14 年），頁 307～318。

〔註 103〕景梅九，《入獄始末記》，同上，頁 3。

〔註 104〕師復，〈駁江亢虎〉，收入《劉師復文集》，頁 230～231。

〔註 105〕師復，〈孫逸仙江亢虎之社會主義〉，收入上書，頁 23。

〔註 106〕同註 62。

〔註 107〕老梅，〈弁言〉，收入《劉師復文集》，頁 1。

〔註 108〕於 1920 年 2 月，朱謙之與黃凌霜進行辯論時，當討論到社會主義的流派、內
　　　　容，都根據師復的觀點進行討論，由此可見師復對後來無政府主義者之影響。
　　　　朱、黃二人文章收入第二歷史檔案館編，《中國無政府主義與中國社會黨》，（江
　　　　蘇人民出版社，西元 1981 年），頁 35～64。

內涵頗有質疑，如 1925 年一位國民黨的理論家甘乃光就認爲師復「講來講去都不出民生主義是社會主義抑或是社會政策這個問題，而對于民生主義是否適宜于中國社會經濟的改造這個問題，毫未言及。」「雖然高談什麼無政府共產主義，不迴在雜誌上增多一種主義的談論罷了。」〔註 109〕但是從日後中國思想界的變動及師復思想對無政府主義者、馬克思主義者的啓蒙角色，皆可說明師復在民初的地位及影響是十分深遠的。〔註 110〕

肆、結 論

近代西洋無政府主義思想於辛亥革命時期傳入中國，當時的信仰者大多將其視爲推動革命的工具，因而對於無政府主義的理論作選擇性的介紹，多未觸及理論的核心，甚至產生誤解。民國建立之後，「革命」不再是時代的主導理念，許多昔日無政府主義的鼓吹者，紛紛轉向。此時劉師復出面，重新成立組織、發行刊物、闡釋理念，且身體力行。因此，劉師復成爲當代中國無政府主義運動的承繼者，並且對於社會主義理論的詮釋，具有極大的貢獻。日後中國的社會主義運動得以推展，除了啓迪於晚清思潮的引介外，劉師復也扮演一個關鍵性的角色。

原文刊于《新世紀新思維國際學術研討會論文集》，銘傳大學主辦，民國 90 年 3 月。

〔註 109〕甘乃光，〈「評民生主義」訂誤〉，《孫文主義之研究》，第一期，民國 14 年 2 月 26 日，頁 9。

〔註 110〕張磊，余炎光，〈論劉師復〉，《近代中國人物》，（北京，中國社會科學院，西元 1983 年），頁 193。楊才玉，〈評民國初年的無政府主義思潮〉，《學術月刊》，西元 1983 年，2 期，頁 81。

附錄二：
五四運動前後的無政府主義運動

壹、前　言

　　無政府主義（Anarchism）為近代歐美社會主義（Socialism）運動中極為醒目的一支。早在清季即由劉師培、吳敬恆、李煜瀛等人分別從日本及法國兩地傳入中國。〔註1〕開啓近代中國無政府主義運動之序幕；並於辛亥革命時期，對革命運動的發展產生極為深遠的影響。〔註2〕

　　從參與份子、理論體系及組織型態觀察近代中國無政府主義運動，辛亥革命爆發實為一關鍵性的分界點。因為革命前後無政府主義運動所展現的形貌、內涵及影響，令人強烈地感受到二者間之差異。差異的造成，導因於主、客觀環境的改變。至於外來理念隨著中國環境的變動而衍生出「質」的變化，此一現象也適足以說明西方學說、思潮在實用的大前題下引入中國後，強烈的工具作用意識型態，往往會導致國人為求因應中國現實環境之所需，有意或無意地強把思想原型扭曲以求適應。因此，西方學說思想進入中國後，常會隨著時空環境的改變而被改頭換面，此實為現代中國思想史上之一大特

〔註1〕蔡元培，〈克卡樸氏社會主義史序〉，收入《蔡元培全集》，（台北，台灣商務印書館，民國66年），頁950。

〔註2〕洪德先，〈辛亥革命時期的無政府主義運動〉，師大碩士論文，民國73年。另參考：Robert A. Scalapino and George T. Yu, *Modern China and its Revolutionary Process*, (University of California Press, Berkeley, 1985) , p.506. Vera Schwarcz 亦認為五四時期所鼓吹的「家庭革命」理念，乃深受辛亥革命時期《新世紀》週刊的影響。Vera Schwarcz, *The Chinese Enlightment*, (University of California Press, Berkeley, 1986) , p.108.

色。辛亥革命時期民族主義革命派的奮鬥目標為「倒滿」；無政府主義派的努力方向則是「推翻惡政府」。故雙方雖存有終極目標之歧異，但近程目標卻重疊互通，均指向推翻滿清政權。因此理論的衝突與矛盾，卻能取得共識與妥協，得以暫時捐棄歧異，攜手合作，致力革命。

武昌起義，民國建立，國內政治、社會進入一個嶄新的階段，無政府主義運動從此也進入另一新的階段。民國時期中國無政府主義運動發展大勢，約略可以五四運動及北伐為兩個斷限點。〔註3〕五四運動以前的無政府主義運動從成員理論觀察，誠可謂是承襲辛亥革命時期之遺緒，以劉師復及其信徒為核心。從五四運動至北伐軍起，國人在新文化運動的衝擊下，一時思想界呈現大解放之態勢，無政府主義遂得以蓬勃發展。此時參與份子遍及各省，出版刊物及社團組織更是不勝枚舉，故可謂是中國無政府主義運動最光輝的時期。但是不久中國共產黨在共產國際扶持下成立，由於歷史背景的恩怨糾纏及理論的歧異，〔註4〕導致兩派由合作轉而對立，更造成日後中共奪取無政府主義派於中國社會主義運動中的主導地位。另外，中國國民黨亦反對無政府主義派所堅持的「去兵」、「去政府」、「去民族主義」主張，也對無政府主義派刻意排斥。再加上無政府主義理論過於空泛玄虛而無法施行於實際，故影響力往往僅拘限于少數具有激進思想的知識階層，無法普及造成全面性影響。因此，隨著國、共兩黨的茁壯，無政府主義派於組織及理論影響遂相對萎縮隱晦，而趨于沒落。但是此一思潮於民初思想界所造成曇花一現的盛況，其所蘊涵的意義，是十分值得深探的。

貳、劉師復的承先啓後

民初有系統鼓吹無政府主義者，首推劉師復及其所主持的《民聲》週刊。至於劉師復的思想淵源則深受李煜瀛、吳敬恆等人於 1907 年 6 月創立於法國巴黎的世界社及其機關報《新世紀》之影響。〔註5〕《新世紀》可謂是當時「最

〔註3〕司馬長風，《中國近代史輯要》，（香港，創作書社，西元 1977 年），頁 255。至於「五四運動」一詞涵義，各家說法不一，本文採廣義的說法。時間涵括民國 4 年至 12 年間，各種思想、文化、政治、經濟、社會的重大變革。參見張玉法，《中國現代史》，（台北，東華書局，民國 66 年），上冊，頁 254～255。

〔註4〕J. Roland Pennock and John W. Chapman, *Anarchism*, (New York University Press, 1978) , p.10。

〔註5〕Edward S. Krebs, *Liu Ssu-Fu and Chinese Anarchism 1905～1915*, Ph. D. Dissertation, University of Washington, Seattle, 1977, p.202.

有力之無政府主義七日報，中國無政府主義之發流多導源於此」。〔註6〕此報出版數年，流傳很廣，許多人都深受其影響。〔註7〕他們在政治上反對一切既有的政府組織，主張秉之於互助精神，重建一合乎人道公平的新世界。於文化思想方面，反對傳統文化之一切，因爲他們深信現實世界的罪惡，皆導於舊傳統文化。經濟方面主張本之於合作精神，澈底廢除現有經濟體制，施行無政府共產式的生產關係。於政治方面則主張「去政府」爲首務。去除政府的方法則大力鼓吹「行動宣傳」（Progaganda by the Deed）理念，深信暗殺是最積極有效的革命方式。暗殺主義思想在《新世紀》的亟力宣揚下，對於辛亥革命時期部份革命黨人獻身暗殺的激進傾向，產生很重大的影響。至於世界社所編譯的書刊，如：《新世紀叢書》、《夜未央》、《鳴不平》等，日後曾一再地被翻印，成爲民初鼓吹無政府主義理論之依據。因此，劉師復的無政府主義理念，即深受《新世紀》之啓迪及影響，並於民國初年發揚光大，成爲中國無政府主義承先啓後的關鍵人物。

劉師復早在 1907 年即受到無政府主義的暗殺主義之影響，曾計劃刺殺廣東提督李準，後因事洩被捕。服刑期間親友透過關係，爲其爭得甚爲優渥的待遇，甚至可以自由閱讀書報，因此獄中三年廣泛閱讀世界社所出版的無政府主義刊物，師復的無政府主義乃於此時逐步建構完成。〔註8〕1910 年出獄，隨即籌組「支那暗殺團」，準備以行動體現其對無政府主義之信念，首次任務即以暗殺攝政王載灃爲目標。北上途經上海，聞滿清政府已被推翻，專制政權已由民主政體所取代。爲因應新情勢的轉變，師復決定暫且擱置抗議惡政府的最激烈手段——暗殺主義，以身體力行的實踐代之。期盼透過組織與鼓吹，影響群眾，建立一個公平、合乎人道的新世界。

1912 年 5 月師復與梁冰弦、鄭雲鄂、鄭佩剛等在廣州組「晦鳴學舍」提倡無政府主義，是爲中國內地傳播無政府主義之第一團體。〔註9〕1913 年 8月出版《晦鳴錄》，又名《平民之聲》，「以倡導社會革命，促進世界大同爲

〔註6〕 克勞，〈吾人二十年來之宣傳品〉，刊於《五四時期的社團》（四），（北京，三聯書局，西元 1979 年），頁 325。

〔註7〕 馮自由，《社會主義與中國》，（香港，社會主義研究所，民國 9 年），頁 5。

〔註8〕 文定，〈師復先生傳〉，收入《劉師復文集》，（台北，帕米爾書局，民國 69 年），頁 3。

〔註9〕 方慶秋，〈五四運動前後的中國無政府主義派〉，《歷史檔案》，二期，西元 1981年，頁 106。

宗旨」。公然揭櫫「共產主義」、「反對軍國主義」、「工團主義」、「反對宗教主義」、「反對家族主義」、「素食主義」、「語言統一」、「萬國大同」之主張。〔註10〕由於言論激烈，8月20日和27日出版兩期，第三期改名《民聲》，即被查禁，晦鳴學舍也被龍濟光查封，師復乃逃往澳門，12月20日以《民聲》為刊名，發行第三期，後因袁世凱政府對澳門當局施加壓力，師復被逼遷往上海。其後《民聲》改在上海公共租界發行。由於擔心上海當局干涉，遂於封面上偽稱於東京印行。《民聲》從第四期至二十二期，皆由師復及他的四位姊妹，本之於無政府主義自力更生的精神，親自擔負排印工作。從 1914年4月至8月，每週出版，身體力行地鼓吹無政府主義，並對無政府理論多有所發揮。

同期間，往昔鼓吹無政府主義甚力者，諸如：張繼、吳敬恆等，或列身議院，或週旋政黨權貴之間；行為舉措多已背離無政府主義原則，遑論對無政府理念產生更深刻的發揚。師復見此，不禁痛感曰：「今日政海惡潮，陷吾民於痛苦，國人醉心權位，訟言運動，不復知學問道德為何物。其禍殆有甚於傳染。長此以往，光天化日之人類，不難立返於獸域。三二賢者，方當卓然獨立，為之表章，並宜以有用之光陰，致力於社會，為吾人類謀真正之幸福」。〔註11〕師復秉此使命感，於 1914年7月，在上海發起組織「無政府共產主義同志社」，發表宣言，明確提出實行「無政府共產主義」的主張。同時，劉石心於廣州也成立「無政府共產主義同志社」，楊志道在南京組織「無政府主義討論會」；蔣愛真在常熟組織「無政府主義傳播社」等。由於師復無政府主義理念萌芽於辛亥革命時期，理論體系建構極為完密有系統且鼓吹最力。再加上刻苦辛勞工作與律己極嚴的斯巴達式生活，使得師復成為當時無政府主義共產派的精神領袖。〔註12〕師復的無政府主義理論體系，乃成為日後中國無政府主義運動之核心。

早期師復的無政府主義較傾向于退避式自給自足的小型公社觀念。因此辛亥革命成功，師復一度企圖「約同志到鄉村居住，半耕半讀，曾在新安的赤灣，覓得一地，從香港航行，約兩小時可到，面臨零丁洋，右傍宋帝陵，

〔註10〕師復，〈晦鳴錄發刊詞〉，收入《劉師復文集》，頁 58。
〔註11〕師復，〈致吳稚暉書〉，同上，頁 132。
〔註12〕貝馬丁，〈民聲雜誌影印本代序〉，（日本，大安書店，西元 1965年），頁 2。
　　　及鄭學稼，〈劉師復和他的思想〉，刊於《劉師復文集》，（台北，帕米爾，民國 69年），頁 67～97。

有田七十畝，荔枝五百株，擬名之爲紅荔山莊，後來又成了泡影」。〔註13〕因此，師復和幾個朋友爲相互砥礪以發揮無政府主義道德，乃組織「心社」，立十二戒約：（1）不食肉，（2）不飲酒，（3）不吸煙，（4）不用僕役，（5）不坐轎及人力車，（6）不婚姻，（7）不稱族姓，（8）不作官吏，（9）不作議員，（10）不入政黨，（11）不做海陸軍人，（12）不奉宗教。〔註14〕企圖透過道德的自我限制，追求無政府主義實施的純潔性。師復又從十二戒約衍生發揮成「廢婚姻主義」及「廢家族主義」主張。〔註15〕理論依據則本之于師復樂觀的認爲人類天生具備崇高的道德心、自律力及自由平等觀。

師復於〈無政府淺說〉一文中，曾對無政府主義作粗淺的詮釋。如下：（一）政府制度存在，導致人凌人；（二）社會擾亂之起由於人之有爭，爭源由於社會組織不善，非法律所能爲力。而社會黑暗罪惡產生，則起因于私產制度。故主張剿滅私產制度，實行共產主義，各盡所能，各取所需；（三）人類道德不良，由於社會之惡劣；社會之惡劣，由於有政府。若萬惡政府去除，人類道德必立歸於純美，故無須教育；（四）人之所以好逸惡勞，由於私產制，故應去除私產；（五）人之發明，大抵本之於改良社會，故無競爭亦能進化。〔註16〕至於何謂「無政府共產主義」？師復認爲「主張人民完全自由，不受一切統治，廢絕首領及威權所附麗之機關之學說也」。〔註17〕因此，「無政府者無強權也」，「政府實爲強權之巨擘」，〔註18〕故無政府主義之首要任務即爲「去除政府」。

1914年8月，師復發表〈無政府共產黨之目的與手段〉，可謂師復無政府主義體系之大成，日後中國無政府主義者之主張，亦多難脫其範疇，師復主張如下：（一）一切生產歸之於社會公有，廢絕財產私有制。（二）一切生產要件均爲社會公物，惟生產家得自由取用。（三）人人皆量力從事勞動。（四）勞動所得亦均爲公有，人人各取所需。（五）凡爲統治制度之機關，悉廢絕之。（六）無軍隊、警察與監獄。（七）無一切法律規條。（八）自由組公會，以改良各種工作及整理各種生產。（九）廢婚姻制度。（十）無論男女皆有權

〔註13〕同註8，頁4。
〔註14〕同上，頁5。
〔註15〕同上，頁107～125。
〔註16〕同上，頁13～14。
〔註17〕同上，頁10～11。
〔註18〕同上。

受教育。（十一）年長者休養於公共養老院，生病由公共病院調治。（十二）廢棄宗教。（十三）每日勞動二至四小時，其餘時間研究科學及游息於美術技藝。（十四）採用萬國語（Esperanto），廢去各國文字。如何達到上述目的，師復主張採取下列手段：（一）用報章書冊演說學校等，宣傳無政府主義。（二）在宣傳時期，可兼用抵抗（如抗稅、抗兵役、罷工、罷市等）及擾亂（如暗殺、暴動）。（三）宣傳成熟，發動平民大革命，推翻資本家及政府，改造正當之社會。（四）平民大革命即世界大革命，始於歐洲，隨之會擴及世界。〔註19〕至於此時國人應如何追求無政府主義的美好世界？師復認為「莫如急起直追，致力於傳播」。〔註20〕因此，透過文字傳播，乃中國無政府主義者首要之使命。

爲澈底澄清無政府主義之理論體系，師復乃深感必須明確區分無政府主義與其他社會主義派系之異同。民初承襲辛亥革命時期鼓吹社會主義之影響，社會主義一時蔚爲風氣。甚至夙持反對立場的上海《時事新報》、北京《晨報》及《國民公報》亦極力發揮宣揚社會主義。〔註21〕馮自由不禁也慨然認爲「中國已入了社會主義的新時代」。〔註22〕當時於中國提倡社會主義以孫中山及江亢虎二人最具影響力，故師復爲求與其他派系的社會主義劃清界線，進而凸顯無政府主義體系的完美性，遂對孫、江二人發動猛烈的抨擊。〔註23〕

師復首先闡釋社會主義的涵養。師復認爲所謂「社會主義」就是反對私有財產，主張以生產機關（土地器械）及其產物（衣食房屋等）歸之社會共有。由於對生產物分配方法的主張不同，因此社會主義產生許多派別。大略可分爲二：「一曰共產社會主義，一曰集產社會主義。共產社會主義者，主張以生產機關及其所生產之物全屬之社會，人人各盡所能以工作，各取所需以享用之。集產社會主義則主張生產機關屬之公共，其所生產之物，則由社會或國家處理而分配之，其分配法亦有種種不同，然大致不外視其人工作之多寡，酬給因之而異，各人所得之酬給，即爲個人私有物。」〔註24〕至於集產

〔註19〕 同上，頁 45～49。

〔註20〕 同註 19。

〔註21〕 同註 7，頁 2。另可參考：Li Yu-ning, *The Introduction of Socialism into China*, (Columbia University Press, 1971)。

〔註22〕 同上。

〔註23〕 Martin Bernal "*Chinese Socialism before 1913*", from Jack Grayed. *Modern China's Search for a Political Form*, Oxford University Press, 1969, p.89～90.

〔註24〕 師復，〈孫逸仙江亢虎的社會主義〉，頁 22～23。

主義主張「按各人勞動之多寡而異其酬給，則是強有力者將享最高之幸福，能力微弱者將至不足以贍其生。」而與社會主義追求「公平」「均」的精神全然背離，因此師復認爲此乃「社會政策」而非「社會主義」。

根據上述師復對社會主義涵養之界定，認爲孫中山根本誤解社會主義理念下的「資本」眞義，以致誤將集產主義、單一稅制、鐵道及生利事業收爲國有等「社會政策」視之爲社會主義。

至於江亢虎，早在辛亥革命時期即已流露出無政府主義的傾向，他曾投書《新世紀》，提出無宗教、無家庭、無國家的「三無主義」。但就其整體思想分析，則與一般無政府主義者之間存有很大歧異，尤其他堅持「無國界而有政治之說。」〔註25〕另外江亢虎亦堅絕反對「行動宣傳」理念，不贊成「無政府主義以暗殺、暴動、大破壞爲先鋒。」〔註26〕

辛亥革命爆發未久，江亢虎發起中國社會黨，曾吸引許多人加入，甚至「在一般下層社會中竟出人意料地受到歡迎。」〔註27〕但因參與者複雜，後終因江亢虎逐漸傾向國家社會主義路線，導致中國社會黨內無政府主義派的不滿，於1912年11月2日在沙淦領導下正式分裂，另組以「純粹社會主義」，即秉持無政府主義爲宗旨的「社會黨」。〔註28〕由於社會黨因路線之爭而步上分裂命運，導致江亢虎對無政府主義派展開猛烈抨擊，遂引起師復等人起身相駁。〔註29〕無政府主義理念得以在此大論戰中充分發揮，並因此建立起師復的理論體系及其領導地位。

江亢虎認爲無政府「共產主義恐未易遽見施行」，且「無機關、無組織、無契約之說未感深信」，因爲若眞成爲上述無政府境地，則世間必將成爲一片混亂。因此江氏深信「無政治即無系統、無契約、無機關，如此之世界，試

〔註25〕江亢虎，《江亢虎文存初編》，頁148。
〔註26〕同上，頁124。
〔註27〕小島淑男，〈辛亥革命時期的工農運動與中國社會黨〉，《歷史學研究》，西元1971年，頁111。
〔註28〕依據江亢虎說法，社會黨「發生於中國專制共和絕續之交，按切時事制定黨綱，其曰贊同共和是明明承認國家與現政府之存在也；其曰破除世襲遺產制度，是推行共產之一法，由是以企於無政府的境界可也。」江亢虎，〈中國社會黨重大問題〉，《社會黨月刊》，第一期，民元年，3月，頁1。由此段言論可知江亢虎主持的社會黨，其理念與主張所呈現的雜亂性，進而影響社會黨內部路線之爭，導致日後的分裂。參見民立報，西元1912年11月2日報導。
〔註29〕Arif Dirlik and Edward S. Krebs, "*Socialism and Anarchism in Early Republican China*", in *Modern China*, April, 1981, p. 123〜131.

以吾人設身處地思之，能安居乎？能進化乎？」〔註 30〕因爲「無比較即無競爭，無競爭即無進化。」〔註 30〕人類社會將成爲退化狀態，更違言社會進化。另外江亢虎認爲無政府主義在反現有體制理念下，必會出現反教育體制的反智傾向，結果將會對人類社會進化造成極爲嚴重的戕害。

師復對江亢虎的言論提出強烈的反駁，首先根據克魯泡特金學說闡釋無政府主義涵義，認爲「無政府之世界人結合而同活于社會中，不本於強權之管轄，而本于眾人之協約。……無政府之世，法權全滅，信權不滅，仍有契約，爲眾人志願所認可。保此信權者，共同工作，互相協助，雖有不肖，不敢犯眾也。眾人協約組合而爲群，無須強爲協約之條款。無罰律，無裁判，惟以公共之工作大眾之熱誠行之，有不踐行者，可爲眾人所屛斥。……無政府之世，以自由組織爲社會之新法。……由工作者自經營之，自組織之。將來之社會，即以代今日之政府。」〔註 31〕由此可知無政府主義並非盲目空談機關、無組織、無系統。所反對「乃國家統治機關之所尙，政權統一即強權集中之謂。無政府黨之極端排斥者即在於此。」〔註 32〕無政府之組織，以各盡所能、共同工作爲社會之基礎生活之本原。至於教育更爲無政府之所重，主張人人皆受完全高等之教育，以追求社會進化。并明指江亢虎理論三大謬誤：（一）江氏不主張生產機關公有，不主張廢私產，違背社會主義之原則。（二）江氏對於政治主張限制軍備，採用單稅，對於產業主張營業自由財產獨立，皆屬國家的社會政策，故決不能竊社會主義之名。（三）江氏既主張社會政策，與共產主義無政府主義相去太遠，故不惜詆共產爲阻滯進化，詆無政府不能安居，不能進化，因是之故，吾人不能不認爲反對黨。〔註 33〕由三大謬誤的揭示，師復的無政府主義理念，大致可得到基本的澄清。透過這場大辯論，無政府主義得以流傳於國內知識階層。後來成爲馬克思主義者的李大釗、吳玉章等人，在當時也深受這股思潮影響，表現出十分傾心無政府主義的態勢。〔註 34〕至於師復爲求無政府主義更爲廣佈，乃於《民聲》中特設世界語部，以爲言論交通的機關，又和世界各無政府主義團體、各同志相

〔註 30〕 江亢虎，《洪水集》，轉引自《劉師復文集》，頁 187。
〔註 31〕 師復，〈答李進雄〉，同上，頁 188～89。
〔註 32〕 同上，頁 189。
〔註 33〕 同上，頁 190。
〔註 34〕 劉放，〈無政府主義對早期馬克思主義者的影響〉，《佛山大學佛山師專學報》，西元 1988 年，頁 32～36。

互通訊，交換雜誌，討論問題。於 1914 年 8 月，師復致書萬國無政府黨大會，提議（1）組織萬國機關，（2）組織東亞的傳播，（3）與工團聯絡，（4）萬國總罷工，（5）採用世界語。從此，中國無政府主義者與世界無政府主義陣營建立直接關係，進而同心協力攜手奮鬥。

師復除盡力於言論鼓吹外，也積極從事群眾運動工作。如在廣州首創「理髮工會」和「茶居工會」，〔註35〕更亟力支持 1914 年上海漆業工人大罷工等，以貫澈其所秉持的革命工團主義之主張。〔註36〕

民初無政府主義雖橫遇辛亥革命後所造成的斷層，但在師復的全力鼓吹倡導下乃得再生，并產生頗爲深遠的影響。但師復本人卻因辛勞的工作、律己極嚴的斯巴達式的生活和癆病侵蝕下，在 1915 年 3 月 27 日逝世。〔註37〕至於《民聲》，於師復生前親身主編至二十二期。第二十三期於 1915 年 5 月 5 日出版，爲紀念師復專號。其後三期（二十四、二十五、二十六）改爲半月刊，由師復學生林君復主持。1916 年 2 月、9 月及 11 月在上海不定期的出了三期（二十七、二十八、二十九），以後直到 1921 年都不曾再出版。但是根據資料顯示至少到 1917 年止，民聲社仍印了不少傳播無政府主義的書刊，但這一切均可謂是師復影響力之延續。

參、五四運動前無政府主義運動之分析

五四運動是民國史上的一個重要關鍵點，其影響範圍極爲深遠。尤其於思想發展層面，於五四前後往往呈現出截然不同的徵貌。就無政府主義運動發展而言，無論是組織、刊物或理論，亦皆能表現出此一特色。五四運動以前的無政府主義可謂是承接辛亥時期之基礎，進而擴大發揮，因此組織建立及宣傳均較粗糙。至於當時思想界亦未發展至強烈的震盪期，馬克思主義尚處萌芽階段，亦未能對無政府主義進行挑戰，因此討論民國時期無政府主義，五四運動實可視爲一分期點。根據資料顯示從民初至五四運動前，於中國發行的無政府刊物如下：〔註38〕

〔註35〕鄧中夏，《中國職工運動史》，（北京，人民出版社，西元 1953 年），頁 5。
〔註36〕文定，〈師復先生傳〉，頁 7。
〔註37〕同註 12，頁 6。
〔註38〕同註 6。

書報名	著作者	出版地	時間	附註
《新世界》	煮塵	上海	1912	
《新世紀叢書》	師復印贈	廣州	1912	世界 1907 年出版
《無政府主義粹言》	師復印贈	廣州	1912	選錄自《新世紀》
《無政府主義名著叢刊》	師復印贈	廣州	1912	選錄自《新世紀》
《軍人之寶筏》	師復印贈	廣州	1912	選錄自《反對軍備主義》
《無政府主義明信片》	師復印贈	廣州	1912	
《良心》	太虛	上海	1912	
《改造論》	憤憤	上海	1912	
《新思潮》	華林	上海	1912	
《民聲》	師復	廣州	1913	
《民聲》		上海	1913	
《正聲》	冰絃	仰光	1914	
《犧牲》	重民	東京	1914	
《無政府淺說》	師復	上海	1916	
《平民之鐘》	師復、方譯	上海	1916	
再版《同盟罷工》	民聲社	上海	1916	
再版《無政府主義》	民聲社	上海	1916	
《民聲社紀事錄》	佩剛編印	上海	1917	
《伏虎集》	佩剛編印	上海	1917	
《民聲叢刻》	佩剛編印	上海	1917	選錄自《民聲》
《工人寶筏》	佩剛編印	上海	1917	
《世界風雲》	冰絃	星加坡	1917	
《世界工會》	冰絃	星加坡	1917	
《人群》	志道	南京	1917	
《實社叢刊》	凌霜等	北京	1917	
《勞動》	冰絃	上海	1918	
《太平》	克水	山西	1918	

根據資料統計每年刊印冊數、地點如下：

時間	數目
1912	9
1913	1
1914	2
1916	4
1917	8
1918	2
合計	26

地點	數目
上海	14
廣州	5
星加坡	2
南京	1
北京	1
仰光	1
東京	1
山西	1

　　由上表可得知於五四運動前，以 1912 年及 1917 年所刊印的無政府主義書刊數量最多。就 1912 年出版的九冊內容而言，其中五冊為師復翻印或選錄自巴黎世界社所編印的《新世紀》週刊，因此適足以說明世界社對現代中國無政府主義運動所扮演的啟蒙角色；此亦顯示此時師復本人對無政府主義的認識，也頗為粗淺含混。至於 1916 及 1917 兩年間所發行刊物，就內容觀察，已完全脫離世界社的理論範疇，其中以師復著的《無政府淺說》、《平民之鐘》、《伏虎集》、《民聲叢刻》等，於理論方面有極為深入的闡釋與發揮。由此可知民初無政府主義運動已不再拘泥於過去，而自己走出一條路來。於此成長的過程中，師復扮演著最具關鍵性的角色。

　　五四運動前無政府主義者於國內亦成立許多社團，透過社團成立地點、時間、成員的分析，亦可更深入瞭解五四運動前中國無政府主義運動之實況，根據現今所能掌握史料統計，當時以鼓吹無政府主義為宗旨的社團，如下：

五四運動前中國無政府主義組織

組織名稱	創設時間	地點	參與份子
1. 心社	1912	廣州	師復
2. 晦鳴學會	1912	廣州	師復、彼岸、佩剛、天放、抱獨
3. 無政府共產主義同志社	1914	上海	師復
4. 無政府共產主義同志社	1914	廣州	劉心石（註：爲上海之分會）
5. 無政府主義討論會	1914	南京	楊志道
6. 無政府共產主義傳播社	1914	常熟	蔣愛眞
7. 無政府主義研究會	1914	舊金山	
8. 民聲社	1915	上海	林君復
9. 實社	1917	北京	趙太侔
10. 群社	1917	南京	無吾、眞風
11. 平社	1918	山西	創平、克水
12. 進化社	1919	北京	由民聲社、實社、平社、群社合組而成

資料來源：1. 五四時期社團（四），(北京，三聯書店，西元 1979 年)，頁 158～188。

2. 方慶秋，〈五四運動前後的中國無政府主義派〉，刊於《歷史檔案》，西元 1981 年，二期，頁 105～108。

　　由上述資料顯示，民初無政府主義運動在師復領導下，以廣州、上海、南京等地爲活動核心區，參與份子則直接、間接都是受到師復的影響。早期無政府主義者如：吳敬恆、李煜瀛等人雖不時爲人所提及，但是對於此期的理論發揮及組織建立，影響可謂極微。至於此時期的活動、成員、組織明顯地偏重於南方，這與師復以上海、廣州爲活動重心有密切的關連。但是自從師復於 1915 年逝世後，於北方亦分別成立數個無政府社團，後因受到當時北京政府禁阻、本身組織不嚴密及經費缺乏，乃決定聯合民聲社、實社、平社、群社等，1919 年 1 月於北京成立進化社，發行《進化》雜誌爲機關報。並明白揭示「繼（師復）之志而致來日之希望」，「介紹科學眞理，傳播人道主義」。〔註 39〕此時，無政府主義社團統御在師復所建立的理念體系下，整合成統一

〔註 39〕〈本社特別啓事〉，《進化》，一卷二期，西元 1919 年 2 月 20 日。另外，早期越南革命黨潘佩珠等人曾籌組「心心社」的秘密組織，很可能是受到劉師復

的組織。但此現象於五四運動爆發後，又變動呈現不同的面貌。

肆、五四運動後的無政府主義

　　中國思想界在五四運動的衝擊下，思想界產生激烈的回應，當時的知識份子幾乎淹沒在改革狂的熱潮裡。他們認為可以根據某種西方理論把中國的各種問題一次全部解決。〔註40〕雖然有胡適等人提出「多研究些問題，少說些主義」〔註41〕的理性看法，但亦難以阻擋五四浪漫精神下的思想熱潮。於此股風潮中，社會主義扮演著極為重要的角色。時人亦深感「社會主義近來似覺得成了一種口頭禪，雜誌報章，鼓吹不遺餘力，最近則與社會主義素來不相干的人，也到處以社會主義相標榜。」〔註42〕當時「中國年輕一代的思想開始劇變，這是由於他們身受種種壓迫，目睹政府的腐敗顢頇，再加上俄國革命的影響所致。他們開始嚮往社會主義的學說。」〔註43〕雖然社會主義各家各派主張，早在五四運動以前即已傳入中國，但大多過於零散，無系統，又非持久，且整個時代社會背景、主導理念亦無法完全切合其孳長的條件。但在十月革命及巴黎和會弱肉強食的雙重衝擊下，以倡導平等、公平，打破強權的社會主義遂成為時代的主導理念，社會主義範疇下的無政府主義及馬克思共產主義，更成為這股新思潮中之主流。在北京大學無政府主義和馬克思主義更常是青年學子的主要話題。〔註44〕甚至遠在日本留學的周佛海亦受到《解放與改造》雜誌的主持人張東蓀之委託，翻譯克魯泡特金的《互助論》。〔註45〕

　　五四時期無政府主義小團體也如雨後春筍般地出現，據不完全統計，從1919 年至 1924 年出現的無政府主義小團體約有三十餘個；出版物在 1923 年以前約有七十多種。〔註 46〕但這些小團體人數很少（有的社團僅有兩三個

　　「心社」精神之影響，參見蔣永敬，《胡志明在中國》，（台北，傳記文學社，
　　民國 61 年），頁 43。
〔註40〕Chow Tse-tsung, *The May Fourth Movement*, (Harvard University Press, 1960) ,
　　　　p.356。
〔註41〕胡適，〈多研究些問題，少說些主義〉，刊於《每週評論》，31 期，西元 1919
　　　　年 7 月 20 日。
〔註42〕楊端六，〈歸國雜感〉，《太平洋》，三卷六期，民國 9 年 8 月，轉引自呂芳上
　　　　《革命之再起記》，師大博士論文打印本，民國 74 年，頁 429。
〔註43〕張國燾，《我的回憶》，上冊，（香港，明報，西元 1971 年），頁 79。
〔註44〕同上，頁 83。
〔註45〕周佛海，《扶桑笈影溯當年》，出版時間、地點不詳，頁 113。
〔註46〕克勞〈吾人二十年來之傳播品〉及〈五四時期無政府主義報刊一覽表〉，刊於

人）、組織不嚴密，成員多屬知識階層，活動層面亦多停留於理論層次，再加上無政府主義本身即具有極端個人主義之傾向及理論內容含混，以致許多無政府主義的社團及刊物，成立未久即宣告解散，停止活動。

據統計無政府主義社團從 1919 年至 1924 年，一共發行約九十六種刊物，其分佈年代如下：

年代	數目
1919	9
1920	9
1921	2
1922	34
1923	34
1924	8
1925	1
1926	1

資料來源：克勞，〈吾人二十年來之傳播品〉及〈五四時期無政府主義報刊一覽表〉刊于：《五四時期的社團》（四），(北京，三聯書局，西元 1979 年)，頁 325～351。

由上述資料明確顯示 1922 年及 1923 年可謂是無政府主義文字宣傳的最高峰，其後逐漸減少，亦意味著無政府主義的熱潮逐漸衰退，至於衰退原因，留待下章討論。

另外根據統計資料顯示，從 1919 年至 1926 年期間，可查得名稱及創立時間的無政府主義社團共計有二十五個，其名稱、成立時間及地點，如下：

名稱	時間	地點
進化社	1919	北京
奮鬥社	1920	北京
學匯社	1922	北京
安社	1922	長沙
赤心社	1922	北京
工餘社	1922	巴黎
互助社	1923	北京

《五四時期社團》（四），（北京，三聯書局，西元 1979 年），頁 325～351。

青社	1923	安慶
中華農村運動社	1923	北京
道社	1923	上海
民鋒社	1923	南京
雞鳴社	1923	溪口
微明學社	1923	江蘇
眞社	1923	漢口
安社	1923	廣州
素社	1923	長沙
星社	1923	不詳
綠波社	1923	不詳
報社	1923	不詳
消聲社	1923	不詳
人道社	1923	不詳
前途社	1923	不詳
民眾社	1925	上海
火焰社	1926	新會
平社	1926	舊金山

時間	社團數
1919	1
1920	1
1921	0
1922	4
1923	16
1924	0
1925	1
1926	2

　　根據前表 1923 年出現四個無政府主義社團，但次年竟多達十六個。由此可見 1923 年可謂是無政府主義者組織社團的最高峰。配合前面出版無政府主義書刊統計表觀察，無論就社團，抑或出版刊物而言，1922 年及 1923 年實可謂是現代中國無政府主義運動的最高潮。探究其因，五四運動及十月革命的

刺激，實居主因。

於此時期，中國無政府主義派由於信仰主張的不同，大致可分爲三派：一、以黃凌霜、區聲白爲代表的無政府主義正統派。他們繼承劉師復衣缽，以克魯泡特金的無政府主義爲理論依據，主張絕對民主和自由，反對集中和紀律，反對一切權威、國家和政府。他們以「進化社」爲根據地，並翻譯出版克魯泡特金的《近代科學與無政府主義》及《互助論》。二、以朱謙之爲代表的新虛無主義派。他們自稱虛無主義者，主張經過無政府主義階段，進而達到虛無之境。深信祇有達到「無」的境界，才是絕對眞、善、美之境，亦即永遠地解脫。他們以「奮鬥社」爲活動據點，這一派的理論體系以朱謙之著《現代思潮批判》及《革命哲學》二書最具代表性。三、托爾斯泰式的無政府主義。此派深受托爾斯泰及武者小路實篤的影響，鼓吹無抵抗主義和新村主義。以上三派以黃凌霜、區聲白所領導的正統派影響最大。〔註47〕但是無論那一派，從 1924、1925 年後均逐漸沒落，失去對時代思潮的影響力。

伍、烏托邦的幻滅——無政府主義的沒落

五四運動前後是中國無政府主義運動的最高峰，早在師復時代即曾提出聯合各派，實行世界大革命的主張。〔註48〕五四運動爆發後曾邀請美、俄無政府主義者前來上海，并計劃召開「第一次無政府聯合大會」，但卻未能順利實現。其後無政府主義者以軍人爲宣傳重心，鼓動兵變以推展無政府主義，但是效果亦不佳。後又鼓吹「總同盟罷工」，但亦遭受政府及租界當局的強力壓制，效果不彰。由於向外擴展及鼓吹一直未見績效，導致此一運動遂拘限于少數鼓吹者之間，無法擴及社會其他各階層而蔚之成風潮，因此乃決定日後沒落的命運。

現代中國無政府主義運動沒落的原因十分複雜，但是約可歸納原因如下：本身理論的局限性、中國環境背景及馬克思共產主義派的興起。

首先就理論局限性而言，近代無政府主義產生有其特殊的時代背景，亦即西方社會自工業革命後，資本主義興起，資本主義社會所衍生的弊病，如：貧富不均、人與人之間的剝削壓迫等，導致深具人道主義的知識份子企盼爲苦難現世尋覓條出路。但是無政府主義產生，除了上述現實因素外，其更蘊

〔註47〕同註9，頁 106～107。
〔註48〕同註36，頁 7。

藏著長久存在人類腦海中「烏托邦」式的夢想，希望建立一個自由、平等、各盡所能、各取所需的極樂世界，此一夢想無論中外均然，譬如中國的老莊、華胥國及西方的《共和國》（*Republican*）、《太陽之城》（*The City of the Sun.*）及《烏托邦》（*Utopia*）。但是它們終究僅是思想層上的浪漫夢幻，還諸返視現世欲覓得，這是不可能的。因此，無政府主義承襲此一源遠流長的夢想，再配合近代中國被壓迫背景及五四以來對西洋新思潮的仰慕，無政府主義遂在中國知識階層蔚成一股風潮，此一思潮透過討論、思辨，最後必須付之於行，此時便破綻遍出，理論可行性被大打折扣，以致其價值及吸引力遂不再如昔。

　　至於馬克思主義於中國興起，對無政府主義派更是造成嚴重的打擊。就西方社會主義發展史觀察，早在第二國際時期巴枯寧（Michael Bakunin 1814～1876）與馬克思（Karl Marx 1818～1883）即因理論歧異而爆發激烈的衝突，二派之間形同水火。〔註 49〕但在中國，早期人們對馬克思主義及無政府主義的認識均僅知皮毛。雙方歷史恩怨及理論歧異，而非當時人們所能理解，因而一概皆被視爲社會主義，故於當時中國，兩派甚而主張攜手合作。

　　因此當共產主義移植入中國之初，成立中國共產黨不久，無政府主義者即曾扮演鋪路者角色。因爲在 1920 年蘇聯共產國際希望將共產主義輸入中國，遂致書「民聲社」鄭佩剛，再轉由北京大學黃超海居中介紹而與陳獨秀、李大釗等人聯絡上，結果在蘇聯支持下成立「社會主義者同盟」，開啓日後中共誕生的第一步。〔註 50〕當時北京大學中信仰無政府主義的人比信仰馬克思主義的人還多。至於當時的無政府主義者也不太知悉俄國共產黨壓迫無政府主義情形，故對俄國革命十分嚮往與同情。〔註 51〕至於中共核心份子諸如：李大釗、陳獨秀、毛澤東、蔡和森、惲代英、周恩來、陳延年等人，都曾程度不同的受過無政府主義的影響。〔註 52〕甚至由第三國際資助馬克思主義派所設立的印刷所，亦商請頗具印刷經驗的無政府主義者鄭佩剛負責，而且借用晦鳴學社的印刷器材，不久又以此爲基礎，另設「又新」印刷所，承印早期中共的宣傳刊物。諸如：陳望道選譯《共產黨宣言》、《新青年》雜誌等，

〔註 49〕E. H. Carr,, *Michael Bakunin,* (New York, Octagon Books, 1975)，p.424～442。

〔註 50〕王健民，《中國共產黨史稿》，自印本，第一篇，頁 27～28。

〔註 51〕同註 43，頁 105。

〔註 52〕同註 34，頁 25。另可參考：Robert A. Scalapino and George T. Yu, *The Chinese Anarchist Movement*, (University of California, Berkeley, 1961)，p. 1.

多由此印刷所印製。〔註53〕

　　但是無政府主義派與馬克思主義派的合作關係，卻未能維持太久。主要導因於存在兩派間無法化解的理論歧異及現實勢力擴張而生之排擠的雙重衝突，致使 1920 年 5 月左右雙方即呈分裂之勢。直至同年 11 月 7 日，陳獨秀自辦《共產黨》月刊，與景梅九主編之《自由》對峙，馬克思主義派與無政府主義派乃正式分道揚鑣。〔註54〕

　　於正式決裂前，雙方曾有過一場大論戰，主要爭論有二，其一是無政府主義派主張「絕對自由」、「個人萬能」，故強烈反對馬克思主義的階級專政主張。易君左於《奮鬥》上發表〈我們反對布爾札維克〉一文，即針對無產階級專政的主張而發。〔註 55〕陳獨秀則反對無政府主義派極端個人自由的主張，認爲「我們應該覺悟，非個人逃出社會以外，決沒有絕對自由，決不能實現無政府主義。」〔註 56〕其二爭執重心在於無政府主義派堅持否定國家組織，尤其是無產階級專政的國家，主張建立無政府的「自由聯合社會」，馬克思主義派則宣揚建立無產階級專政國家的必要性。雙方經過這次辯論後二派正式宣告決裂，無政府主義者遂紛紛脫離各地共產主義小組。至於無政府主義派在共產主義派的亟力擴張排擠及本身理論施行局限性的雙重壓力下，再加上北京政府的刻意壓制，當 1923 年的高潮過後，遂迅速地趨于沒落。根據當時北京政府密探的報告最足以反映其窘況，其報告如下：（北京的）無政府共產主義黨，缺乏經濟之補助，勢力非常薄弱，人數亦在二十餘名，雖比較爲激烈之黨，亦無所施其能，僅有時發出少量之印刷品以資宣傳耳。如景梅九之《國風報》，馮省三在《時言報》副刊及陳空三、陳德榮、王伯時、呂傳

〔註53〕 同註 48，頁 28。另可參考：海隅孤客，《解放別錄》，（台北，文海出版社，民國 58 年）。沈雲龍，《中國共產黨之來源》，（台北，青年黨黨史委員會，民國 76 年）。對於早期無政府主義派及馬克思主義派的分合，均有極爲詳實的描述。據云：早期馬克思主義者即透過無政府主義派梁永絃等人的介紹，進入廣東工作，發展勢力。另外吳稚暉得陳炯明之助，在法國成立之中法大學，回國招生，不少共產份子乘機混入。并對留法勤工儉學生及參加歐戰之華工，大肆宣揚共產主義，吸收成員，成立組織。當時周恩來及朱德，因此活躍於法、德的華人界。

〔註54〕 同註 6，頁 205。

〔註55〕 陳獨秀，〈討論無政府主義〉，《新青年》，九卷四號。陳獨秀與無政府主義派的爭辯經過，可參考：Lee Feigon, *Chen Duxiu：Founder of the Chinese Communist Party*, (Princeton University Press, 1983) , p. 154～156.

〔註56〕 同註 9，頁 111。